校地园协同学训教一体：

成渝地区双城经济圈建设背景下幼儿教师人才培养模式研究与实践

段永清　夏　蔚　雷　云／主编

XIAODIYUAN XIETONG XUEXUNJIAO YITI :
CHENGYU DIQU SHUANGCHENG JINGJIQUAN JIANSHE BEIJINGXIA
YOUER JIAOSHI RENCAI PEIYANG MOSHI YANJIU YU SHIJIAN

四川大学出版社
SICHUAN UNIVERSITY PRESS

项目策划：梁　胜　陈　纯
责任编辑：陈　纯
责任校对：孙滨蓉
封面设计：墨创文化
责任印制：王　炜

图书在版编目（CIP）数据

校地园协同　学训教一体：成渝地区双城经济圈建设背景下幼儿教师人才培养模式研究与实践 / 段永清，夏蔚，雷云主编. — 成都：四川大学出版社，2021.10
ISBN 978-7-5690-5008-0

Ⅰ. ①校… Ⅱ. ①段… ②夏… ③雷… Ⅲ. ①幼教人员－人才培养 Ⅳ. ①G615

中国版本图书馆 CIP 数据核字（2021）第 192321 号

书名　校地园协同　学训教一体：成渝地区双城经济圈建设背景下幼儿教师人才培养模式研究与实践

主　编	段永清　夏　蔚　雷　云
出　版	四川大学出版社
地　址	成都市一环路南一段 24 号（610065）
发　行	四川大学出版社
书　号	ISBN 978-7-5690-5008-0
印前制作	四川胜翔数码印务设计有限公司
印　刷	郫县犀浦印刷厂
成品尺寸	170mm×240mm
印　张	14.75
字　数	278 千字
版　次	2021 年 11 月第 1 版
印　次	2021 年 11 月第 1 次印刷
定　价	48.00 元

◆读者邮购本书，请与本社发行科联系。
电话：(028)85408408/(028)85401670/
(028)86408023　邮政编码：610065
◆本社图书如有印装质量问题，请寄回出版社调换。
◆网址：http://press.scu.edu.cn

四川大学出版社
微信公众号

前　言

百年大计，教育为本；教育大计，教师为本。学前教育是终身学习的开端，是国民教育体系的重要组成部分。办好学前教育，实现幼有所育，是党的十九大做出的重大决策部署，是党和政府为老百姓办实事的重大民生工程，关系亿万儿童健康成长，关系社会和谐稳定，关系党和国家的未来。

当前，我国学前教育事业得到了党和政府的高度重视，《国家中长期教育改革和发展规划纲要（2010—2020年）》《中共中央 国务院关于学前教育深化改革规范发展的若干意见》《中共中央 国务院关于全面深化新时代教师队伍建设改革的意见》《教育部关于实施卓越教师培养计划2.0的意见》《学前教育专业师范生教师职业能力标准（试行）》《国家职业教育改革实施方案》《深化新时代教育评价改革总体方案》等一系列重要文件和全国职业教育大会为学前教育发展指明了方向。推进新时代学前教育发展，要“完善教师培养体系，支持师范院校设立并办好学前教育专业”，要“创新培养模式，优化培养课程体系，突出保教融合，加强儿童发展、幼儿园保育教育实践类课程建设，提高培养专业化水平”，要“分类推进卓越中学、小学、幼儿园、中等职业学校和特殊教育学校教师培养改革”，要培养“高素质善保教”的幼儿教师，“高等职业学校要培养服务区域发展的高素质技术技能人才”，要“促进产教融合校企‘双元’育人”，要“改革学生评价，促进德智体美劳全面发展”等。这些指导精神，进一步突出强调幼儿园教师职前培养的实践性和针对性，传统的“校地”“校园”简单协同、单向协同，理实“二元结合”的幼儿教师人才培养模式已不能适应新时代的要求，幼儿教师人才培养模式改革势在必行。

2020年10月16日，中共中央政治局审议《成渝地区双城经济圈建设规划纲要》，成渝地区双城经济圈建设上升为重大国家战略。成渝地区双城经济圈建设为西部学前教育发展带来新的机遇与挑战。基于新时代教育强国战略部署对幼儿教师教育的要求，承担四川省职业教育教学改革重大项目“成渝地区双城经济圈建设背景下‘校地园协同、学训教一体’幼儿教师人才培养模式改革研究”的川南幼儿师范高等专科学校，积极联合四川师范大学、重庆幼儿师范高等专科学校，主动开展幼儿教师人才培养模式改革以应对新的机遇和挑战。在总结学校几年来幼儿教师人才培养模式改革经验的基础上，依据《成渝地区双城经济圈建设规划纲要》对幼儿教师人才培养的新要求，以川南幼儿师范高等专科学校和重庆幼儿师范高等专科学校高中起点学前教育专业人才培养模式为标本，开展成渝地区幼儿教师人才需求、幼儿教师培养模式、学前教育专业学生专业满意度等调研，分析新时代成渝地区双城经济圈建设对幼儿教师人才培养模式的影响及当前成渝地区幼儿教师人才培养模式存在的问题。通过转变幼儿教师人才培养观念、协同创新体制机制、修订人才培养方案、开展“三教”改革等措施，从理论到实践构建起符合新时代要求的“校地园协同、学训教一体”的幼儿教师人才培养模式，有效促进了专业建设和师资队伍建设，创新了人才培养模式，为培育国家信赖、社会认可、人民满意的卓越幼教师资，有效提升幼儿教师人才培养质量，服务区域学前教育发展，推进“幼有所育”向“幼有优育”转变做出了有益尝试。通过长期的努力，幼儿教师人才培养模式改革在学生发展、教师成长、学校发展等方面取得了显著成效，也为未来川渝地区校地园命运共同体构建、托幼一体师资培养、教学创新团队创建奠定了基础。

本研究依托川南幼儿师范高等专科学校与重庆幼儿师范高等专科学校牵头组建的成渝地区双城经济圈职业院校学前教育发展联盟，利用川南幼教集团和重庆三峡学前教育职业教育集团的发展平台，通过构建由地方政府、教育主管部门、举办学前教育专业的高职院校、中职学校、幼教企业和幼儿园“五位一体”的多方联动的“校地园”协同育人共同体，搭建平台，整合资源，优势互补，促进职业院校学前教育协同发展、一体发展、融合发展，打破地域藩篱走向区域联动，从分散化改革走向一体化建设，为幼儿教师人才培养提供外部保障。同时，开展以“学”为中心，“训”为关键，“教”为提升，建立产教融合、能力为重、五育并举、全面发展的“学训教”一体育人模式，从人才培养目标、课程体系、教学方法、管理与评估体系四个方面改革，实现从理论与实践组成的二元结合向“知识理论、技能训练与实践教学”三元整合的转变。实践证明，“校地园”协同为“学训教”一体的开展提供了有利的外部保障，而“学训教”一体为“校地园”协同的实施提供了坚实的内部支持。二者相互依赖、相互促进、共同发展，有力地促进了幼儿教师人才培养质量提升，为推动成渝地区双城经济圈学前教育协同发展和地方经济社会发展提供了有力的人才支撑和智力支持。同时本书提供了解决促进产教融合校企“双元”育人实际问题的思路和方法，分享可借鉴、可推广、可复制的幼儿教师人才培养模式案例，具有较强的理论意义和较高的实用价值。

本书是川南幼儿师范高等专科学校承担的四川省职业教育教学改革重大项目“成渝地区双城经济圈建设背景下‘校地园协同、学训教一体’幼儿教师人才培养模式改革研究”重要阶段性成果之一。主要内容包括理论研究和改革实践两大模块。其中理论研究包含新时代西部幼儿教师教育的背景、成渝地区双城经济圈带来的机遇挑战、“校地园”协同培养幼儿教师、“学训教”整体培养幼儿教师；改革实践包含幼儿教师培养模式改革调研、幼儿教师培养模式改革举措、幼儿教师培养模式改革案例、幼儿教师培养模式改革成效与展望。总结过去的目的在于更好地开启未来。我们在本书编写过程中，始终坚持以习近平关于教育的重要论述为指导，将宏观角度与微观视角结合，回溯与前瞻并举，既对有关学理进行梳理，又对形成的经验进行提炼，力求系统回答“是什么”“为什么”“怎么样”“建设的途径和方法”等若干关系学前教育事业发展的有关问题，尤其是事关成渝地区双城经济圈幼儿教师人才培养改革的重大问题。

本书的编写在川南幼儿师范高等专科学校党委书记罗慧及学校其他党政班子成员大力支持下进行，具体由段永清、夏蔚、雷云担任主编，负责拟定写作提纲并对全书内容做统一审核修改定稿。本书分上下两篇共八章，上下两篇各四章，主要由川南幼儿师范高等专科学校有关老师负责撰写工作，四川师范大学、重庆幼儿师范高等专科学校的有关老师也参与了部分章节的撰写工作，各部分撰写人员如下，上篇：第一章由李珍妮、赵喻杰撰写，第二章由周小慧，赵喻杰撰写，第三章由曾秀虹、游婷婷、易小玲、彭丹、杨建明撰写，第四章由全晓燕、夏蔚、黄琼慧、王芳、刘帝会、郑骞、石帅撰写。下篇：第一章由邓亚玲、何义虎、谢梦怡、花蕊、庸晶名撰写，第二章由魏晋科、黄涛撰写，第三章由李运端、黄涛、张先敏撰写，第四章由邓亚玲、杨雪、罗伟撰写。几年来，川南幼儿师范高等专科学校在实施“校地园协同、学训教一体”幼儿教师人才培养模式改革过程中，还开发了一系列校本教材、园本教材、教改论文集、教学案例集等系列教育教学资源。公开出版的校本教材有：《学前教育专业顶岗实习》《学前教育专业认识实习》《学前教育专业跟岗实习》《幼儿园游戏活动指导》《普通话情景教学与测试详解》《教师口语》《学前儿童游戏原理与应用》《幼儿园区域活动设计与指导》《幼儿教师口语训练》《学前教育学》《幼儿园教师资格考试综合素质（微课版）》《幼儿社会教育与活动指导》《保教知识与能力》《学前儿童科学教育》等。编写的教育教学参考书有：《幼儿园科学玩具制作》《幼儿教师科学素养》《幼儿园实用科学小实验》《隆昌石牌坊楹联启示录》《幼儿园特色活动案例集》等。牟洪贵、黄琼慧、黄训君、周婵娟等参与了教育教学参考书的编写并对相关工作给予诸多支持，在此一并表示感谢。

上述系列成果在成渝地区双城经济圈相关职业院校、幼儿园、幼教机构积极推广应用、突出示范引领、凸显辐射带动，对成渝地区双城经济圈幼教事业发展产生了积极的影响并得到普遍好评。在相关工作推进过程中，得到了四川省教育厅职成处、重庆市教育委员会职成处、四川师范大学和重庆幼儿师范高等专科学校有关领导和老师的大力支持和帮助，在此表示衷心的感谢！

本书在编写过程中参阅了有关文献资料，获得裨益并融于书中，在此一并表示感谢。由于水平有限，书中错漏在所难免，敬请读者批评指正。

四川省职业教育教学改革重大项目“成渝地区双城经济圈建设背景下‘校地园协同、学训教一体’幼儿教师人才培养模式改革研究”项目组

2021 年 4 月

目　录

上篇　理论研究

下篇 改革实践

上　篇
理论研究

第一章 新时代西部幼儿教师教育的背景

习近平总书记在党的十九大报告中指出，“经过长期努力，中国特色社会主义进入了新时代，这是我国发展新的历史方位。”[①] 这也是一个教育的新时代，是一个实现教育强国、走向教育现代化的新时代，以此为标志，教育改革与发展的愿景和蓝图将在一个新的时代背景下展开。2021 年是“十四五”时期开局之年，是全面建设社会主义现代化国家新征程的第一年。站在新的历史起点上，教育系统要不忘初心，牢记使命，扎实工作、开拓进取，为“十四五”时期教育高质量发展开好局、起好步。本章主要通过研读新时代教育强国的战略部署，学习新时代学前教育的政策论述，从而探讨新时代幼儿教师教育改革，以期推动我国幼儿教师教育发展，加快我国教育向现代化前进的脚步。

一、新时代教育强国的战略部署

教育决定着人类的今天，也决定着人类的未来。对于个人而言，教育能够促进其生活质量的提高，是个人走向未来的基础；对于国家而言，教育对经济社会发展具有基础性和先导性作用，是实现中华民族伟大复兴的战略基石。

（一）优先发展教育，落实立德树人

“优先发展教育”指教育在现代化建设过程中具有先导性和全局性作用，必须要将教育摆在优先发展的地位。党的十四大第一次提出“必须把教育摆在优先发展的战略地位”，至此，“优先发展教育”成为我国发展的一项战略决策。在党的十九大报告中，习近平总书记再次强调应当“优先发展教育事业，

① 决胜全面建成小康社会 夺取新时代中国特色社会主义伟大胜利［N］. 人民日报，2017－10－19－002.

建设教育强国是中华民族伟大复兴的基础工程，必须把教育事业放在优先位置，深化教育改革，加快教育现代化，办好人民满意的教育。”① 在2018年全国教育大会中，习近平总书记作出“教育是国之大计、党之大计”的高度概括，充分肯定教育的基础性、全局性、关键性作用，高度强调教育对党的事业、国家前途命运的重大现实意义和深远历史意义。② 随后，2019年2月中共中央、国务院印发的《中国教育现代化2035》中进一步指出要“优先发展教育，大力推进教育理念、体系、制度、内容、方法、治理现代化，着力提高教育质量，促进教育公平，优化教育结构，为决胜全面建成小康社会、实现新时代中国特色社会主义发展的奋斗目标提供有力支撑。”③ 2020年9月，习近平总书记主持召开教育文化卫生体育领域专家代表座谈会，在会议上，习近平总书记指出“十四五时期，我们要从党和国家事业发展全局的高度，全面贯彻党的教育方针，坚持优先发展教育事业，坚守为党育人、为国育才，努力办好人民满意的教育，在加快推进教育现代化的新征程中培养担当民族复兴大任的时代新人”。④

“优先发展教育”有利于实现中华民族伟大复兴的中国梦。它不仅有利于实现教育强国，而且是实现人才强国、科技强国、文化强国的基础。首先，建设教育强国就必须以“优先发展教育”为基础。2021年是实施“十四五”规划开局之年，也是开启全面建设社会主义现代化国家新征程、向第二个百年目标进军的关键之年。当前我国教育发展正处于大国办强教育的发展阶段——这是中国教育实现从大到强、建设教育强国的新时代；这是中国教育服务于更高层次开放型经济的新时代；这是中国人民享受世界水平现代化教育的新时代；这是中国教育逐步走向世界舞台中央的新时代。⑤ 首先，要建设教育强国，实现教育现代化需要提高国家和人民对教育的重视程度。其次，建设人才强国必须要将教育事业放在首要位置。国家兴盛，人才为本。人才是一个国家发展的必要因素，新时代，追根到底是人才的时代。我国虽然是人力资源大国，但人

---

① 决胜全面建成小康社会 夺取新时代中国特色社会主义伟大胜利［N］. 人民日报，2017－10－19－002.

② 李华飞，卢黎歌. 教育强国：新时代教育工作者的爱国担当［J］. 北京工业大学学报（社会科学版），2021，21（02）：20－25.

③ 中共中央国务院印发《中国教育现代化2035》［N］. 人民日报，2019－02－24－001.

④ 中华人民共和国教育部：深入学习贯穿习近平总书记关于教育的重要论述［EB/OL］.（2020－09－22）［2020－05－18］. http://www.moe.gov.cn/jyb_xwfb/xw_zt/moe_357/s7865/s8417/

⑤ 高书国. 新时代中国教育改革内在逻辑与政策建议［J］. 国家教育行政学院学报，2018（01）：8－13.

才资源却远远不够。因此，如何把巨大的人力资源转变为丰富的人才资源，是我国当前发展面临的重要问题之一。人才强国的建设离不开教育的支持。我国教育的目标之一就是培养社会所需要的人才，培养为民族的伟大复兴和国家的繁荣富强努力奋斗的人才。再次，建设科技强国必须要将教育事业放在首要位置。面向新时代，科技水平高低决定一个国家在国际中话语权的大小。科技是第一生产力，而科技的发展离不开教育的支持。教育通过培养人才，为科技提供后备军，促使科技源源不断地向前发展。正如邓小平所说的“科学技术人才的培养，基础在教育”。因此，想要建设科技强国，就必须将教育事业放在首要位置，通过促进教育事业的发展，实现科技的发展。最后，建设文化强国必须要将教育事业放在首要位置。文化是一个国家的象征，文化的自信代表着一个国家实力的强盛。党的十九届五中全会首次明确提出到 2035 年，要将中国建设成为文化强国。中国本身就是文化大国，具有许多优秀的传统文化，但同时也存在着文化糟粕，如何传承中国优秀的传统文化，丢弃或者改造文化糟粕，成为我国建设文化强国路上必须思考的问题。教育是传递文化的一种手段，文化在教育中传播。因此，想要建设文化强国就必须将教育事业放在首要位置，培养具有传统文化素养的教师，传承我国优秀的文化。

“立德树人”是我国教育的根本任务。国无德不兴、人无德不立。不论是对个人还是对国家，德都具有重要的作用。对于个人而言，德是做人的最基本的原则，是一个人的底线，并且个人德行的增长有利于社会文明的提高；对于国家来说，以德治国是依法治国的前提，法治国家的建设离不开德治。党的十八大中首次将“立德树人”确立为教育的根本任务。党的十九大报告进一步指出：“要全面贯彻党的教育方针，落实立德树人根本任务，发展素质教育，推进教育公平，培养德智体美全面发展的社会主义建设者和接班人”。2019 年中共中央办公厅、国务院办公厅印发了《加快推进教育现代化实施方案（2018—2022 年）》，提出推进教育现代化的十项重要任务，第一条就是“实施新时代立德树人工程”，该文件指出要“全面推动习近平新时代中国特色社会主义思想进教材进课堂进头脑，把习近平新时代中国特色社会主义思想贯穿课程教材建设全过程，把教材体系、教学体系有效转化为学生的知识体系、价值体系”。[①] “立德”就是在中国共产党和新时代中国特色社会主义的引领下培养“新人”。2021 年是中国共产党建党 100 周年，3 月 9 日，教育部召开党史学习

① 中办国办印发《加快推进教育现代化实施方案（2018—2022 年）》[N]. 人民日报，2019-02-24-001.

教育动员大会。会议强调，按照党中央统一部署，开展党史学习教育，是教育系统当前一项重要的政治任务，是建设高质量教育体系，建设教育强国的迫切需要，是纵深推进教育系统全面从严治党、不断提升党建质量的内在要求。[①] 6月17日，中共中央政治局委员、国务院副总理孙春兰出席“永远的长征”展演活动时强调，要“深化教育系统党史学习教育，在学思践悟中加强立德树人”，扎实开展党史学习教育，融入学校教学和教育工作之中，引导广大师生在学思践悟中坚定理想信念，让红色基因代代传承。[②]

“立德树人”引领新时代教育的建设方向。首先，“立德树人”回答了“培养什么人”的问题。“立德树人”就是要培养德智体美全面发展的社会主义建设者和接班人，就是要培养将实现中华民族伟大复兴和中国繁荣富强作为目标的新时代新人。而“立德树人”作为教育的根本任务，这就要求教育需要培养具有德行的人，培养社会主义建设者和接班人。其次，“立德树人”回答了“怎样培养人”的问题。“立德”是“树人”之基，“立德”在先，“树人”在后。“立德树人”就是要通过“德”的培养来树新时代的“人”。“立德”离不开教育，教育是实现“立德”的必要手段之一。想要实现“立德树人”就需要在党的领导下，在教育中全方位贯穿社会主义核心价值观，培养学生的道德素养。最后，“立德树人”回答了“为谁培养人”的问题。“立德树人”作为教育的根本目的，我国的教育目的最终是为中国特色社会主义事业培养建设者或接班人，这就揭示出“立德树人”必然也以服务中国特色社会主义事业为根本目的。

各级各类教育要坚持把立德树人作为学校办学的根本。把立德树人内化到学校建设和管理各领域、各方面、各环节，做到以树人为核心，以立德为根本。党的十八大以来，习近平总书记对广大师生明确提出“明大德、守公德、严私德”的要求。2014年5月，他在北京大学师生座谈会上指出，要立志报效祖国、服务人民，这是大德，养大德者方可成大业。同时，还得从做好小事、管好小节开始起步，“见善者迁，有过则该”，踏踏实实修好公德、私德。2018年9月，习近平总书记在全国教育大会上要求，把立德树人融入思想道

---

① 中华人民共和国教育部．干实事、解难题、谋大事、创新事、长本事 扎实推进党史学习教育办好人民满意的教育[EB/OL].(2021-03-10)[2021-05-18]. http://www.moe.gov.cn/jyb_xwfb/xw_zt/moe_357/2021/2021_zt02/yw/202103/t20210310_518792.html.

② 中华人民共和国教育部：孙春兰出席“永远的长征”展演活动时强调深化教育系统党史学习教育 在学思践悟中加强立德树人[EB/OL].(2021-06-17)[2021-05-18]. http://www.moe.gov.cn/jyb_xwfb/s6052/moe_838/202106/t20210617_538695.html.

德教育、文化知识教育、社会实践教育各环节，贯穿基础教育、职业教育、高等教育各领域。凡是不利于实现这个目标的做法都要坚决改过来。学校要紧紧围绕立德树人的根本任务，加快构建充满活力、富有成效、更加开放、有利于学校科学发展的机制。[①]

（二）注重教育公平，提高办学质量

“公平而有质量的教育，是近年来教育的现代化发展的重要命题，更是办好新时代人民满意的教育的根本需求”。[②] 教育要“将提高质量与推进公平内在地统一起来，没有质量的公平不是真正意义上的公平，没有公平的质量也不可能持续发展”。[③]

公平是教育事业的生命线，对教育发展起着重要作用，因此我国努力推进教育事业的公平发展，但现实状况却未能尽如人意。教育公平是社会公平的基础和起点，是办好人民满意教育的重要标志。“教育公平推动人才涌现、活力涌现、智慧涌现、力量合聚，是构建和谐社会的基础工程，是建设教育强国的关键指标，为实现中华民族伟大复兴的‘中国梦’凝聚力量”。[④] 教育公平关乎千家万户的切实利益，作为教育领域的核心议题，历来都被高度重视。[⑤]《国家中长期教育改革和发展规划纲要（2010—2020年）》作为21世纪我国第一个中长期教育改革和发展纲要，是今后一个时期指导全国教育改革和发展的纲领性文件，该文件明确提出我国要“形成惠及全民的公平教育”，“坚持教育的公益性和普惠性，保障全民依法享有接受良好教育的机会”。[⑥] 在十九大报告中，习近平总书记指出要“推进教育公平”，“高度重视农村义务教育，办好学前教育、特殊教育和网络教育”“努力让每个孩子都能享有公平而有质量的教育”。尽管我国教育事业在近年来取得了优异的成绩，但仍然存在着农村教育与城市教育发展不均衡、弱势群体和特殊群体的教育未能充分重视、区域教育发展不平衡、教育资源校级分布不均等问题，这些教育问题均反映出了我国

---

① 本书编写组. 习近平总书记教育重要论述讲义［M］. 北京：高等教育出版社，2020.

② 宋乃庆，杨黎，范涌峰. 新时代教育现代化：内涵、意义及表现形式［J］. 教育科学，2021，37（01）：1-8.

③ 田学军. 深入学习贯彻党的十九大精神　努力答好新时代中国教育的“时代之问”［J］. 教育研究，2018，39（01）：4-10.

④ 张荣花. 新时代推进教育公平的四维度思考［J］. 中州学刊，2019（12）：94-99.

⑤ 张铭凯，靳玉乐. 新时代中国特色社会主义教育思想的实践意蕴［J］. 现代教育管理，2019（11）：1-6.

⑥ 国家中长期教育改革和发展规划纲要（2010—2020年）［N］. 人民日报，2010-07-30-013.

当前教育的不均衡、不公平发展。因此，在新时代，我国教育要推进教育公平需从理论到实践、从历史到现实进行多维度的审视，以习近平新时代中国特色社会主义思想为指导，加快经济高质量发展、加强信息化建设、推动师资均衡化、破解流动人口子女教育问题。①

教育高质量发展是新时代教育发展的方向。高质量的教育是“人民满意的教育”的内涵之一。在党的十九大报告中，习近平总书记指出要“办好人民满意的教育”，并且将其作为新时代中国教育发展的方向和目标，而“人民满意的教育”就是指高质量的、公平的教育，缺少任何一个，都不能算是“人民满意的教育”。“只有有质量的教育、高质量的教育才会成为有效教育服务供给，只有有质量的教育、高质量的教育才是政府提供了并且人民群众愿意接受的教育”。② 如何构建高质量教育是我国新时代教育事业发展必须解决的问题之一。有研究者提出“构建高质量教育体系，深化教育改革，就是要坚持教育公益性原则，通过政策引导与教育模式创新，及时研究解决教育发展面临的重大问题和群众关心的热点问题，以教育改革激活力、增动力”。③

（三）深化教育改革，重视学前教育

深化教育改革是实现我国教育现代化的关键举措。迈入新时代，我国教育事业面临许多新的问题与挑战，同时也肩负前所未有的崇高使命——在 2035 年国家基本实现社会主义现代化之前，基本实现教育现代化。“通过教育体系机制改革，加快推进教育治理体系和治理能力现代化，是新时代教育改革的核心任务，也是实现教育现代化的关键。”④ 近年来，我国发布了一系列与深化教育改革有关的文件，体现了我国对教育改革的重视。在党的十九大报告中，习近平总书记对各级各类的深化教育改革提出了总体部署，且在之后的全国教育大会中，进一步提出要“坚持教育深化改革创新”，“深化办学体制和教育管理改革”。⑤ 2019 年 2 月由中共中央办公厅、国务院办公厅印发的《加快推进

---

① 张荣花．新时代推进教育公平的四维度思考［J］．中州学刊，2019（12）：94－99．

② 秦玉友．从高速增长迈向高质量发展——新时代教育内涵发展战略转型［J］．南京师大学报（社会科学版），2019（06）：15－24．

③ 杨晓慧．深刻把握建设高质量教育体系、实现教育强国目标的战略安排［J］．思想理论教育导刊，2021（01）：4－9．

④ 高书国．新时代中国教育改革内在逻辑与政策建议［J］．国家教育行政学院学报，2018（01）：8－13．

⑤ 决胜全面建成小康社会　夺取新时代中国特色社会主义伟大胜利［N］．人民日报，2017－10－19－002．

教育现代化实施方案（2018—2022年）》再次强调要“深化重点领域教育综合改革”，加快重点领域和关键环节改革步伐，为加快推进教育现代化提供制度支撑。① 2020年11月，习近平总书记主持召开中央全面深化改革委员会第十六次会议，强调全面贯彻党的十九届五中全会精神，推动改革和发展深度融合高效联动。深化教育改革需要“不断深化教育治理和办学体制机制改革，激发教育的生机和活力，逐步消除影响教育发展的体制机制障碍，不断优化教育体制，理清管理运行机制，创设更加科学适宜的教育制度环境”②；需要加快构建终身学习制度体系，促进教育事业发展成果更多更公平惠及全体人民，形成学习型社区、学习型社会、学习型国家；进行考试招生制度改革，扭转“唯分数、唯升学、唯文凭、唯论文、唯帽子”的评价方式。

学前教育是终身学习的开端，是国民教育体系的重要组成部分，是重要的社会公益事业，办好学前教育对于我国教育实现现代化具有重要的作用。近年来，一系列有关学前教育文件的颁布体现出国家对学前教育的重视程度不断增长。党的十七大报告中首次提出要“重视学前教育”，并且在2017年召开的十九代报告中习近平总书记进一步指出要“办好学前教育，努力让每个孩子都能享受公平而有质量的教育，实现幼有所育”，由此可看出，我国逐渐认识到学前教育的重要性。随后于2018年11月发布的《中共中央国务院关于学前教育深化改革规范发展的若干意见》作为中共中央和国务院联合发布的关于学前教育的首个文件，对新时代学前教育深化改革、规范发展做出了全面系统的部署，明确提出了发展目标和投入、师资、管理等一系列政策举措，该文件标志着中央政府对学前教育发展的高度重视。该文件提出我国教育“到2035年，全面普及学前三年教育，建成覆盖城乡、布局合理的学前教育公共服务体系，形成完善的学前教育管理体制、办园体制和政策保障体系，为幼儿提供更加充裕、更加普惠、更加优质的学前教育”③ 的发展方向与目标。2020年12月，教育部对《关于加快学前教育发展的建议》做出了答复，提出“加大学前教育财政投入、扩大惠普型学前教育资源、强化教师队伍建设、加强幼儿园规范监

---

① 中办国办印发《加快推进教育现代化实施方案（2018—2022年）》［N］. 人民日报，2019-02-24-001.

② 薛二勇，李健. 新时代教育规划的形势、挑战与任务［J］. 中国教育学刊，2021（03）：19-24.

③ 中共中央国务院关于学前教育深化改革规范发展的若干意见［N］. 人民日报，2018-11-16-001.

管、积极推进学前教育立法工作等措施，进一步促进学前教育的发展”。[①] 2021年两会召开期间，学前教育再次成为备受关注的教育话题，多位代表建议将学前教育纳入义务教育，将“惠普性学前教育”列为重点工作，教育投入向学前教育和义务教育倾斜等建议在两会中不断被提及。除此之外，学前教育立法的声音也不断在代表大会中出现，2018年9月，颇受瞩目的学前教育法被十三届全国人大常委会立法规划纳入一类立法项目，成为立法规划第一类项目中唯一的教育类项目。2019年，学前教育法草案初稿起草成为教育部2019年法治政府建设工作的重点事项。建立合法的学前教育法，这不仅可以提高学前教育的地位，而且可以让学前教育做到真正的有法可依，有法可靠，更加有效的保障学前教育的实施。

二、新时代学前教育的政策论述

中国未来发展、中华民族伟大复兴，关键靠人才，基础在教育，学前教育是基础中的基础。对于个体而言，学前教育是其性格形成的关键时期，是人生的起步教育；对于国家而言，学前教育作为我国学制的第一阶段，是国民教育体系的重要组成部分，促进学前教育的发展有利于我国教育质量全方位提升、整体性提高。

（一）重视学前教育普惠，增强教育体制保障

教育普惠是新时代学前教育发展的核心目标与趋势，学前教育普惠主要是指创办普惠性幼儿园，即普及大众、惠及大众服务的幼儿园。学前教育普惠势在必行。一方面，促进学前教育普惠发展是新时代教育必然趋势，对我国实现教育现代化具有重要作用。另一方面，促进学前教育普惠发展是创办人民满意的教育的内在要求。新时代需要创办“人民满意的教育”，“人民满意的教育”应当惠及全体人民，包括农村地区的儿童、弱势群体的儿童。如果因为“入园贵”而导致儿童无法进行学前教育，那么这种教育定然不是“人民满意的教育”。

---

① 中华人民共和国教育部. 对十三届全国人大三次会议第8061号建议的答复. [EB/OL].（2021－10－29）[2021－05－18]. http://www.moe.gov.cn/jyb_xxgk/xxgk_jyta/jyta_jijiaosi/202012/t20201202_502855.html.

我国对学前教育普惠发展显示出高度重视，在未跨进新时代之前，就一直强调推进学前教育的普惠发展，颁布了一系列相关政策。早在 2010 年 7 月由中共中央、国务院印发的《国家中长期教育改革和发展规划纲要（2010—2020年）》中就明确指出“到 2020 年，普及学前一年教育，基本普及学前两年教育，有条件的地区普及学前三年教育”。[①] 迈入新时代后，2018 年 11 月，中共中央国务院颁发的《关于学前教育深化改革规范发展的若干意见》就提到学前教育仍然是整个教育体系中的短板，“入园难”“入园贵”依然是困扰老百姓的烦心事之一。[②] 其原因之一就在于“学前教育资源尤其是普惠性资源不足”。2020 年全国教育事业统计结果显示：2020 年，全国学前教育毛入学率为 85.2%。而在“十四五”规划中明确指出，其重要目标之一是学前教育毛入园率提高到 90%以上，这对当前我国学前教育提出了一个具有挑战性的任务。

至今为止，如何更好地促进学前教育普惠发展仍是困扰学前教育的难题之一，学前教育普惠任重道远。我国学前教育存在着诸多问题，需要国家耗费许多时间与精力进行改善。首先，我国当前的幼儿园数量本身不足，加上“全面二孩”政策的实施所带来的“婴儿潮”，为学前教育普惠提出了更大的挑战。其次，我国幼儿园发展不均衡，如东西部地区教育不均衡，农村地区的幼儿园和城市地区的幼儿园发展不均衡。最后，我国弱势群体儿童入园难，如当前适合农民工子弟、残疾儿童的幼儿园少。

此外，如何促进西部农村地区的学前教育普惠发展是我国当前教育亟须解决的问题之一。要促进国家学前教育普惠发展，就要重点解决西部学前教育普惠问题；而想要促进西部学前教育普惠发展，关键在促进其农村地区学前教育普惠发展。受自然、经济和观念等影响，西部学前教育尤其是西部欠发达地区的学前教育发展缓慢，如何促进西部地区学前教育的普惠发展，让更多西部儿童享受学前教育，成为当前西部学前教育亟待解决的重要问题之一。2019 年 8 月，由中国教育三十人论坛与天水市人民政府联合主办的首届“中国西部教育发展论坛”举行，在该论坛中，发布了《西部学前教育发展问题及解决方案》。报告指出“西部地区幼儿‘入园难和入园贵’的问题现已得到初步缓解”，但“部分省份毛入园率尚未达到国家规定的 85%，需要增加学前教育资源供给，特别是优先普及村一级学前教育，从而提升毛入学率”。农村地区的学前教育

① 国家中长期教育改革和发展规划纲要（2010—2020 年）[N]. 人民日报，2010-07-30-013.

② 中共中央国务院关于学前教育深化改革规范发展的若干意见 [N]. 人民日报，2018-11-16-001.

是制约西部学前教育发展的关键因素。正如有研究者提出的“西部农村学前教育供给总量不足，入园率低。农村学前教育供给总量不足。近些年来，我国农村学前教育供给力度不断加大，供给总量快速增加，但仍然存在供给总量不足的问题”。①

教育政策颁布与教育法规的确立进一步保障了学前教育普惠的稳步推进。促进学前教育普惠发展需要通过科学的政策制定，以确立清晰的方向和路线。② 2020 年 3 月，教育部印发了《县域学前教育普及普惠督导评估方法》，开展县域学前教育普及普惠督导评估是落实党中央、国务院决策部署的具体举措，是推动学前教育普及普惠安全规范发展的现实需要。该文件指出，督导评估对象是县级人民政府，督导评估要从发展规划、财政投入、教师工资待遇保障、监督管理等各方面，对县级人民政府及相关职能部门履职情况进行考察，引导县级人民政府建立完善工作体制机制，切实推进学前教育普及和持续健康发展。③ 2020 年 12 月，教育部在最新回复《关于加快学前教育发展的建议》中指出想要“扩大普惠性学前教育资源”，就需要通过积极推动各地挖潜扩大增量，实施幼儿园建设项目，大力发展公办园，积极扶持普惠性民办园，鼓励支持企事业单位、部队、街道、农村集体办园；在城市修补、功能完善、老旧小区改造、老工业区更新中补充完善学前教育资源。④ 同时，在教育实施过程中，注重普惠性学前教育资源向西部地区、农村地区和欠发达地区倾斜。西部地区的相对贫困本就导致政府对学前教育的投资不足，再加之农村地区处于各项改革发展的边缘地带，使得其学前教育更是长期处于弱势地位。因此，在教育经费投入方面，加大向西部农村地区和欠发达地区的教育投资；在师资方面，鼓励城市幼儿教师向西部农村地区发展，提高农村地区幼儿教师师资待遇吸引高校学前教育毕业学生转向西部农村地区。另外，学前教育的普惠发展离不开学前教育法的支撑。学前教育法作为学前教育改革和发展的顶层设计、战

① 卢迈，方晋，杜智鑫，等. 中国西部学前教育发展情况报告［J］. 华东师范大学学报（教育科学版），2020，38（01）：97－126.

② 洪秀敏，朱文婷，张明珠. 我国学前教育政策研究的回眸与展望：价值取向、研究范式与核心主题［J］. 学前教育研究，2020（04）：11－20.

③ 中华人民共和国教育部. 教育部印发《县域学前教育普及普惠督导评估办法》——十七条督导评估标准出台［EB/OL］.（2021－03－03）［2021－05－18］. http://www.moe.gov.cn/jyb_xwfb/s5147/202003/t20200303_426786.html.

④ 中华人民共和国教育部. 对十三届全国人大三次会议第 8061 号建议的答复［EB/OL］.（2021－10－29）［2021－05－18］. http://www.moe.gov.cn/jyb_xxgk/xxgk_jyta/jyta_jijiaosi/202012/t20201202_502855.html.

略规划与行动指南，对学前教育的改革与发展具有重要的作用。在《中华人民共和国学前教育法草案》中就提到该法律制定的目的依据是“为了保障适龄儿童接受学前教育的权利，促进学前教育事业普及普惠安全优质发展”。

（二）谋求学前教育公平，实现教育均衡发展

追求公平是国际学前教育免费政策变革的总体趋势之一，同时也是我国学前教育发展的目标。重视学前教育公平问题，就是要将公平作为国家的基本教育政策。在党的十九大报告首次提出了“幼有所育”的教育战略，其中就包含着公平的取向，公平是教育现代化的基础。重视学前教育公平问题，就是要大力发展和普及学前教育，尤其是农村地区学前教育的普及，有研究者提出要“努力提高农村学前教育普及程度。着力保证留守儿童入园，采取多种形式扩大农村学前教育资源，支持贫困地区发展学前教育”，① 从而保证农村地区的儿童享受学前教育，解决学前教育起点不公平的问题。重视学前教育公平问题，就是要将公益性和公平性作为学前教育的根本特征，其“目的是让所有适龄儿童特别是让弱势群体都能享有平等受教育的权利”。②

“教育均衡是新时代教育公平的内核，是真正实现教育公平最根本的着力点”。③ 2010 年 11 月发布的《国务院关于当前发展学前教育的若干意见》中提到学前教育存在“城乡区域发展不平衡，一些地方‘入园难’问题突出”等问题。在党的十八大中指出尽管我国学前教育事业快速发展，资源迅速扩大、普及水平大幅提高，管理制度不断完善，“入园难”问题得到有效缓解，但发展不平衡不充分问题十分突出。进入新时代，我国社会的主要矛盾已经转化为人民日益增长的美好生活需要和不平衡不充分的发展之间的矛盾。这在学前教育中，就表现为人们日益增长的对学前教育的美好期待与学前教育发展不平衡不充分之间的矛盾，如农村学前教育质量低于城市学前教育质量，东部地区的学前教育与西部地区的学前教育之间不均衡发展。人民期待的“上好园”“入园易”“让每个孩子都能享受同样的教育”的教育情景与实际情况呈现出矛盾，使得人民对学前教育的获得感不足。因此想要办好人民满意的学前教育，就需

---

① 范晓东，郭彤彤. 建国 70 年学前教育政策变迁研究——基于间断均衡模型的视角［J］. 教育发展研究，2019，39（24）：61－67.

② 胡斌武，高欢，姚佳. 新型人口政策下幼儿教育发展策略探究［J］. 教育理论与实践，2018，38（05）：13－15.

③ 宋乃庆，杨黎，范涌峰. 新时代教育现代化：内涵、意义及表现形式［J］. 教育科学，2021，37（01）：1－8.

要解决其发展不均衡、不公平的问题。

实现学前教育均衡是促进我国学前教育公平发展的基础，然而，我国西部学前教育仍然存在诸多不均衡发展的现象，制约着我国学前教育均衡发展。一方面，西部学前教育存在着省与省之间发展不均衡。如四川省学前教育和云南省学前教育之间发展不均衡；另一方面，在同一省中，不同地区的学前教育发展也不均衡。如四川农村地区的学前教育与四川城市地区的学前教育之间发展不均衡。除此之外，西部地区还存在着与其他地区学前教育均衡发展的差距正不断地扩大的趋势。有研究者指出“通过对《中国教育经费统计年鉴》（2012—2017）的分析发现，西部地区学前教育生均经费支出的城乡差距从2011 年的 4917.793 元增加到 2016 年的 8702.575 元，年均增长率为12.092%，而东部和中部地区的年均增长率分别为 11.396% 和 2.329%，这说明从绝对量上来说，西部地区的城乡差距相比中东部地区来说有扩大趋势”。①

（三）注重学前教育质量，加强教师队伍建设

新时代的学前教育应当是高质量的学前教育。2021 年全国教育工作会议强调“十四五”时期，我国教育进入高质量发展阶段。以往，我国主要解决“入园难”的问题，如在 2010 年 11 月，国务院发布的《关于当前发展学前教育的若干意见》中提出的十项意见，就是着力解决“入园难”的问题。在解决好适龄幼儿“好入园”问题后，实现“入好园、入园好”的质量目标是破解我国学前教育内涵式发展难题的关键，需要深化改革、不断创新我国学前教育的质量监管和保障体系。② 在学前教育中存在着多种影响其质量的因素，如：幼儿园的教学资源是否丰富、教育环境是否良好、教师的能力高低、学前教育体系是否得到保障等，提高学前教育的质量不能“单打独斗”，需要进行综合判断、多方位思考、各方面协同合作。在《关于学前教育深化改革规范发展的若干意见》中就提出要“全面改善办园条件”“完善学前教育检验体系”“扩大有质量教师供给”等措施来提高学前教育质量。

西部学前教育质量亟待提高，尤其是农村地区和欠发达地区的学前教育质量亟待提高。在 2019 年 8 月召开的首届“中国西部教育发展论坛”中就明确

---

① 卢迈，方晋，杜智鑫，等. 中国西部学前教育发展情况报告［J］. 华东师范大学学报（教育科学版），2020，38（01）：97－126.

② 候玉娜. 以“三大改革创新”破解学前教育普惠健康发展难题［J］. 教育与经济，2018（01）：11－12＋26.

提到“当前西部地区学前教育质量差强人意”“幼儿园教育质量有限”。有研究者指出西部地区学前教育质量不高体现在其“班均规模和师幼比远超国家和地方标准”“基本设备与卫生状况条件有限”“缺少游戏材料，幼儿的游戏得不到保证。”“幼儿园环境、作息制度和教学活动小学化”。[①] 有研究者专门指出在西部学前教育中，民办幼儿园整体素质不高且办学理念落后，使得幼儿教育要么呈现出“小学化”倾向，要么是大小儿童的简单“看护”。[②] 西部学前教育质量问题已成为我国学前教育质量整体提高的主要问题。如何有效地突破西部学前教育，尤其是西部农村地区学前教育质量不足的困境，成为我国当下学前教育发展不可回避的话题。对此，有研究者提出要“紧抓国家实施西部大开发的历史机遇，加大学前教育经费投入”，[③] 通过增加学前教育经费，从外部条件保证学前教育质量的提高。也有研究者指出可以“通过大学增设附属园，组建规模化、集团化的优质幼教机构并且开设分校，政府购买服务等方式扩大优质学前教育资源并发挥其辐射带动作用；同时要完善监管机制，制定严格的监测标准，加强质量评估和监测”，[④] 从高校入手，提升幼儿教师质量从而提高学前教育质量。

新时代的学前教育亟须加强幼儿教师队伍建设。首先，加强教师队伍建设是教育现代化的必要条件。世界正处于大发展大变革大调整之中，新的科技和工业革命正在孕育之中，面对这些外界变化与挑战，学前教育想要实现现代化，就必须要加强教师队伍建设，把全面加强教师队伍建设作为一项重大政治任务和根本性民生工程切实抓紧抓好。其次，加强幼儿教师队伍建设有利于提高学前教育质量。百年大计，教育为本；教育大计，教师为本。幼儿教师队伍质量影响学前教育质量。正如有研究者所说的“学前教育的改革与发展，其核心和关键在于幼师队伍的整体素质与质量”。[⑤] 最后，当前我国幼儿教育教师队伍存在着诸多问题亟待解决。其一，我国幼儿教师队伍数量不足，尤其是农村地区的幼儿教师缺乏。其二，我国幼儿教师道德素养不高，虐童的情况时有

---

① 卢迈，方晋，杜智鑫，等. 中国西部学前教育发展情况报告 [J]. 华东师范大学学报（教育科学版），2020，38（01）：97—126.

② 王钦，肖进雄. 聚焦西部学前教育：问题与对策 [J]. 人民教育，2011（23）：16—17.

③ 王钦，肖进雄. 聚焦西部学前教育：问题与对策 [J]. 人民教育，2011（23）：16—17.

④ 洪秀敏，赵尚艺. 西部地区学前教育发展的成效、瓶颈及对策——基于成都市第二期学前教育三年行动计划实施效果的调查 [J]. 现代教育管理，2020（01）：70—77.

⑤ 中华人民共和国教育部. 教育部等五部门关于印发《教师教育振兴行动计划（2018——2022年）》的通知[EB/OL].（2018—03—22）[2021—05—19]. http://www.moe.gov.cn/srcsite/A10/s7034/201803/t20180323_331063.html.

出现。其三，我国幼儿教师能力不高，特别是农村地区的幼儿教师，存在“学历低”“无证上岗”的情况。其四，我国幼儿教师队伍不稳定，放弃幼儿教师这一职业甚至寻找其他职业的现象频繁出现。对比东部，西部幼儿教师数量不足、质量不高的现象尤其严重，且这种情形在西部农村地区尤为突出。主要表现在农村幼儿教师数量不足导致“大班额”现象普遍存在；农村地区幼儿教师缺乏、流动性大，教师“不想来”，也“留不下”；农村幼儿教师教育观念落后，导致学前教育“小学化”情况严重。幼儿教师作为儿童进入教育接触到的第一时期的教师，对儿童具有重要的作用。幼儿教师的质量不仅与学前教育质量息息相关，而且对儿童未来的发展也具有重要影响。因此，提高幼儿教师质量，培养高质量幼儿教师队伍势在必行。

三、新时代幼儿教师教育新要求

新时代的学前教育应重视幼儿教师队伍建设。进入新时代，我国颁布了一系列与建设教师队伍有关的文件。在党的十九大报告中，习近平总书记针对“优先发展教育事业”，提出要“加强师德师风建设，培养高素质教师队伍，倡导全社会尊师重教”。2018 年 1 月，由中共中央、国务院印发的《关于全面深化新时代教师队伍建设改革的意见》是新中国成立以来党中央出台的第一个专门面向教师队伍建设的里程碑式的政策文件，该文件指出要“全面提高幼儿园教师质量，建设一支高素质善保教的教师队伍”。① 2018 年 2 月颁布了《教师教育振兴计划行动（2018—2022 年）》，提出在“经过 5 年左右努力，办好一批高水平、有特色的教师教育院校和师范类专业，教师培养体系基本健全，为我国教师教育的长期可持续发展奠定坚实基础”。② 2021 年教育部部长陈宝生在全国教育会议中提到“加强教师队伍建设，夯实高质量发展人才支撑”。③

---

① 中共中央国务院关于全面深化新时代教师队伍建设改革的意见［N］. 人民日报，2018－02－01－001.

② 中华人民共和国教育部. 教育部等五部门关于印发《教师教育振兴行动计划（2018—2022 年）》的通知[EB/OL]. (2018－03－22)[2021－05－19]. http://www.moe.gov.cn/srcsite/A10/s7034/201803/t20180323_331063.html.

③ 教育部. 乘势而上　狠抓落实　加快建设高质量教育体系　2021 年全国教育工作会议召开［J］. 中国民族教育，2021（02）：4－5.

（一）新时代培养什么样的幼儿教师

近年来，我国通过一系列的文件对新时代需要什么样的幼儿教师进行了解答。2018 年 2 月，《关于全面深化新时代教师队伍建设改革的意见》中提到在学前教育中“培养热爱学前教育事业，幼儿为本、才艺兼备、擅长保教的高水平幼儿教师”。①《教师教育振兴行动计划（2018—2022 年）》强调了“用‘四有好老师’标准、‘四个引路人’‘四个相统一’和‘四个服务’等要求，统领教师成长发展”，② 2018 年 4 月，教育部印发的《教育信息化 2.0 行动计划》针对教育信息化提出要“大力提升教师信息素养”“推动教师主动适应信息化、人工智能等新技术变革，积极有效开展教育教学”。③ 同年 9 月，习近平总书记出席全国教育大会指出“做老师就要执着于教书育人，有热爱教育的定力、淡泊名利的坚守”。同年 10 月，《新时代幼儿园教师职业行为十项准则》进一步对新时代的幼儿教师提出了明确的要求，“新时代对广大教师落实立德树人根本任务提出新的更高要求，为进一步增强教师的责任感、使命感、荣誉感，规范职业行为，明确师德底线，引导广大教师努力成为有理想信念、有道德情操、有扎实学识、有仁爱之心的好老师”。④

通过分析相关文件，以及查阅相关资料，我们可以发现，当前，我国对新时代幼儿教师主要提出了以下要求。第一，新时代的幼儿教师应当重构教育理念。“新时代背景下学前教育发展的转型升级，核心在于转变教师的教育观念，以此唤醒他们的专业自主性和教育能动性，从根本上推动学前教育质量的提升”。⑤ 首先，幼儿教师需要对自身角色进行重新定位。在新时代中，“‘互联网+教育’加速了教育教学变革，幼儿教师要想实现人生价值，达到教书育人的目的，承担起社会和国家赋予的历史使命，必须努力进行角色转换，由知识

---

① 中共中央国务院关于全面深化新时代教师队伍建设改革的意见［N］. 人民日报，2018－02－01－001.

② 教育部等五部门关于印发《教师教育振兴行动计划（2018—2022 年）》的通知［J］. 中华人民共和国教育部公报，2018（04）：141－145.

③ 中华人民共和国教育部. 教育部关于印发《教育信息化 2.0 行动计划》的通知［EB/OL］.（2018－04－18）［2021－05－19］. http://www.moe.gov.cn/srcsite/A16/s3342/201804/t20180425_334188.html.

④ 中华人民共和国教育部. 教育部关于印发《新时代高校教师职业行为十项准则》《新时代中小学教师职业行为十项准则》《新时代幼儿园教师职业行为十项准则》的通知［EB/OL］.（2018－11－14）［2021－05－19］. http://www.moe.gov.cn/srcsite/A10/s7002/201811/t20181115_354921.html.

⑤ 王彦峰，王瑶筠. 幼儿园教师的师幼观：新时代的三个转向［J］. 湖南师范大学教育科学学报，2019，18（04）：59－64.

灌输者转变成幼儿学习活动的支持者，由传统教学的墨守成规者转变为激发幼儿兴趣的合作者，由考试分数决定论者转变为幼儿健康成长的引导者”，[①] 新时代的幼儿教师应当认识到其定位是“儿童的引路人”，而不是“儿童的保姆”。其次，幼儿教师需要扭转传统的幼儿观，具有“儿童视角”。新时代的幼儿教师需要认识到儿童是具有“自主性的人”而不是“被塑造的人”，是具有“个性化的人”而不是“全面化的人”。在传统幼儿教育中，教师往往按照既定的“程序”和“模式”去教育整个班的儿童，忽视了教育的创生性和儿童的主动性和独特性，导致“千人一面”。同时，在幼儿园中，还存在着认为“全面化”就是什么都要学习、每个都要接触，这不仅将学生的全面发展与平均发展相混淆，而且还增加了儿童的压力。最后，新时代的幼儿教师需要树立新的师幼观——以幼儿为中心。有研究者提出“随着我国学前教育改革的进一步深化，幼儿园教育活动中的师幼关系逐渐从‘教师独白’走向‘师幼对话’”。[②] 相对于“教师独白”，“师幼对话”更加注重幼儿的重要性，在对话过程中，幼儿是对话的中心，教师不再是对话的主导者，而是对话的引导人。

第二，新时代的幼儿教师应当更新知识与能力。在新时代，随着社会的发展，人们越来越注重教育的质量，对教师的知识与能力提出了更高的要求。一方面，新时代的幼儿教师需要不断丰富自身知识以应对社会的挑战和人们的要求。如，新时代的幼儿教师亟须加强传统文化素养，因为我国的幼儿教育是具有中国特色社会主义的幼儿教育，是立足于中国传统大地的幼儿教育。文化通过教育进行传播，教师在教育中承担着传播文化的角色。故而，幼儿教师应当具备传统文化素养，通过筛选文化，向儿童们传输我国优秀的传统文化，使得我国幼儿教育“扎根中国传统文化”。另一方面，新时代的幼儿教师需要不断提升自身能力，从而促进教育的高质量发展。首先，幼儿教师需要加强实践能力。因为在以往的教师教育中，由于过于强调对知识的掌握，忽视了教师实践，导致部分幼儿教师在进入真实的教育场景中，面对突发事件，不能运用自己所学的教育知识，导致实践与理论相脱离。其次，幼儿教师需要提高信息教学能力。新时代“互联网+”的教育模式与传统的教育模式具有明显的差异，同时也对教师的能力提出了挑战。有研究者指出“随着国家对教育信息化的重视程度越来越高，学前教育信息化面临着重大的发展机遇，其推进工作已经迫

---

① 刘洋．“互联网+教育”新常态下学前教育教师信息技术素养调查与提升策略研究［J］．中国电化教育，2018（07）：90—96．

② 王彦峰，王瑶筠．幼儿园教师的师幼观：新时代的三个转向［J］．湖南师范大学教育科学学报，2019，18（04）：59—64．

在眉睫”。[①] 幼儿教师队伍的信息素质成为决定学前教育信息化能否取得成功的关键因素。

第三，新时代的幼儿教师应当加强师德建设。“近年来，国家十分重视幼儿教师队伍的师德建设，幼儿教师队伍的精神境界和道德情操不断提升，但在幼儿教师队伍中仍有部分教师缺乏师德。如近年来出现的幼儿园虐童事件、给幼儿集体喂药事件、给幼儿食用过期食物、幼儿园校车事故等，集中反映出幼儿教师队伍中存在的道德失范问题”。[②] 幼儿教师是幼儿成长发展的生命之师，对幼儿生命的展开与完善有着重要的影响，若是幼儿教师都不具备基本的“爱护学生”“遵纪守法”的道德品质，又如何实现教育立德树人的目标呢？在新时代下，幼儿教师应当加强师德建设，把提高教师思想政治素质和职业道德水平摆在首要位置，把社会主义核心价值观贯穿教书育人全过程，突出全员全方位全过程师德养成。

（二）更新幼儿教师教育的内容体系

为培养新时代幼儿教师，其教育内容体系需要进行相应的更新。教育内容体系的更新主要是从以下几个方面进行。

第一，更新幼儿教师教育的理念。教育理念是教育实践的先导，它决定着教育的主导思想，对教育教学的开展具有重要的作用。当前，幼儿教师角色的转变促使以往的教育理念已经不再适用于新时代的教育，因此，更新教育理念迫在眉睫。在以往的幼儿教育中，幼儿教师要么被认为是儿童的保姆，要么被认为是幼儿教育的主导者，一方面，贬低幼儿教师的地位与重要性；另一方面，又强调幼儿教师对幼儿的控制权力，这种矛盾不利于幼儿教育工作的开展，影响幼儿教育的效果。新时代，幼儿教师的定位亟待改变，幼儿教师教育的教育理念亟待更新。新时代幼儿教师教育的教育目标是培养新时代的幼儿教师，新时代的幼儿教师是对教育有坚定的理想信念，对学生有仁爱之心，有着高尚的道德情操和扎实的知识与专业能力的教师；新时代的幼儿教师是随着社会的发展，努力提升、反省自身的教师；新时代的幼儿教师是促进幼儿教育不断发展的教师。新时代幼儿教师教育的教育方法是理论联系实际，通过跟岗实习、在职培训等方法加强幼儿教师的实践能力；新时代幼儿教师教育倡导“以

---

① 金锐，苑玉洁．信息技术促进区域幼儿教师综合素质发展模式探究［J］．中国电化教育，2019（08）：116－122.

② 田涛．改革开放40年幼儿教师队伍发展的回顾与展望［J］．四川师范大学学报（社会科学版），2019，46（01）：69－77.

人为本”的教育观念，应当回归本真，用看待“人”的视角去看待教师。

第二，更新幼儿教师教育的内容。教育内容是为实现教育目标，经过有意识的选择而纳入教育活动过程中的知识、技能、行为规范等。新时代对幼儿教师提出了新要求，这就对幼儿教师教育提出了新的要求，故而教育内容应当进行相应的改变与调整。首先，教育内容应更加注重中国传统文化知识，提高幼儿教师传统文化素养。在2018年的全国教育大会中，习近平总书记就指出要“坚持扎根中国大地办教育”。坚持扎根中国大地办教育就是要始终体现中国特色化，把中国特色融入教育发展之魂，把教育深植于中华优秀传统文化的肥沃土壤中，而“传统文化中既有精华又有糟粕，继承和弘扬精华文化、摒弃和抵制糟粕文化是我们的最终目的。学龄前儿童的传统文化教育，需要根据学龄前儿童的生理特点和认知能力，筛选适合他们接受的内容和形式进行传授”。[①]这就需要幼儿教师具有“传统文化素养”，从而能够对中国传统文化进行筛选，对儿童传播优秀的中国传统文化，而不是文化糟粕。

其次，幼儿教师教育应更加强调幼儿教师教育实践活动，提高教师实践能力。不少研究者表示“以往幼儿教师教育过于偏重幼儿教学知识或者只侧重于具体的教学核心素养，”[②]“由于传统教育模式的影响，我国高校在幼儿教师培养方面存在着明显的重理论轻实践的问题，从而影响了幼儿教师教学技能水平的提升”。[③]因此在新时代，可以通过加大高校与幼儿园之间的合作，增加学前教育学生在幼儿园的实习，对职前幼儿教师进行培训，从而提高幼儿教师的实践能力。

最后，幼儿教师教育内容应增加“互联网+教育”有关的教育知识，提高幼儿教师的信息素养，加快“互联网+教育”的实现。新时代是“互联网+”的时代，“‘互联网+教育’让教师专业发展能力结构的构成因素更加丰富，信息技术知识教学迁移能力、信息技术与学科整合能力、数字化交往能力、数字化教学评价能力、数字化协作能力、促进儿童数字化发展的能力等将成为互联网时代数字教师的核心能力，助推教师专业成长。”[④]“2020年新冠肺炎疫情期

---

① 何永贤，金香花. 中华传统文化融入学前教育之策略探讨［J］. 延边大学学报（社会科学版），2021（02）：135—140+144.

② 陈秋珠. 卓越幼儿教师核心素养的内涵、构成及实现路径［J］. 西北师大学报（社会科学版），2020（02）：85—92.

③ 陈秋珠. 卓越幼儿教师核心素养的内涵、构成及实现路径［J］. 西北师大学报（社会科学版），2020（02）：85—92.

④ 刘洋. “互联网+教育”新常态下学前教育教师信息技术素养调查与提升策略研究［J］. 中国电化教育，2018（07）：90—96.

间，线上互动、遴选资源、录制微课、视频直播等信息化手段成为学前教师必备技能，不仅为教师专业成长提供了全新平台，也对教师的专业能力结构及专业发展方式提出了全新的要求及挑战。在新时期教育信息化推动教育强国的背景下，学前教育教师队伍信息技术能力的培养已成为重要一环”。① 因此，在幼儿教师教育中需要增加“互联网+教育”有关的教育活动，提高幼儿教师的信息技术能力以及信息素养。

第三，加强幼儿教师师德教育。幼儿教师是培养社会主义接班人的第一棒，其品行德行对幼儿具有影响作用。一方面，加强师德教育需要整合师德教育资源。有研究者提出“当前各幼儿师范院校对学前教育专业学生的师德规范培育工作由学校党委层面、学工团委层面、马克思主义学院（专科院校为思政课部）层面、专业课教学队伍层面等共同落实，但是许多学校并没有对这些师德教育资源进行有序配置和有效整合”。② 另一方面，加强师德教育需要学校各部门全方位配合。师德教育不仅仅靠某节课或某个获得就能实现的，它蕴含在整个教育之中，存在于整个学前教育之内，因此，师德教育需要学校整体配合。除此之外，加强师德教育还可以实施师德评分的措施，通过“互联网+教育”的方式，对幼儿教师的师德进行记录并对外开放，以提高幼儿教师对师德的重视。

（三）重建幼儿教师教育的培养模式

可以认为，有高质量的教师队伍，才会有高质量的教育。为实现新时代教育现代化，我国应加强教师队伍建设，夯实高质量发展人才支撑。当前，我国重建了幼儿教师教育的培养模式，主要体现在以下几个方面。

第一，前移培养起点，提高教师质量。《关于全面深化新时代教师队伍建设改革的意见》中提出要“前移培养起点，大力培养初中毕业起点的五年制专科层次幼儿园教师”。③ 早在 2010 年 11 月，由国务院印发的《关于当前发展学前教育的若干意见》中就提出要“积极探索初中毕业起点五年制学前教育专科学历教师培养模式，”④ 有研究者指出以往我国“幼儿园教师队伍专业来源

---

① 付卫东，周威．“十四五”时期我国学前教育教师队伍建设：主要形势与重点任务［J］．现代教育管理，2021（04）：83－91．

② 孙晨，方勇．“三全育人”视域下幼儿师范院校学生师德教育探索［J］．学校党建与思想教育，2021（06）：62－63．

③ 中共中央国务院关于全面深化新时代教师队伍建设改革的意见［N］．人民日报，2018－02－01－001．

④ 国务院关于当前发展学前教育的若干意见［J］．司法业务文选，2011（03）：7－11．

复杂，很多教师没有接受过系统的学前教育教师培训，专业理论匮乏，专业技能尤其是教育技术薄弱”，① 2018 年 3 月 5 日，李克强总理在《政府工作报告》中提出“发展公平且有质量的学前教育”的建议。发展公平且有质量的学前教育成为解决发展主要矛盾的主线。② 因此，要发展公平而有质量的学前教育，就必须得有高质量的幼儿教师，通过培养以初中毕业为起点的五年制专科层次幼儿园教师，不仅有助于幼儿教师数量的提升，而且有利于提高幼儿教师质量。

第二，主张师范院校与幼儿园协同合作，采取集中培训与跟岗实践相结合的培养模式。由中共中央、国务院印发的《关于全面深化新时代教师队伍建设改革的意见》中提到要“重点采取集中培训与跟岗实践相结合的方式培训幼儿园教师”，“鼓励师范院校与幼儿园协同建立幼儿园教师培养培训基地”。③《教师教育振兴行动计划（2018—2022 年）》中也提出要支持“高校与中小学协同开展教师培养培训、职前与职后相互衔接的教师教育改革实验区，带动区域教师教育综合改革，全面提升教师培养培训质量。”④ 不少研究者指出“很多高职院校的教师是由自己本院校的教师担任教学，大多数教师都是直接由学生转变成了教师的角色，并没有幼儿教师的经历，他们只有理论知识作支撑，这些教师给学生讲课无异于纸上谈兵，而且高职院校的大部分任课教师并不是学前教育本专业出身，教师的学历也达不到要求，因此学校的整体师资水平不高”，⑤“很多高校在培养过程中，忽视了师范生实践性知识的发展，理论性课程和实践性课程的设置比例严重失调，导致师范生实践性知识的发展水平较低，难以胜任日后的工作。”⑥ 针对培养的幼儿教师缺乏实践能力的情况，有研究者提出“为保证幼儿师资的培养质量，新时期必须坚持质量导向，加强以师范院校为主体、高水平非师范院校共同参与、以优质幼儿园为实践基地的具

---

① 刘洋.“互联网+教育”新常态下学前教育教师信息技术素养调查与提升策略研究［J］. 中国电化教育，2018（07）：90－96.

② 范晓东，郭彤彤. 建国 70 年学前教育政策变迁研究——基于间断均衡模型的视角［J］. 教育发展研究，2019（24）：61－67.

③ 中共中央国务院关于全面深化新时代教师队伍建设改革的意见［N］. 人民日报，2018－02－01－001.

④ 教育部等五部门关于印发《教师教育振兴行动计划（2018—2022 年）》的通知［J］. 中华人民共和国教育部公报，2018（04）：141－145.

⑤ 陈司元. 学前教育专业人才培养的困境与思考——评《学前教育研究方法》［J］. 中国教育学刊，2018（08）：138.

⑥ 但菲，贺敬雯，张梦涛. 职前幼儿教师实践性知识的发展：现状、影响因素及教育建议［J］. 教育研究与实验，2017（02）：73－79.

有中国特色的学前教师教育体系建设”。[①] 加强师范院校与幼儿园的协同合作，使得师范生通过跟岗实践的方式进行幼儿教育学习，从而在掌握教育知识的基础上提升实践能力。同时鼓励在职幼儿教师积极参加教师培训，不断提升自身专业能力。

第三，推进“互联网＋教师教育”的培养模式。《教育信息化 2.0 行动计划》提出要“大力提升教师信息素养”“推动教师主动适应信息化、人工智能等新技术变革，积极有效开展教师教育。启动‘人工智能＋教师队伍建设行动’，推动人工智能支持教师治理、教师教育、教育教学、精准扶贫的新路径，推动教师更新观念，重塑角色、提升素养、增强能力”。[②] 在“十四五”时期，幼儿教师教育课程体系需要推进“互联网＋教师教育”，使得幼儿教师“利用信息技术开展网络教研及教师培训活动，充分利用互联网资源提升教师专业素养。”[③] 教师教育应当“充分发挥教育信息化所具有的灵活性开放性特征，打破线上培训与线下培训相互分离、割裂的状态，推动信息技术与园长培训的深度融合，做到集中培训和远程培训相结合，线上培训与线下培训相结合，规模化培训与个性化培训相结合。同时，借助大数据与学习分析技术在培训测评、调控、督导等方面的优势，推动培训管理向信息化、智能化方向转变”。[④]

（四）优化幼儿教师教育的保障机制

优化幼儿教师教育的保障机制不仅有利于提高幼儿教师教育的效率，还有利于提升幼儿教师教育的质量。优化幼儿教师教育的保障体制主要是指加强教师队伍质量保障机制。幼儿教师具有保育和教育的双重作用，其教师队伍质量的高低关系到学前教育事业的发展。优化幼儿教师队伍质量保障机制可以从以下三方面进行。

第一，优化幼儿教师队伍质量保障需要加大对幼儿教师教育资金投入。一方面，教育的发展离不开教育资金，在教育资金匮乏的情况下提升教育，其质

① 曲铁华，汪益．建国 70 年幼儿教师政策演进：历程、逻辑与未来展望［J］．教育科学，2019（03）：83－88．

② 中华人民共和国教育部．教育部关于印发《教育信息化 2.0 行动计划》的通知［EB/OL］．（2018－04－18）［2021－05－21］．http://www.moe.gov.cn/srcsite/A16/s3342/201804/t20180425_334188.html．

③ 付卫东，周威．“十四五”时期我国学前教育教师队伍建设：主要形势与重点任务［J］．现代教育管理，2021（04）：83－91．

④ 缴润凯．“国培”十年园长培训的举措、成就与反思［J］．中国教育学刊，2020（09）：15－19．

量和效率都难以保证。对比教育资金充足的学校，教育资金较少甚至匮乏的学校教育质量往往较低，教育改革的效率也较低。另一方面，加大教育资金的投入有利于提升幼儿教师的工资待遇。工资待遇高低是人们选择一个工作的前提，也是一个工作是否具有价值和意义的体现。教师的工资待遇是影响教师队伍数量、质量和稳定性的重要因素之一。如农村地区的幼儿教师往往比城市地区的幼儿教师的数量少、质量低、流动性强，其原因之一就在于农村地区的幼儿教师的工资待遇低，难以维持幼儿教师的生活，使得部分农村幼儿教师选择放弃该职业甚至寻找其他职业。除此之外，男性幼儿教师在幼儿园中数量较少，这也不乏工资待遇较低的原因。因此，有研究者指出要“大幅度提升幼教师工资待遇和地位才能缓解农村幼师短缺问题，吸引和留住男性幼师，保障和改善民办幼儿园的幼教质量”。①

第二，优化幼儿教师队伍质量保障需要明确幼儿教师队伍职称制度。教师职称是教师的技术等级，它不仅与教师的工资待遇有关，还与教师的职业期待和价值期待有关。有研究者指出“幼儿教师职称评定都是参照小学教师职称评定标准，没有充分考虑到学前教育和幼儿教师的特殊性”。② 而幼儿教师与小学教师不同，同样的评定标准会导致人们对职称评议质疑，影响幼儿教师职称评议的可信度。因此，明确幼儿教师职称制度十分必要。在制定幼儿教师职称制度时，一方面，要考虑到学前教育的特殊性；另一方面，要在考评制度上因地制宜，除此之外，考评制度还应当向农村地区或教育薄弱地区倾斜，从而有利于“教育扶贫”。另外，有研究者提出“国家还要继续推进幼儿教师准入制度、培养制度、考评制度等的改革与立法，促进幼儿教师队伍的发展”。③

第三，优化幼儿教师队伍保障需要完善幼儿教师教育质量监管机制。在2018年7月由中央全面深化改革委员会第三次会议审议通过的《关于学前教育深化改革规范发展的若干意见》中就提到要“完善监管体系”，“强化各级党委和政府及各有关部门的监管责任，建立健全教育部门主管、各有关部门分工负责的监管机制。”虽然“国家已制定了幼儿教师教育质量保障的系列政策，

① 胡艳，胡倩．改革开放40年我国幼儿教师教育的发展、成绩与问题［J］．教师教育研究，2018，30（06）：1—9．

② 田涛．改革开放40年幼儿教师队伍发展的回顾与展望［J］．四川师范大学学报（社会科学版），2019，46（01）：69—77．

③ 田涛．改革开放40年幼儿教师队伍发展的回顾与展望［J］．四川师范大学学报（社会科学版），2019，46（01）：69—77．

但幼儿教师教育依然差强人意。高职院校学生职业道德教育形势严峻”,[①]所以应当尽快完善幼儿教师教育质量监管机制。有研究者提出完善幼儿教师教育质量监管机制首先需要建立学前教育和幼儿教师教育质量国家标准和地方指标体系，因为“尽管我国很多地区颁布过学前教育评价标准，但内容多聚焦在基本的硬件设置、师资资质、师幼比等结构性质量因素，较少关注师幼关系、家园合作、幼儿园课程与教学等过程性质量因素。另外，在目前民办机构占据学前教育半壁江山的格局下，我国尚缺少民办幼儿园质量评估和验收的相关标准”。[②] 另外，在监管过程中应当重视政府的主导作用，政府通过制定宏观政策和标准规范，加强监管工作指导，为教育质量监管提供保障。

除此之外，优化幼儿教师教育的保障机制离不开国家政策的支持。政策文件是一个国家、政府和社会在一定时期必须遵守的行为准则，教育政策规划不仅是从顶层设计上对教育提出的要求，而且也是教育发展的方向。早在 2012 年 8 月就有专门针对教师队伍建设发布的文件——《国务院关于加强教师队伍建设的意见》，在该文件中提出要“切实保障教师合法权益和待遇”，要“确保教师队伍建设政策措施落到实处”。同年 9 月，人力资源社会保障部发布的《关于加强幼儿园教师队伍建设的意见》再次强调“地方各级教育、编制、财政、人力资源社会保障等有关部门要充分认识加强幼儿园教师队伍建设的重要性和紧迫性，健全工作机制，加强统筹协调，建立督促检查、考核奖惩和问责机制，确保加强幼儿园教师队伍建设的各项措施落到实处、取得实效”。进入新时代后，我国更加重视幼儿教师教育，颁布了一系列教师队伍建设改革意见的文件。2018 年 1 月，由中共中央国务院颁布的《关于全面深化新时代教师队伍建设改革的意见》中提到“各级政府要将教师队伍建设作为教育投入重点予以优先保障，完善支出保障机制，确保党和国家关于教师队伍建设重大决策部署落实到位”；2018 年 2 月，由教育部、国家发展改革委员会等颁布的《教师教育振兴行动计划（2018—2022 年）》进一步强调要实施“教师教育质量保障体系构建行动”，提出要“加强经费保障”“开展督导检查”等具体措施；2018 年 7 月，由中央全面深化改革委员会第三次会议审议通过的《关于学前教育深化改革规范发展的若干意见》强调要“完善教师培养体系”，国家要深

① 胡艳，胡倩. 改革开放 40 年我国幼儿教师教育的发展、成绩与问题 [J]. 教师教育研究，2018，30（06）：1—9.

② 侯玉娜. 以“三大改革创新”破解学前教育普惠健康发展难题 [J]. 教育与经济，2018（01）：11—12+26.

入落实“健全学前教育法规及规章制度”，而且要在2018年启动师范院校学前教育专业国家认证工作，建立培养质量保障制度。这些政策有力地保障了幼儿教师教育的完善。

第二章　成渝地区双城经济圈带来的机遇挑战

2020 年 1 月 3 日，中央财经委员会第六次会议明确提出要推动成渝地区双城经济圈建设，在西部形成高质量发展的重要增长极，牢固树立一体化发展理念，做到统一谋划、一体部署、相互协作、共同实施，唱好“双城记”，使成渝地区成为具有全国影响力的重要经济中心、科技创新中心、改革开放新高地、高品质生活宜居地。这一政策的提出给成渝地区双城经济圈的教育发展带来了新的契机，同时也对教育的发展提出了新的要求。本章主要分析成渝地区双城经济圈建设给两地教育发展带来的意义，明确学前教育面临的机遇与挑战，并结合当下学前教育及幼儿教师教育中存在的问题，探讨幼儿教师培养模式的改革方向，最终提出“校地园协同、学训教一体”的幼儿教师人才培养模式，积极提升幼儿教师培养质量。

一、成渝地区双城经济圈的教育发展意义

2020 年 10 月 16 日，中共中央政治局召开会议，审议《成渝地区双城经济圈建设规划纲要》，中共中央总书记习近平主持会议。会议指出，当前我国发展的国内国际环境继续发生深刻复杂变化，推动成渝地区双城经济圈建设，有利于形成优势互补、高质量发展的区域经济布局，有利于拓展市场空间、优化和稳定产业链供应链，是构建以国内大循环为主体、国内国际双循环相互促进的新发展格局的一项重大举措。会议强调，要全面落实党中央决策部署，突出重庆、成都两个中心城市的协同带动，注重体现区域优势和特色，使成渝地区成为具有全国影响力的重要经济中心、科技创新中心、改革开放新高地、高品质生活宜居地，打造带动全国高质量发展的重要增长极和新的动力源。

成渝地区双城经济圈“一极两中心两地”的定位，对于两地教育的发展具有重要意义——这不仅有利于构建跨区域的教育学术共同体，还给两地教育的

发展提供了强劲的推动力。经济的迅猛发展，使相对落后的教育事业有了超常规发展的机会，这有利于缓解东西部教育发展不均衡问题。

（一）构建跨区域教育学术共同体

成渝地区双城经济圈建设是一项系统工程，由此带来的是两城各社会子系统之间的联合发展。教育作为此过程中具有先导性和基础性的一个环节，两城联合发展无疑成为构建跨区域教育学术共同体的有利契机。然而，成渝两地的教育一直处于一种“省域分工”与“区域竞争”的状态。1954 年 7 月，重庆被撤销中央直辖市并入四川，成渝地区同属四川省管辖，一个是省会中心城市，一个是副省级中心城市，但两市的教育系统实际上是一种“省域分工”的格局。1997 年 6 月，重庆成为直辖市以后，由于地方政府竞争关系，成渝两地之间在教育方面也展开了一定程度的竞争，尤其是在西部大开发的时代背景之下，成都是建设“西部教育强省”的主力军，重庆要打造“西部教育高地”，形成了成渝地区教育“区域竞争”的格局，两地的一体化发展不尽如人意。[①] 如今，成渝地区双城经济圈建设对两地教育协同发展提出了新的要求，当务之急是在思想上消除“分工”与“区域”意识，切实提高推进教育协同发展的自觉，走向统筹发展的道路，构建学术共同体。以便发挥合作效应，达到共赢发展的效果。

为构建跨区域的教育学术共同体，两城要加强统筹协调，牢固树立一体化发展理念，增强协同创新发展能力。教育的一体化发展离不开两地政府与教育部门的合作交流，对教育的规模与布局要进行全面的规划、对人才结构要进行合理地调整、对活动的开展要进行密切地交流。2020 年 12 月，四川省教育厅联合重庆市教委印发《成渝地区双城经济圈教育督导一体化发展行动方案》，方案明确坚持优势互补、共建共享、统一开放原则，提出开展重大课题研究、开展督导项目合作、共建教育质量评估监测体系、共享教育督导资源库、加强教育督导人才队伍交流培训五个方面的具体措施。[②] 成渝地区双城经济圈教育学术共同体的构建亦可以借鉴其他地区教育协同发展的优秀改革经验，[③] 如：

---

① 钟昆明，李伟. 成渝地区双城经济圈教育协同发展模型研究 [J]. 长江师范学院学报，2020(06)：100－107.

② 四川省教育厅. 重庆、四川两地协同推动双城经济圈教育督导一体化发展[EB/OL].(2020－12－07)[2021－05－18]. http://edu.sc.gov.cn/scedu/c100494/2020/12/7/93535f17e62349eba309e21cda188e6d.shtml.

③ 曹浩文，李政. 京津冀基础教育协同发展：定位、现状与对策 [J]. 上海教育科研，2017(05)：13－17＋8.

建立教育协同发展监测与评价机制，及时了解政策进展情况；建立教育协同发展约束机制，督促各地有力推进政策落实；完善区域教育合作机制，发挥优质教育资源的辐射带动作用；创新教育协同发展的财政体制，实现教育跨越式发展等。两地还可以顺势打造成渝学前教育联盟，搭建信息共享网络平台，实现良好的学前教育合作交流。

（二）推动教育发展的动力来源

教育事业的发展需要人力、物力、财力等方面的支撑，在基础教育方面更是如此。教育的发展受制于教育工作者的能力及整个地区的经济发展水平和富裕程度，也受制于社会可能提供的教育物资的质量和其中蕴含的技术发展水平，本质上与社会物质生产的水平相关。[①] 大量的事实证明：生产发达地区的教育投资水平高于生产落后地区。因此，教育的发展离不开地区的生产力发展。

国家大力推进成渝地区双城经济圈建设以来，成渝地区的发展得到了越来越高的关注度，各方面资源也更加丰富。第一，两地迅速发展的经济水平和独特的城市风格吸引了全国各地高质量人才的加入，人力资源质量得到了很大提升，使从事教育事业的人才发生了结构化的转变。第二，成渝地区双城经济圈一体化发展，将极大地扩大成渝地区的经济实力和经济竞争力，提高地区生产水平，为教育的发展提供了物质基础。第三，成渝双城经济的政策优势已经确定，教育作为社会发展先导性和基础性的环节，吸引了大量的资金投入，教育事业得到了财力保障。综上，成渝地区双城经济圈建设给教育提供了人力、物力、财力等方面的丰富资源，为教育事业的发展提供了足够的动力保障。

（三）促进教育事业的超常规发展

在成渝地区双城经济圈政策提出之前，我国西部地区缺乏重大发展战略平台和经济动力源，其教育只能按部就班式发展，没有显著突破和重大跨越。然而，新经济圈的提出可以带动教育的超常规发展。国家发改委表示，“十三五”规划《纲要》明确的19个城市群，承载了我国78%的人口，贡献了超过80%的国内生产总值。总体来看，我国城市群的集聚和带动效应持续增强、支撑和

---

① 叶澜．教育概论［M］．北京：人民教育出版社．2006.

服务区域乃至全国发展的功能更加优化。① 成渝两地的合作已经从交通、信息和市场扩大到更多的方面，教育的合作也应提上议事日程，利用好新经济圈的带动作用，实现教育的超常规发展。成渝双城处于我国西部地区，教育规模较大，但实力相对落后，其所拥有的机遇、优惠政策和资本等与长三角、珠三角等经济圈以及浦东和深圳等都市区域发展建设有所不同，在发展模式上不能完全走这些地区的老路。无论是中外合作办学还是地方高校校际合作都可能遇到思维定式、制度堡垒等问题，阻碍快速走向超常规发展之路。② 因此，两地还需要积极探索其独特的发展路径，更加有效地促进教育事业超常规发展。

成渝地区双城经济圈教育事业要超常规发展，就不能按部就班去做事，而要有超常规的思路和战略。首先，全方位的分析成渝教育发展现状，了解自身发展的优势与劣势，结合新经济圈发展带来的机遇与挑战，实现迅速发展。其次，要把握国家教育发展的方向与区域独特性，突破思维定式，实现创新发展。最后，利用好双城协同发展优势，采用多元、多渠道合作，联手打造良好竞争模式，实现共赢发展。双城经济圈的教育事业在迅速、创新、共赢的基础上，实现超常规发展。

（四）缓解教育发展的不均衡问题

事实证明，制度的创新是教育快速发展的重要源泉。中国区域经济发展战略经历了均衡（20 世纪 50—70 年代）—非均衡（80 年代）—非均衡协调（90 年代）的动态发展过程。③ 改革开放过程中，我国实施了区域经济的非均衡发展战略，处在亚太经济的边缘，有着百年商业文化积累的东部沿海地区在改革开放中处于改革前沿，经济得到了迅猛地发展，其教育事业也得到了明显增长。21 世纪以来，东西部发展不均衡显得更为突出。现如今，成渝经济圈与中国最发达的经济发展“三极”获得同等的政策待遇，成渝地区双城经济圈教育系统崛起，与京津冀、长三角、粤港澳大湾区形成四足鼎立的区域教育发展格局。④ 这有利于缓解国家区域教育发展的不均衡问题。

要利用好成渝地区双城经济圈建设带来的机遇，缓解教育发展不均衡的问

---

① 国家发改委. 成渝城市群内都市圈发展步伐明显加快[EB/OL].(2020－01－06)[2021－05－18]. http://www.thecover.cn/news/3325719.

② 洪成文，梁显平，韩少秀. 成渝地区双城经济圈高等教育的超常规发展战略 [J]. 重庆高教研究，2020 (04)：71－79.

③ 颜鹏飞，邵秋芬. 经济增长极理论研究 [J]. 财经理论与实践，2001 (2)：2－6.

④ 贾秀险，戚务念. 成渝地区双城经济圈高等教育系统构建：基础与路径 [J]. 重庆高教研究，2020 (05)：32－43.

题。成都和重庆是西部地区经济基础最好、人口密度最高、最具潜力赶超东部发展的区域。但成渝地区教育系统的规模与结构不合理，特大城市孤立发展，城乡教育差距较大，广大小县城与特大城市之间缺乏衔接，整个区域教育要素的集聚和分散能力受到影响。有研究者提出，应该将成渝地区双城经济圈看作一个包括“核心圈”“拓展圈”“辐射圈”等三圈层的多圈层经济圈。①“核心圈”和“拓展圈”是成渝地区双城经济圈建设的战略重点范围，“辐射圈”是成渝地区双城经济圈建设的经济社会效益外溢和辐射带动区域。三圈协调发展，统筹规划，有利于缓解成渝区域教育发展不均衡问题。

二、学前教育发展面临新的机遇挑战

学前教育是基础教育的重要组成部分，是我国终身教育的奠基阶段，也是教育投资回报率较高的阶段之一。有研究显示：② 儿童早期发展阶段每投入 1 美元，将获得 4.1～9.2 美元的回报；在美国，这一回报在 7～16 美元之间。投资儿童发展比投资青年和成人教育培训更有效，学校教育阶段和成人继续教育阶段的投资回报分别只有 1∶2 和 1∶3。2000 年诺贝尔经济学奖得主詹姆斯·赫克曼（JamesJ. Heckman）在论文《婴幼儿投入产出比调研》（*The Productivity Argument for Investing in Young Children*）中指出，社会对儿童，尤其是弱势儿童（孤儿、单亲、贫困等）的前期投入和受助儿童长大成人后产生的社会效益比例可以达到 1∶17 甚至更高。新形势下，学前教育要促进成渝地区双城经济圈的建设，其发展不能按部就班，应该充分结合自身的发展现状，迎接新形势带来的机遇与挑战。双城经济圈政策的提出，使成渝地区学前教育受到越来越多地关注，吸引了大量资金与高质量人才，极大地丰富了教育资源。成渝两地更形成了竞争张力，走向良性互动。但两地的学前教育也面临着发展相对落后，区域间统筹性不足，产教融合程度低，幼儿教师教育模式守旧的挑战。成渝地区学前教育改革迫在眉睫，应在充分认识自身面临的机遇与挑战同时，把握好新形势下“弯道超车”的机会，实现超常规发展。

---

① 张志强，熊永兰. 成渝地区双城经济圈一体化发展的思考与建议 [J]. 中国西部，2020 (02)：1－12.

② 卢迈，方晋，杜智鑫，等. 中国西部学前教育发展情况报告 [J]. 华东师范大学学报（教育科学版），2020，38 (01)：97－126.

（一）学前教育发展面临的机遇

1. 国家政策优势，关注度明显提高

近年来，为了推动学前教育发展，中央政府不仅通过文件政策进行了导向，也在具体的发展路径方面进行指引，从而为学前教育发展布局了良好的政策环境。[①] 早在 2010 年颁布的《国家中长期教育改革和发展规划纲要（2010—2020 年）》中就提出要重点支持发展农村学前教育、多种形式扩大学前教育资源、支持贫困地区发展学前教育。在二孩政策全面实施背景下，学前适龄儿童数量增大，人们对学前教育关注度增加，学前教育在国民教育体系中的地位得到了提高。学前教育作为国民教育体系中重要组成部分，是我国学校教育的奠基阶段，但也是目前国家教育体系中较薄弱的环节。当前，学前教育逐步去边缘化，发展学前教育、提高学前教育的质量成为当前发展教育的重要任务之一。

中央财经委员会第六次会议上明确提出要推动成渝地区双城经济圈建设后，两地高度重视学前教育，并开展了一系列合作。四川省教育厅与重庆市教委于 2020 年 4 月 27 日签署推动成渝地区双城经济圈建设教育协同发展框架协议。按照合作协议，双方将组建包括学前教育在内的教育联盟，推行学区化管理、集团化办学。[②] 同年 5 月 14 日，重庆幼儿师范高等专科学校与川南幼儿师范高等专科学校签署服务成渝地区双城经济圈战略合作协议。双方将在人才培养等十个方面进行协同发展，全力推进成渝地区双城经济圈学前教育的战略合作。双方还决定共同建设成渝地区学前教育大数据中心，以组建成渝地区双城经济圈学前教育协同发展联盟、省市级“双高”建设、“卓越乡村幼师”人才培养为突破口，全力推进成渝地区双城经济圈学前教育的战略合作。[③] 国家重大政策导向的优势，极大地提高了两地对学前教育的关注度。

2. 各项投入加大，教育资源更丰富

丰富的教育资源是教育事业发展的物质基础。伴随成渝地区双城经济圈建

---

① 卢迈，方晋，杜智鑫，等. 中国西部学前教育发展情况报告［J］. 华东师范大学学报（教育科学版），2020，38（01）：97－126.

② 中国新闻网. 川渝签署框架协议 _ 推动成渝地区双城经济圈教育协同发展[EB/OL].（2020－04－27)[2021－05－19]. https://www.chinanews.com/cj/2020/04－27/9169478.shtml.

③ 重庆日报全媒体. 川渝两所幼儿师专携手推进成渝地区双城经济圈学前教育战略合作[EB/OL].（2020－05－14)[2021－05－19]. https://app.cqrb.cn/economic/2020－05－14/332491 _ pc.html.

设初见成效，两地对教育的投入逐渐加大，可供有效利用的教育资源更加丰富。这不仅是双城经济圈建设为学前教育带来的发展机遇，更是学前教育高质量发展的保障。

第一，经济的建设吸引了大量的资金投入教育，学前教育的城乡均衡发展得到经济支持，幼儿园建设得到财力保障，幼儿教师收入水平也将进一步提高。第二，与经济增长伴随而来的是教育配套设施逐步完善，教育设备更新换代，教育用具更加丰富。第三，科技的迅猛发展，也为教育的高质量发展带来了动力。当今社会，大数据技术与人工智能的崛起，正在改变着传统的学前教育形态，从幼儿活动开展方式、幼儿师资的培养到幼儿园建设，无不被科技力量所改变。第四，宣传教育力度的加大，引发人们对学前教育的广泛关注，使学前教育在国民教育体系中的基础性地位得到巩固，吸引了更多的学前教育投资。凡此种种，都深刻地影响和改变着教育的生态环境，使教育资源更加丰富。

3. 人才引进优势，师资队伍发生结构性转变

成渝两地幼儿师资规模大，但是在质量上还有待提高。成都、重庆教育规模大、实力强，是西部最具吸引力的城市。然而，两地在全国的人才引进上却不占明显优势，高质量人才向东部沿海地区流失。两地学前教育需求大，为了填补幼儿师资缺口，降低了学前教育入职门槛。幼儿教师基数虽大，但专业化程度不尽如人意。

双城经济圈建设加大了成渝经济圈的人才引进优势。首先，经济发展突飞猛进，带来的就业机会变多，就业压力相对较小。其次，国家重大的战略部署，受到了政策普惠，未来发展潜力巨大。再次，成渝两地气候环境舒适，再加上居住成本相对较低，生活压力相对较小。这些原因使得成渝地区在与东部沿海地区的人才竞争中不再处于劣势地位，成为新的人才聚集地。教育人才的引进、交流终究还是需要政府发挥主导作用，打破行政壁垒，主管部门签订教育合作协议，建立官方渠道的行业对话推动机制，可以参考长三角区域高等教育联动发展的经验，① 规模化的定期轮流举办教育协作交流论坛研讨会，建立长效的对话协商平台，建立基于网络平台的资源信息库，增加区域内高校、教师乃至学生享受优质教育资源的机会，鼓励“1+1”抱团发展，鼓励打造区域教育品牌。

① 王迪. 京津冀一体化背景下本地学前教育发展契机分析 [J]. 科技风，2019 (06)：46.

幼儿教师是幼儿成长的引路人，因此提高幼儿教师专业化程度是提高学前教育质量的关键，是学前教育事业高质量发展的前提。随着成渝地区幼教人才引进力度和幼儿教师培养力度的加大，高质量人才纷纷向成渝地区汇集，幼儿教师由“重规模”转向“重质量”发展。而作为成渝城市群的广大小县城也能受到特大中心城市的引领与带动作用，城际间抱团发展，向师资相对匮乏地区“输血”，解决周边地区幼儿教师专业化程度低的问题。使成渝地区学前教育的师资力量发生结构性转变。

4. 形成竞争张力，区域间合作共赢

双城经济圈建设要求两地教育一体化发展的同时不打破其竞争关系，在良性竞争中实现合作共赢。成渝两城的学前教育各有优势，各方面实力都比较接近，是天然的竞争对手。有研究者对成渝经济圈的经济发展存在担忧，担心形成激烈的产业竞争，这个担忧有一定的合理性。若两地之间放弃合作与沟通，容易形成恶性竞争的局面，就会导致产业的无序开发，资源的浪费等严重后果。但如果完全以合作代替竞争，既不可能，也是危险的。因为没有竞争对手存在的情况下，就容易失去参照物，造成自身发展倦怠，又或者形成一家独大的局面，造成两地发展不均衡。双城发展不是不要竞争，而是要形成一种健康的竞争。因此成渝内部应该形成良性竞争的局面，为其发展提供内在张力。

成渝之间不仅需要有竞争，也需要互动与合作。在技术进步中有一种双螺旋理论，其本质是指一道前进的两个主体方向同一，既分立也关联，互相推动，实现双赢。[①] 从 2016 年起国家推进长江经济带和成渝城市群建设，再次促进成渝走上合作发展之路，为成渝地区双城经济圈教育协同发展奠定了良好的基础。[②] 竞争与合作之间并不是非此即彼，不可融合的。我们所提倡的教育一体化发展是在竞争中超越，在合作中共赢。

（二）学前教育发展面临的挑战

1. 学前教育相对落后

作为西部高质量发展的重要增长极，成渝地区与京津冀、长三角和粤港澳

---

① 洪成文，梁显平，韩少秀. 成渝地区双城经济圈高等教育的超常规发展战略 [J]. 重庆高教研究，2020，8 (04)：71—79.

② 钟昆明，李伟. 成渝地区双城经济圈教育协同发展模型研究 [J]. 长江师范学院学报，2020，36 (06)：100—107.

大湾区相比，学前教育发展还相对落后，综合发展指数均处于落后阶段。这主要体现在教育观念、师资力量、教育资源配置及改革程度上。

第一，学前教育观念相对落后。一方面，家长将幼儿园看成是照管孩子的地方，忽视了学前教育对幼儿发展的重要作用。另一方面，幼儿教师将知识的习得作为学前教育发展的目标，忽视了幼儿阶段的全面发展。另外，在教育活动的开展上、幼师关系的打造上，以及幼儿管理的方式上都存在着不同程度的理念偏差。

第二，成渝地区学前教育师资短缺，教师专业化程度相对较低。虽然两地政府出台了许多人才引进政策，但和东部沿海地区相比，成渝地区人才引进优势不明显，这导致学前教师队伍师资力量不足。四川、重庆人口规模宏大，为缓解师资短缺压力，大量的中小学富余教学力量通过短期的职前培训即转岗为幼儿教师，[①] 这些教师基本上没有学前教育背景，这大大降低了幼儿教师的专业化程度，制约了学前教育向高质量方向发展。

第三，成渝地区教育经费、物资相对较少。归根到底，这都是由于经济发展较为缓慢。成渝地区虽是中国西部教育资源最为丰富的区域，但相比其他东部沿海地区，教育事业获得的资金投入还是不足，教育设备等物质资源也相对匮乏。

第四，成渝地区学前教育改革经验不足。京津冀、长三角、珠三角地区改革历史悠久，有丰富的改革经验，而成渝经济圈作为新任重要战略部署，其学前教育改革经验不足，多以其他地区成功经验为模版，在反思自身的探索历程上，还不足以形成独特经验。

2. 学前教育的区域互补性、统筹性不足

成渝双城之间学前教育事业缺乏统一规划，在规模布局上显得不够优势互补。成渝两地幅员辽阔、人口众多、两地资源差距明显，区域统筹发展一直是一个重大问题。相关研究报道，四川、重庆两地在入园率、财政投入、公办园比例、师幼比等指标上均有较明显的差异，且低于全国平均水平，[②] 数据体现出两地之间发展不平衡，各部门之间缺乏教育资源的优化配置。要想减轻这种差异，双方必须加强统筹规划，实现优势互补。

双城经济圈内中心城市与周围县域发展不均衡，由点及面的辐射带动作用

---

① 骆婧．西部地区农村学前教育的发展困境与对策［J］．人民论坛，2012（20）：40－41．

② 刘占兰，高丙成．中国学前教育综合发展水平研究［J］．教育研究，2013（04）：30－37．

较弱，城乡统筹不足。原因之一便是西部大开发时期，两者各自为营，争做西部最强教育城市。成都要建设“西部教育强省”，重庆要打造“西部教育高地”，双方缺乏交流与规划，抢占了周围区域的教育资源，从而导致了两座城市与周围地区的教育发展不均衡。城市是区域经济和教育发展的中心。只有依托城市，发挥城市的聚集、辐射作用，才能把成渝地区双城经济圈建设面临的巨大挑战转化为潜在动力。成渝经济圈的开发与建设，应依托成都、重庆两大中心城市，加强城市的扩散与辐射功能，这样才能较好解决中心城市与周围县域统筹性不足的问题。

3. 教育与经济互动性较弱，产教资源有待整合

成渝经济圈的教育和经济发展的互动性还不够，还没有达到相互支撑的效果。要推动区域学前教育对经济的促进、拉动和提升作用，为区域经济的发展提供更多的科学知识支撑、教育技能支撑、教育管理支撑和人才资源支撑，满足区域对学前教育人才的需求。有研究显示：“对早期的教育进行投资，其个人的回报率远远小于对社会的回报率，包括犯罪的减少、教育开支的减少、收入税的增加以及社会福利开支的减少。因此，学前教育建设能为社会经济发展提供长远的动力，实现经济的快速发展，让区域经济和学前教育共同走上一个新的台阶”。①

深化产教融合是党的十九大报告明确的改革任务。要面向区域经济社会发展战略需求，深化产学研用一体化发展，全面提升教育服务贡献能力水平。要深化校企协同。完善支持措施，探索中国特色学徒制，建立省级产教融合型企业认证制度，建设校企合作命运共同体。② 学前教育的产教融合是指幼儿师范学校以培养满足幼儿园发展需求的专职应用型人才为目的，充分利用幼儿园及其他用人单位的教育资源和环境。③ 为给经济社会发展输送充足优质的幼儿教师资源，两地的师范学校有必要大力加强产学研一体化，注重与不同产业的上下游联动结构相适应，使其人才培养和科学研究都尽可能地在产业链上充分发挥对经济与社会的促进作用。此外，有必要采取产教融合、校企合作等实践取

---

① 杨欢，况泉，徐东．区域性学前教育发展中心建设研究——南充市学前教育优质资源一体化[J]．成都师范学院学报，2017（11）：24－30.

② 教育部党组书记、部长陈宝生．乘势而上 狠抓落实 加快建设高质量教育体系——在2021年全国教育工作会议上的讲话[EB/OL]．(2021－01－07)[2021－05－20]．https://app.cqrb.cn/economic/2020－05－14/332491_pc.html.

③ 张晗，范从月．高职高专学前教育专业“校企合作、产教融合”人才培养模式的内涵与特点[J]．齐齐哈尔师范高等专科学校学报，2018（05）：23－25.

向的培养模式。这也就决定了成渝地区的幼儿教师教育改革与产业之间的关系将更加密切，面临的挑战也更加艰巨。

为加强校企合作、产教结合，重庆幼儿师范高等专科学校学前教育系早期教育专业建设团队与重庆市东方爱婴早教中心进行交流，[①] 学校了解用人单位对本专业毕业生的满意度、早教中心岗位要求、人才的需求情况等，征求对早教专业人才培养方案的修订建议。东方爱婴早教中心提供早教产品研发和孕期培训，与中国科学院心理研究所历时 10 年合作研发完成《0—6 岁儿童身心发展评估标准（中国）》，填补了中国 0—6 岁儿童身心发展测评的空白。双方还就共建实训基地、加强师资队伍建设、搭建产教平台等事宜签订了合作协议。这是一个学校和企业之间推进产教融合的模范案例。

4. 幼儿教师教育模式守旧、趋同性强

提高成渝地区学前教育质量的首要任务是加强对区域幼儿教师的培养，但现有的人才培养模式存在着一些问题。过去几年，各师范院校都对幼儿教师培训模式的改革做出了有益探索。但囿于教育传统，幼儿教师培养模式上还是比较守旧，存在着重理论轻实践、缺乏跨学科课程体系、忽视融合教育等问题。加上创新意识和特色化发展理念不强，在模式改革上过度依赖他人经验，导致幼儿教师教育模式具有很强的趋同性。

学前教育培养模式守旧主要体现在：（1）过于重视知识传授而忽视能力培养，所以学生的学习热情不高，教学能力不强。且教学实习形式单一，内容简单，从而使教育实践课流于形式，学生毕业后不能很快胜任教学工作。（2）跨学科课程体系不完善，导致职前幼儿教师不具备跨学科的视野和知识基础，不能通过吸收来自其他学科的历史、传记和社会事件对知识进行深入的探究，形成对于知识的特定理解。（3）现有的幼儿教师教育体系很少提供有关语言文化多样性和特殊需要儿童的课程实践活动，不少幼儿教师并没有充分意识到融合教育在未来教育发展道路上的重要性，也几乎不具备开展针对性培训活动的经历，因而无法根据幼儿的实际情况和特殊需求制定有效的多元化成长路径。[②] 新经济形势下，学前教育面临新的挑战，幼儿教师教育模式亟须创新型改革。不能再一味地固守传统、盲目效仿。应在保持本地特色的同时，创新发展。

---

① 学前教育系校企合作 产教融合 ——学前教育系早期教育专业走进东方爱婴[EB/OL].（2018-08-01）[2021-05-20]. http://www.cqpec.com/pre/info/1038/1345.htm.

② 吉兆麟. 后现代主义视野下的幼儿教师教育变革：路径与策略 [J]. 教师教育研究，2017，29（06）：8-15.

三、幼儿教师教育改革势在必行

教育部部长陈宝生在2021年全国教育工作会议上说："教师教育是教育事业的工作母机，是教师队伍建设的源头活水。要实施新时代强师计划，加大对师范院校支持力度，以评价改革引导师范院校聚焦师范主业。实施三级五类师范类专业认证，守好师范教育质量'生命线'。发挥名师名校长领航作用，继续实施中小学幼儿园教师国家级培训计划，加强中西部欠发达地区教师定向培养和精准培训。健全中高等职业教育教师培养培训体系，研制'双师型'教师认定标准，打通校企人员双向流通渠道。"[①] 教师教育已经经历了从自然养成到组织化培养、从封闭系统到开放系统、从职业定向到专业发展、由低层次向高层次过度、从大学为本到大学与中小学校相结合几个发展阶段，对教师教育改革的脚步一直未停。新时代对教师教育提出了新要求，势必需要新改革。

幼儿园教师教育是学前教育改革的必然，直接关系到整个学前教育事业的发展。幼儿园教师培训事关幼儿园师资质量，而师资质量是教育质量的决定因素。因此，关注学前教育就不能不关注幼儿园教师，就不能不重视幼儿教师教育。新时代教育先行背景之下，成渝地区双城经济圈的学前教育事业作为教育改革第一战场，要想实现"弯道超车"，引领全国教育事业的发展，就必须把握好此次改革机遇。在机遇与挑战并存的形势下，幼儿教师教育应该做出积极的回应。

（一）主动改革以应对机遇与挑战

国内对幼儿教师教育的探索一直在进行，也取得了一定成就。在过去的几十年中，教育资源长期匮乏、幼儿教育质量堪忧、幼儿园教师流动性大，尤其是位于农村和资源匮乏地区的幼儿园，他们不得不聘用一些不合格的教师。2010年，中国政府积极努力大力普及学前教育，幼儿园教师队伍迅速壮大，急需对新增的幼儿园教师进行培训，为国家制定相应的教师培训策略提供证据。为此，联合国儿童基金会、教育部和中国学前教育研究会共同开发了一套

---

① 教育部党组书记、部长陈宝生．乘势而上 狠抓落实 加快建设高质量教育体系——在2021年全国教育工作会议上的讲话[EB/OL]．(2021－01－07)[2021－05－20]．https://app.cqrb.cn/economic/2020－05－14/332491 _ pc.html.

针对农村幼儿园教师的培训资源包，[①] 其中包含 23 个幼儿园教育活动的模块，帮助农村基础水平的教师掌握基本的幼儿教育技能。项目开始尝试了“5+3”的培训模式，即参训者先接受 5 天的集中培训，然后回到幼儿园进行实践，数月后再接受一次为期 3 天的反思与提升性培训。这种多步轮训的教师培训方式帮助大部分参训教师掌握了基本的教育技能，但是也发现由于教师流动性大等原因，部分教师还没有完成全部培训就已离岗。

成都、重庆两地的幼儿教师教育也在国家的带领下继续开展着，且已迎来新的机遇与挑战。成渝地区双城经济圈的建设给学前教育带来了越来越高的关注度，也带来了丰富的教育资源，吸引了大量资金与高质量人才。成渝两地更形成了竞争张力，携手引领西部教育发展。但两地的学前教育也面临着基础教育相对落后、区域间统筹性仍需加强，产教资源需要进一步结合，幼儿教师教育模式亟待创新的挑战。而幼儿教师教育的改革，能快速、直接性地提高幼儿教师的专业性，作用于幼儿发展，进而提高学前教育质量，是学前教育应对如此难得机遇与严峻挑战的突破口。

在机遇与挑战的双重要求之下，幼儿教师教育必须积极回应，加快改革的步伐以应对新形势。第一，认清幼儿教师教育现状，做好改革准备，把握改革先机。高度重视对学前教育环境特别是发展机遇和挑战的分析判断，只有准确预判未来教育发展变化潮流趋势，才能下好先手棋，打好主动仗。成渝经济圈建设对两地的学前教育发展来说，是一个必须紧紧抓住并且可以大有作为的重要战略机遇。我们应该紧紧抓住这个机遇，深化幼儿教师教育改革、推动学前教育发展。第二，改革需要乘势而上，加快步伐，实现超常规发展。“双城记”号角已经吹响，双城协同发展模式下机遇与挑战相伴相生。然而，机遇和挑战时刻都可能会有新的发展变化，各方面的任务可以说十分艰巨而繁重。应对新机遇新挑战既不能沾沾自喜，亦不可妄自菲薄，而要统筹全局，深刻认识新时代下学前教育发展新要求，新格局下教育发展新挑战，加快改革速度，努力实现教育的超常规发展。

（二）打破地域藩篱走向区域联动

要通过改革创新打破地域藩篱，加强协作，全面提高资源配置效率，推进各区域均衡发展，优化学前教育发展空间格局。要健全空间规划体系，积极推

---

① 卢迈，方晋，杜智鑫，等. 中国西部学前教育发展情况报告［J］. 华东师范大学学报（教育科学版），2020，38（01）：97-126.

进中心城市与周围县域之间、成渝两城之间的合作，走向区域联动，实现合作共赢。

1. 打破地域藩篱

地域藩篱指的是地区之间的边界与屏障。以往幼儿教师教育模式的改革大多局限于各自区域，无法打破地区边界，形成了改革的藩篱。这种改革藩篱不仅出现在中心城市与周围县域之间，还出现在成渝两地之间，这使得改革容易加大地区差距或走向封闭发展。因此，成渝地区教育协同发展首先应从清除壁垒开始，打破地域藩篱是幼儿教师教育创新性改革的重要前提。

第一，要破除中心城市与周围县域之间的藩篱。就我国目前教师培训体系现状来看，基本上是按照省（市）级规划和指导、地级市统筹和协调、县级管理和落实的机制开展。不难看出，县级是最基础也是最重要的一个环节，教育者职后教育能否起到作用，就得看县级培训主体作用发挥得好与坏。[①] 区域统筹发展在进行过程中还存在一些问题，县域幼儿教师比较突出地面临着政策保障、资金投入、生态文化等方面的外部社会环境因素的挑战，这在相当程度上加剧了中心城市与周围地区的差距。应当看到，统筹改革试验历时不长，诸多现实问题还未能有效解决，必须持续深入探寻城乡教育统筹视角下的有效对策和政策措施。[②] 在乡村振兴背景下，加强城乡一体化建设，发挥中心城市的辐射带动作用，促进幼儿教师教育城乡一体化发展具有重要的时代意义。

第二，要破除成渝两地之间的藩篱。自成渝经济圈教育协同发展战略启动以来，两地已迅速成立多个教育联盟，包括成渝地区学前教育协同创新发展联盟、成渝地区双城经济圈教师教育协同创新发展联盟等。2020 年四川省教科院邀请了成渝两地“国培计划”项目市县管理者分享先进经验，从实施情况来看，效果还是不错的。但在近两年四川学前教育发展研究中心拟立科研课题中，极少涉及学前教育协同发展，多主体合作推进教师教育的相关内容，在重庆市教育科学研究动态中也不多见。可见，两地的学前教育协同发展还处于起步阶段，在理论及实践层面尚存在诸多问题有待破解。

2. 走向区域联动

加强合作交流是破除改革地域壁垒的最佳路径。当前推动教育联盟最大的

---

① 彭辉. 成渝教育联盟背景下的县级教师培训 [J]. 今日教育，2021（05）：38—40.

② 邓泽军，符淼，陈磊. 成渝试验区农村教师专业发展问题分析及政策建议——以城乡教育统筹为视角 [J]. 教师教育研究，2014，26（02）：20—27.

手笔是成渝地区双城经济圈教师教育协同创新发展联盟的成立，并召开了首届教师协同教育创新高峰论坛。① 此联盟包含教育行政部门、高等院校、研训机构、中小学及幼儿园，各成员单位着力构建多方参与的成渝地区教师教育协同创新共同体，打破地域壁垒，共同推动教师教育的改革与发展。

第一，要形成较强的中心辐射力与区域影响力，发挥中心城市的带动作用，全区域一体化改革。重庆市教委与四川省教育厅在渝签署推动成渝地区双城经济圈建设教育协同发展框架协议中指出，要建立“省级”和“区市县级”对应的教育部门交流沟通与合作机制，把搭建平台作为突破口，加快探索建立全方位、深层次、立体化的全面合作新机制。县域政府之间要搭起沟通桥梁，各级政府及具体实施的教育主管部门来领导和支持师资队伍建设，否则就会出现界限不清、职责不明甚至越位、错位、越界等混乱现象。成渝经济圈中县域幼儿教师所占比重很大，需要借助一体化改革机遇，将改革往纵深方向推进，进而以此提高整个经济圈的幼儿教师专业发展。

第二，成渝两地之间要加强联系，发挥区域联动作用，走向合作共赢。区域协同改革是经济圈发展的客观规律，为加强区域联动，首先，成渝地区应全面提升区域内教育交流的便捷性，并成立幼儿教师教育联盟。成立联盟是双城经济圈幼儿教师教育协同发展的标志性阶段，其建立将使两地之间的幼儿教师教育产生改革内驱力。其次，加强正面宣传，引导舆论导向。成渝两地本属一家，而且同是西南地区的经济中心，因此两地民意既有团结合作的一面，也有竞争博弈的一面。成渝经济圈在发展过程中需要高度重视培养区域内关键人士和群众对协同发展的认同感，形成协同发展的长久推动力。② 最后，要完善协同改革的保障。要努力获取区域之间联动发展的经验与教训，有效采纳各方面的合理建议，尤其要统筹设计区域间幼儿教师编制标准、职称评定标准、绩效工资制度等重要内容，加强对区域间幼儿教师教育改革的保障。

（三）分散化改革走向一体化建设

幼儿教师教育模式是一个由多部分组成、构成复杂且具有连贯性的系统。幼儿教师教育模式的分散化改革是指在这个复杂的系统里，就某一培训主体、某一部分或某一过程进行改革，以此提高幼儿教师教育整体水平的改革方式。

---

① 彭辉. 成渝教育联盟背景下的县级教师培训［J］. 今日教育，2021（05）：38－40.

② 秦鹏，刘焕. 成渝地区双城经济圈协同发展的理论逻辑与路径探索——基于功能主义理论的视角［J］. 重庆大学学报（社会科学版），2021，27（02）：44－54.

分散化改革可分为就某一部分或某一过程进行的改革、就某一培养主体进行的改革两种类型。由于具有针对性且投入较少，改革发动者们通常会选择分散化的改革方式。

第一，就某一部分或某一过程进行的分散化改革。幼儿教师教育模式由多个部分交织组成，比如幼儿教师的课程体系、教学方式、评价方式、管理体系等部分，且各部分之间具有内在联系，相互影响，在时间上贯穿于幼儿教师专业发展的全过程。幼儿教师教育模式的分散式改革，割裂了各部分及不同环节之间的内在联系，打破其连贯性。一方面，幼儿教师教育模式的各组成部分之间虽然外在表现为知识体系架构不同、描述语言不同、应用环境不同，但实际上各部分之间具有交互性。比如建构课程体系就不得不考虑此课程的教学方式，若精心设计的教学内容找不到教学方法，那效果就会大打折扣；再如管理体系的改革，若不考虑恰当的评价方式与学习方法，则可能适得其反，没有发挥其促进功能，反而“帮了倒忙”。另一方面，虽然幼儿教师入职前与入职后的学习目标与学习情景均会发生较大的改变，但其所需知识、技能是具有连贯性的，职后的学习要以职前的学习为基础，需要将原有的知识进行迁移才能获得新的知识。幼儿教师教育的分散化改革将人才培训过程划分为绝对的两个阶段，彼此割裂开来，不关注其中的衔接问题，使入职前后的培养内容、方法等不同步、不连贯，从而失去相似的学习情景，容易导致知识不能进行有效迁移。

第二，就某一培养主体进行的分散化改革。幼儿教师培养是一个复杂的系统，该系统主要由政府、高校、幼儿园等子系统组成，这些子系统相互作用又相互影响，加强之间的协同合作，培养效果会更佳。从20世纪80年代末开始，随着教学专业化向纵深发展，教育实践领域改革与大学教师教育改革的合流逐渐成为推动职前与在职教师专业发展一体化的新动力。[①] 正是基于这一理念，由美国提出教师专业发展学校应运而生，这并不是一种特殊的学校，而是一种“高校、政府、中小学幼儿园”（University－Government－School，简称UGS）深度合作的培养机制，其目的是提供临场型的实践训练，提高职前教师培养水平，促进教师在职专业发展。[②] 有研究者提出UGS协同创新“三位一体”的教师教育培养模式，具体是指在培育义务教育师资队伍过程中，高等

① 钟媚. 卓越幼儿教师“校—政—园”协同培养模式的创新实践［J］. 高教探索，2016（01）：69－73.

② 舒易红，刘诗伟. 高师教师教育“UGS三位一体”人才培养模式的建构［J］. 衡阳师范学院学报，2015，36（01）：151－153.

院校、地方政府（教育行政部门）、中小学校（含幼儿园）三位合作，实现高校、地方政府和基层学校互动合作的教师教育管理一体化。① 另有研究者在此基础上探索UGS幼儿教师教育模式，② 在顶岗实习期间，高等师范教育学校通过与教育局和幼儿园的合作，建立了由高校教师、县城、幼儿园优秀幼儿教师和乡镇中心园优秀教师组成专长互补的顶岗实习指导教师团队，高校教师负责制定实习方案（含目标与内容要求、评价方式等），实习点负责落实。对每位顶岗实习生，县城教师负责指导两周实习，乡镇中心园教师负责指导其他时间。可见，打破各培养主体之间的分散化改革，加强一体化建设是幼儿教师教育模式改革的未来方向。

分散化的改革不利于幼儿教师教育整体水平的提升。管理学中有一个概念叫作“木桶效应”，是指一只水桶能装多少水取决于它最短的那块木板。一只木桶想盛满水，必须每块木板都一样平齐且无破损，如果这只桶的木板中有一块不齐或者某块木板下面有破洞，这只桶就无法盛满水。任何一个组织，可能面临的一个共同问题，就是构成组织的各个部分往往是优劣不齐的，而劣势部分往往决定整个组织的水平。分散化的改革致力于幼儿教师教育模式的某一部分或某一环节的优化，对整体水平的提高能发挥的作用有限。而且这样的改革将注意力吸引到局部，各部分明显脱节，其他部分与环节的重要性被忽视。对于改革工作，要从全局着眼，不可顾此失彼。

一体化改革与分散化改革恰好相反，其关注各部分各环节之间的内在联系与连贯性，关注整体水平的提升，致力于发挥整体效应。教师教育一体化是在终身教育思想和教师专业发展理论的影响下伴随教师教育的不断变革而逐渐发展的一种发展趋势，它坚持把教师的职前教育、入职教育和职后教育进行有效的统整，形成一个连续不断而又相互支持的教育体系。教师教育一体化凸显教师教育的专业性，坚持教师发展的终身性，突出教师培养的连续性，强调教师素质的整体性，在实践过程中需要基于一体化的视域，建构连续性的目标体系，设置层级式的课程结构，创新协同型的培养机制，建立整合化的保障系统。③

① 李进金. 地方政府统筹下的教师教育模式改革与机制运行——以漳州师范学院为例［J］. 大学（学术版），2011（11）：75－79＋70.

② 李云淑. 实践取向的高师学前教师教育课程改革——基于UGS教师教育改革模式的探索［J］. 教育导刊（下半月），2015（03）：17－21.

③ 陈时见，李培彤. 教师教育一体化的时代内涵与实现路径［J］. 教师教育研究，2020，32（02）：1－6.

从当前教育发展来看，幼儿教师教育模式一体化改革是必然的趋势，是实现幼儿教师教育系统化的基本要求，也是改革的重点和难点。因此，幼儿教师教育模式的改革应当从分散式走向整体式，建设一体化培训模式。改革不仅落实到幼儿教师入职前到入职后的全过程，关注各环节的相辅相成，还要发挥多个主体协同改革的联动作用，建构出连续不断又相互支持的一体化幼儿教师教育模式。

四、“协同—整合”幼儿教师教育模式

在成渝地区双城经济圈建设的外在驱动与幼儿教师教育发展的内在要求下，可以探讨出幼儿教师教育模式的改革方向。由此，提供一种“协同—整合”的幼儿教师教育模式，以期促进成渝地区双城经济圈建设，加速两地幼儿教师教育一体化发展，提高幼儿教师质量。

（一）成渝地区双城经济圈的外在驱动

成渝地区双城经济圈建设带来了教育资源的丰富，是幼儿教师教育模式改革的外在动力源。两地的经济实力和经济竞争力的提高，为教育的发展提供了人力资源、资金保障和物质基础，使幼儿教师教育模式的改革有了充足的动力。成渝经济圈的协同发展带来幼儿教师教育资源的丰富与互补，实现教育资源量和质的飞跃，最终发挥“1+1>2”的作用。

成渝地区双城经济圈建设是促使两地幼儿教师教育走向协同发展模式的外部契机。切斯特·巴纳德认为，协作是整个社会得以正常运转的基本而又重要的前提条件。[①] 相互协作能够给参与协作的各方带来更大的利益，是可以达到双方互利的。从长三角、珠三角、京津冀的情况可以看出，若要实现区域协同发展，须得从全局视角出发，树立起成渝地区幼儿教师教育协同理念，并不断探索区域间协同发展机制的建设，具体包括以下三点。首先，实现幼儿教师教育资源在区域内的科学配置与合理流动。两地可通过政府或者高校合作实现教育资源互换，互派专家学者、开放精品课程等活动。或通过迁校或分校、联合办学、教育联盟等加强人才的流动，达到合作共赢的目的。其次，制定区域协同发展的法律法规。完善的法律法规是推进成渝地区幼儿教师教育协同发展有

① 张铭，陆道平. 西方行政管理思想史［M］. 天津：南开大学出版社，2008.

效运行的关键。应积极探索制定两地幼儿教师教育协同发展的地方性法规，对协同发展涉及的法律主体及其法律责任等做出明确规定，推动两地的协同发展走上规范化、法制化的轨道。最后，建立信息流动机制，保持信息对称。信息流动机制的搭建有利于两地幼儿教师教育协同发展的信息互联，提高协同发展的治理水平。利用大数据技术，借助于国家教育事业发展统计数据和教育信息管理系统相关数据，加强对成渝地区出生人口、适龄入园幼儿人数、在岗幼儿教师数、幼儿园数量等数据的动态检测，为推进协同发展提供精准的数字基础。在当前经济圈建设的新形势下，完善成渝地区幼儿教师教育协同发展模式，破除以往的区域限制，缩小区域内部幼儿教师教育发展水平的差距，将成为成渝地区双城经济圈协同发展国家战略中的一项重要内容。

需要注意的是，幼儿教师教育的协同发展模式不应“在黑夜中摸索”，而要积极借鉴京津冀、长三角、珠三角等地区教育协同发展的有益经验，学会借助“光源”。这样，既能避免政策及财政资源的重复浪费，又可将幼儿教师教育协同发展奠基于教育协同发展的成熟经验，从而加速幼儿教师教育模式的改革。

（二）教育改革发展普遍趋势的内在要求

幼儿教师教育的一体化发展是幼儿教师教育改革的内在要求。幼儿教师教育是一个有机整体，其各部分、各环节之间具有内在联系、相互影响，且在时间上贯穿于幼儿教师专业发展的全过程。成渝两地的幼儿教师教育模式必须进行一体化的改革，这不仅是教师教育改革趋势，更是教师教育发展的内在要求。2012 年 9 月，教育部等三部门联合印发《关于深化教师教育改革的意见》，提出建立高校与地方政府、中小学联合培养教师的新机制，促进教师培养、培训、研究和服务一体化。2016 年 3 月，《教育部关于加强师范生教育实践的意见》要求：举办教师教育的院校要坚持把社会主义核心价值观融入教育实践全过程，将教育实践贯穿教师培养全过程，整体设计、分阶段安排教育实践的内容，精心组织体验与反思，促进理论与实践的深度融合。学前教育专业以“课程实践+教育见习+教育实习”三个环节构建层次分明、相互联系的实践教学体系，使学生的实践能力得到有效提高。2018 年 2 月，教育部等五部门联合印发《教师教育振兴行动计划（2018—2022 年）》，提出加强教师教育体系建设，基本形成以国家教师教育基地为引领、师范院校为主体、高水平综合大学参与、教师发展机构为纽带、优质中小学为实践基地的开放、协同、联动的现代教师教育体系。在国家政策引领下，有些地方政府和学校开展教师教育一体化实践探索。但还存在一些问题，如“职前培养课程结构不合理、教育实践薄弱、教师培训课程内容和方法脱离实际需求。更重要的是，教师培养培训在目标、内容、课程、教学方法、师资力量、管理评估等方面缺乏有效衔接，制约了教师专业发展和素质能力提升”。[①] 从教育部关于教师教育改革的文件和目前一体化改革存在的诸多问题中可以看出，培训过程的连贯性、多主体的共同参与，是教师教育的一体化改革趋势。

幼儿教师教育模式的一体化改革，是促进产教融合的重要途径。深化产教融合是党的十九大报告明确的改革任务。要面向区域经济社会发展战略需求，深化产学研用一体化发展，全面提升教育服务贡献能力水平。吴丽芳指出：“学前教育专业要为地区经济、文化和社会建设服务，高专学前教育实践教学改革就应该紧扣学前教育行业这一发展脉搏，立足于学前教育行业发展新形势，改变培养幼儿园教师‘单一岗位’的传统，其范围应从幼儿园这个单一的教育机构向对家长和相关看护人进行育儿指导、社区教育服务等方面拓展，主动适应学前教育‘专业群、多岗位’的目标定向，增强学生就业、创业与发展的竞争力。与此同时，应注重提升社会服务能力，注重资源共享，开展各种形式的社会服务工作，实现学校专业文化与行业文化的融合，学校专业教育与行业发展的贯通，为社会培养复合型的学前教育人才，全方位提升办学竞争力，服务于地方学前教育事业的发展、人口素质的提高和促进社会和谐。”[②] 从政策发展及已有理论研究来看，幼儿教师培养模式主要有两种，一种是学校、政府、幼儿园的协同培养，一种是注重全过程实践的培养。因此，幼儿教师教育模式的一体化发展，既需要发挥多个培养主体的联动作用、还需要加强幼儿教师教育各部分与各环节的整合。

（三）“协同—整合”教育模式的提出

如何落实成渝地区幼儿教师教育协同发展战略，把握好经济圈建设的外在驱动与教育发展的内在要求，促进两地幼儿教师教育高质量发展，已经是当前摆在两地教育主管部门与教育研究者面前一个亟待回应与落实的重大问题。要破解上述难题，实现成渝地区幼儿教师教育的高质量发展，需要两地学前教育活动的各方参与者积极参与，以协同为理念，以整合为路径。“协同”应是成

---

① 陈春勇. 构建新时代教师教育一体化体系：困境与出路［J］. 大连教育学院学报，2020，36（03）：4—7.

② 吴丽芳. “教学研训一体化”实践教学体系的特点与建构［J］. 学前教育研究，2010（07）：63—66.

渝两地高校、幼儿园、政府或教育部门之间基于共识、突破传统范畴的多角度、全方位的深度协作，意味着两地相关职能部门、各级各类学校、教育研究机构和社会组织等不同类型、不同性质的各方机构，基于不同视角、不同层面、不同主体之间的协同。“整合”则要求两地幼儿教师教育模式的改革要整合幼儿教师培养各部分、各环节，把握好其中的内在逻辑，从而保持幼儿教师教育的一体化发展。“协同—整合”教育模式是从理论上构建突出产教融合、能力为重、五育并举、全面发展的幼儿教师人才培养模式。并从培养目标、课程体系、教学方法、管理与评估体系四个方面开展探索，在实践中不断完善，从而规范学前教育专业建设，促进幼儿教师人才培养质量的持续提升。

第一，加强师范院校、地方政府、幼儿园之间的协同与合作。协同推进师范院校、地方政府、幼儿园之间协同的人才培养模式改革，是地方高校专业建设与人才培养模式的创新。以师范院校为本的教师培养存在着两大天然的缺陷。一方面，由于师范院校的教师培养活动在学校进行，不免缺乏对教师实践的训练；另一方面，师范院校的教授不能很好地对幼儿教师进行有效的实践技能的指导。因此以师范院校为本的教师教育培养模式亟待改革。“协同—整合”模式整合了“校地园”三方资源，有利于促进专业建设，促进学生全面发展，提高人才培养的质量。在幼儿教师培养过程中，“师范院校是人才培养的教育机构，地方政府在政策、管理等方面进行宏观管理，幼儿园是用人机构，所以，高校、政府、幼儿园协同培养非常重要。高校与幼儿园合作，幼儿园为学前教育学生的见习和实习提供了有利条件，幼儿园领导和教师对人才培养方案等方面提出建议，对学生教学活动的组织与实施、班级管理等方面进行指导，同时，高校教师对幼儿园的教学、科研等方面进行指导，从而达到互相学习、共同成长的目的。政府对高校学前教育专业的培养目标、课程等进行监管，确保高校培养出社会所需要的幼儿教师。”[①] 师范院校、地方政府、幼儿园的紧密合作，注重衔接人才培养过程、共建课程体系、共育师资队伍、共搭实训基地、共享教育资源，是培养学前教育专业高素质高技能人才的重要保障，也是培养社会发展所需要的幼儿教师的重要保障。

第二，要建立成渝两地师范院校、两地政府、两地幼儿园之间的合作关系。从长三角、珠三角的情况可以看出，若要实现区域协同发展，须得从全局视角出发，树立起成渝幼儿教师教育协同理念。成渝两地幼儿教师教育协同培

① 李香玲．“多方协同合作，全过程实践”卓越幼儿教师培养模式探索［J］．高教论坛，2021（04）：19—22.

养模式提出的依据是协同理论。协同理论主要研究各种系统和现象从无序到有序转变的共同规律和协同机理，关注系统各要素（子系统）之间、要素（子系统）与系统之间、系统与环境之间由于存在着非线性作用而形成协调、合作、互补、同步的关系，李香玲认为："在整个环境中，各个子系统会相互影响又相互合作，形成一个新的有序的结构。随着整个系统结构的变化，其系统功能会发生质的飞跃，各个子系统会服从整体，产生协同效应，形成整体功能和协同作用，此整体功能大于各部分功能的总和。"① 因此，两地师范院校、地方政府、幼儿园之间合作推进幼儿教师培训，机遇难得，使命崇高，责任重大，是社会各界的重要期盼。成渝地区双城经济圈幼儿教师教育协同发展前景广阔，有良好的合作机制，有强烈的合作需求，有广阔的合作空间。此模式的提出为两地幼儿教师教育一体化发展、幼儿教师教育示范区建设明确了路径。

第三，要进一步深化产教融合。在原有园校双元育人基础上，加入地方政府或教育主管部门，构建起多方联动的育人共同体，深化产教融合，创新教师教育与产业融合发展的运行模式，精准对接区域人才需求。幼儿教师教育与地方学前产业经济发展紧密相连，成渝地区已有幼儿教师教育模式无法较好适应和满足两地学前产业经济发展的需要，在人才输送、结构层次、资源整合、专业设置和规划实施等方面的矛盾突出。"协同—整合"模式将国家发展学前教育的战略需求、地方经济社会发展需求、幼教事业发展要求、新时代幼儿教师成长要求有机结合，促进幼儿教师教育与产业经济有效的对接融合，实现幼儿教师教育由供给侧结构性改革更多地转向需求侧结构性改革，扩大教育内需，为经济社会发展提供人才支撑和智力支撑。

第四，要加强幼儿教师教育模式各部分、各环节之间的整合。《教育部关于加强师范生教育实践的意见》指出：幼儿教师的培养要坚持将教育实践贯穿教师培养全过程，整体设计、分阶段安排教育实践的内容，精心组织体验与反思，促进理论与实践的深度融合。教师专业发展的国际研究表明，不少国家在教师教育课程设置、时间安排上将实践以及对实践经验的反思置于教师教育课程计划的核心。② 因此，幼儿园教师培养从目标到过程都要建立在实践基础之上，是以实践为目的实施的幼儿园教师培养过程的总和，包括培养目标、课程体系、教学方法、管理与评估体系四个方面。"协同—整合"模式从这四个方

---

① 李香玲．"多方协同合作，全过程实践"卓越幼儿教师培养模式探索［J］．高教论坛，2021（04）：19－22.

② 张文军，钟启泉．教师教育课程改革的国际趋势［J］．教育发展研究，2012，32（10）：1－6.

面开展幼儿教师人才培养模式的探索。第一，根据新时代成渝地区双城经济圈建设背景及其对幼儿教师人才培养的新要求，重新定位学前教育专业人才培养目标和人才培养规格，深化五育并举，强调全面发展。第二，改革教学内容，加强课程建设，构建能力为导向的课程体系，突出产教融合、能力为重。第三，完善管理和评估制度，构建多元务实评价体系，确保评价时间的持续性、评价内容的全面性、评价主体的多元性以及评价方式的多样性。第四，改革教学方式方法，将信息化导学、个性化实训、项目化教学相结合，突出以“学生为中心”。“协同—整合”模式能够有效反映出新时代国家对幼儿教师人才的新要求，有助于培养全面发展的幼儿教师人才，研究内容系统全面，整合了教师教育的各个环节与部分，实现了幼儿教师教育的一体化发展。

第三章　“校地园”协同培养幼儿教师

随着学前教育事业的发展和幼儿园实践的不断深化拓展，幼儿教师培养逐渐由量的普及向质的提升转变，产教融合、各方协同提高幼儿教师培养质量成为时代的呼唤、事业的期盼、人民的诉求。2019 年，国务院印发了《国家职业教育改革实施方案》，方案中明确指出：要促进产教融合，加强深度合作；坚持知行合一、工学结合，推动高校和行业企业形成命运共同体。[①] 2021 年 4 月，全国职业教育大会召开，习近平总书记对职业教育工作做出重要指示强调，在全面建设社会主义现代化国家新征程中，职业教育前途广阔、大有可为。要优化职业教育类型定位，深化产教融合、校企合作，深入推进育人方式、办学模式、管理体制、保障机制改革，增强职业教育适应性，加快构建现代职业教育体系，培养更多高素质技术技能人才、能工巧匠、大国工匠。国务院总理李克强对职业教育工作做出批示指出：要瞄准技术变革和产业优化升级的方向，推进产教融合、校企合作，促进教育链、人才链与产业链、创新链有效衔接。[②] 健全多元办学格局，细化产教融合、校企合作政策，探索符合职业教育特点的校地园协同方式，是幼儿教师人才培养的重要途径。本章通过概览现有的幼儿教师教育协同模式，总结现有协同模式存在简单协同、单向协同的困境，进而探索“校地园”协同的新模式及其改革思路。

---

① 中华人民共和国教育部. 教育部关于深入学习贯彻《国家职业教育改革实施方案》的通知[EB/OL].(2019－05－08)[2021－05－20]. http://www.moe.gov.cn/srcsite/A07/zcs_zhgg/201905/t20190517_382357.html.

② 中华人民共和国中央人民政府. 习近平对职业教育工作作出重要指示[EB/OL].(2021－04－13)[2021－05－20]. http://www.gov.cn/xinwen/2021-04/13/content_5599267.htm.

一、幼儿教师的协同培养模式概览

（一）“校—园”模式

1.“校—园”模式的内涵

“校—园”模式是一种由高校与幼儿园基于互惠互利的目的共同建设的教师教育协同模式，该模式的建构有助于学前教育专业人才培养，促进幼儿园教师专业成长。[①] 在“校—园”模式中，高校教师、幼儿园教师和学前教育专业学生共同构成一个专业实践共同体，这个共同体的存在不仅有利于为学前教育专业学生提供专业理论和实践活动，提升学前教育专业学生培养质量；而且有助于向幼儿园教师提供新型教育理念，促进幼儿园的专业发展；除此之外，“校—园”模式的实施能够为高校教师提供研究阵地，使高校教师创新学前教育理论，深入研究幼儿教育。

2.“校—园”模式的协同内容

在“校—园”模式中，尽管高校和幼儿园的实施目标有所偏差，但其最终目的都是促进幼儿教师教育专业发展。高校更侧重于使学前教育专业学生获得专业的成长，学生的专业发展不仅包括知识理论的提升，还包括实践能力的增长，幼儿园是幼儿教育的真实场地，是学前教育学生实习的最佳场所，因此，高校学前教育学生需要前往幼儿园参观学习，以提高自己的实践能力。幼儿园的实施目标倾向于全面提升幼儿教师的专业素养和办园质量，而这一目标的实现离不开高校幼儿教师专业的理论指导，理论是实践的先导，专业的理论指导对实践起着重要的作用，因此，幼儿园想要更好地促进在园幼儿教师的专业发展和提高幼儿园教育质量，必然需要与高校进行合作。这一模式的合作内容主要包括以下几项。

（1）高校为幼儿园的发展提供专业理论支撑。在“校—园”幼儿教师教育协同模式中，高校教师可以为幼儿园的发展提供专业理论支撑。其一，“校—

① 胡碧霞.“高校—幼儿园”专业实践共同体的内涵与特征［J］. 教育与职业，2014（29）：160—162.

园”模式有利于促进幼儿园教师的专业发展，从而影响幼儿园的发展。幼儿园的发展离不开幼儿教师，幼儿教师质量高低影响幼儿园质量高低。因此，想要促进幼儿园质量发展，就需要提高幼儿教师质量，促进幼儿教师专业发展。幼儿教师的发展，一方面，来自幼儿教育实践中的经验；另一方面，需要吸收专业的知识理论。在幼儿园中，幼儿教师有着丰富的实践经验，却囿于知识理论的不足，导致其专业发展较为缓慢甚至出现停滞现象。高校教师长期从事学前教育教学研究相关的工作，在教育理论的广度与深度上具有明显的优势。“校—园”幼儿教师教育协同模式就是加强高校与幼儿园之间的联系，使高校与幼儿园形成合作关系，在这种合作关系中实现共赢。通过“校—园”模式，幼儿园可以通过邀请高校教师进行专题讲座，对幼儿教师进行在职培训，更新幼儿教师教育观念，提升一线幼儿教师教育的专业水平。

其二，“校—园”模式有助于为幼儿园保教改革提供理论支撑。幼儿园保教改革不能仅仅局限于幼儿教育实践活动经验，它还需要先进的、正确的理论指导。理论是军官，实践是士兵，专业的理论能够为实践提供前进方向和有效支撑。高校以科学研究为使命，是汇聚理论与思想之地，在这里，有着先进的理论和思想。因此，通过加强高校与幼儿园之间的联系，在双方之间构建一座桥梁，使得高校的理论与思想向幼儿园传输，幼儿园的实践经验向高校反馈，高校基于实践经验对理论思想进行创新与融合，从而为幼儿园的保教改革提供更好的理论指导。

（2）幼儿园为高校提供研究机会和保教实践基地。在“校—园”幼儿教师教育协同模式中，幼儿园为高校教师提供研究机会和保教实践基地。首先，在“校—园”模式中，幼儿园为高校教师提供研究机会。如上所述，“校—园”模式的实施相当于在高校与幼儿园之间构建了一座桥梁，通过这座桥梁，加深了高校与幼儿园之间的联系。在这座桥梁上，幼儿园可以向高校反馈其在实践活动中所遇到的特殊事件与问题，从而与高校进行研究并解决问题。高校通过该种实践反馈，生发出自身所需要的课题并进行研究。由此，幼儿园便为高校提供了研究机会。除此之外，高校教师需要进行专业教学和课题研究工作，其课题研究与学前儿童身心发展、教师专业发展、幼儿园特色课程开发、保教活动改革等密切相关，需要一线幼儿教师的支持。一线幼儿教师可以为高校教师提供需要分析的文本资料，配合其开展问卷调查和访谈，为高校教师观察提供时间和空间机会，帮助其收集真实和具体的一手资料。

其次，在“校—园”模式中，幼儿园为高校提供保教实践基地。学前教育专业学生是未来的幼儿园教师，除了学习必备的保教知识，更加需要将所学知识用于实践，为将来从事幼教行业奠定良好基础。幼儿园是学前教育专业学生进行保教实践的重要基地，在见习实习中，一线教师可以指导学前专业学生开展保教活动，提升其专业知识。与此同时，高校可以聘请幼儿园优秀教师承担五大领域教法类课程的教学任务。他们能根据幼儿园教育实践进行教学，凸显了教法类课程的实践性。

(3) 高校与幼儿园的资源共享。在“校—园”幼儿教师教育协同模式中，高校和幼儿园可以共享资源。通过“校—园”模式，高校与幼儿园之间构建了一座桥梁，在这座桥梁上，不仅存在着思想与实践的交流，还存在着资源上的共享。如高校图书馆拥有丰富的纸质和电子馆藏资源，其中包括国内外的教育类书籍和期刊文献。而幼儿园的资料不同于高校，主要是实践资料，如保教工作计划、幼儿园教学活动教案、教师观察记录和教学反思、幼儿园活动图片和视频等。通过“校—园”模式，这些资源可以实现共享，高校的文献资料可以为幼儿园教师开展课题研究和保教改革提供理论来源，促进幼儿园专业成长。幼儿园的时间文献资料则为高校教师和学生提供了形象直观的专业分析和研究资料。通过资源上的共享，高校与幼儿园进行互补，从而促进双方更好的发展。

3. “校—园”模式的作用

“校—园”模式的构建加深了高校与幼儿园的教育交流，对双方专业发展都起到了重要的作用。

(1) 促进高校学前教育专业的发展。对于高校而言，“校—园”模式的开展有利于促进其学前教育专业的发展。正如之前所提到的，在该模式中，高校与幼儿园之间的实施目标有所偏差，高校更侧重于使学前教育专业学生获得专业的成长，而这种专业发展不仅包括系统的专业理论学习，还包括保教实践能力。“校—园”模式的实施有利于提高学前教育专业学生的能力。一方面，高校学前教育专业学生通过教育见习实习等机会，深入到幼儿园保教活动中，可以增加学生的实践经验、提高保教实践的能力，为将来从事幼儿教师这一职业奠定良好基础。另一方面，高校通过聘请幼儿园优秀教师，为实际教学开展提供形象生动的实践案例，促进学生专业成长。

(2) 提升在职教师专业水平，提高幼儿园办园质量。对于幼儿园来说，“校—园”幼儿教师教育协同培养模式有助于提升在职教师专业水平，提高幼儿园办园质量。“校—园”模式作为一种高校与幼儿园基于互惠互利的目的共同建设的教师教育协同模式，在这个模式中，高校教师、幼儿园教师和学前教育专业学生共同构造成一个专业实践共同体。在这个共同体中，高校教师能够为一线幼儿教师提供理论基础，帮助一线幼儿教师开展教学研究工作，促进其研究能力的发展。此外，高校教师可以从特色办园理念、特色课程开发、环创布置等方面给予幼儿园支持，并开展专题讲座、课题合作等提升幼儿园整体实力与水平，从而提高其办园质量。

（二）“校—地”模式

1.“校—地”模式的含义

“校—地”协同育人模式是指，在国家相关政策引导下，高校与地方政府、当地企业及其他地方机构建立合作关系，以校地共建的形式培养幼儿教师。校地协同模式的主体是多元的，包括院校、政府、企业、相关社会机构等多个主体，协同的元素也是多元的，包括教育资源、资金、文化、理念等多种类型，需要我们以人才培养为中心进行协调处理，实现有机统一主体的多元。[①]“校—地”协同模式的目标是激发和释放地方在幼儿教师培养方面的相关生产要素，如生源、实践场地、资金等，培养主要服务于当地的优秀幼儿教师，推动高校与地方社会经济的紧密联系，继而形成高校在培养学前教育专业学生的区域特色和比较优势，同时也助力构建地方的发展优势。

2.“校—地”模式的内容

“校—地”协同幼儿教师人才培养模式主要特点是地方政府、高校、幼师行业、幼儿园等高校外部利益相关者与高校之间建立协同机制，坚持政府主导、市场运作、多方投入，在政府引导下有效配置各方资源，合理构架各方利益，切实为地方学前教育的发展培养所需的高素质幼儿教师。

（1）协同内容。“校—地”协同幼儿教师的培养包括高校与地方共同制定幼儿教师培养目标和培养标准、共同改革幼儿教师课程体系和教学内容、共同建设“双导师”队伍、共同研究实践教学组织形式和实践教学方法、共同制定实践基地管理机制、共同指导毕业设计、共同评价幼儿教师培养质量等。[②] 为了“校—地”协同幼儿教师人才培养模式中主要内容的实现，还需要构建一系

① 胡亚学. 校地协同培养创新创业人才的机制研究［J］. 武汉职业技术学院学报，2020，19（03）：86—89.

② 于丰园. 基于校地协同卓越教师实践教学改革创新研究［J］. 集美大学学报（教育科学版），2015，16（04）：1—6.

列的机制，从而明晰幼儿教师培养的方向、协同培养的资源投入、资源投入的比例分配、人才培养的监督评价以及利益分配等，这些机制主要可概括为总体决策机制、资源投入机制、监督评价机制、利益分配机制和日常管理机制等。

（2）职责划分。"校—地"协同幼儿教师人才培养模式主要通过"政府主导、行业指导、企业参与、高校推进"实施。其一，"政府主导"意为宏观指导，制定幼儿教师培养的相关政策保障以及引导措施。其二，"行业指导"是指学前教育的相关社会机构参与当地高校制定学前教育人才培养方案和职业标准、专业质量标准等等。其三，"企业参与"是指企业与学校共同开发学前教育专业核心课程、共同构建专业的实训基地、共同开展学前教育教学研究等。其四，"高校推进"是指发挥高校自身在专业建设、师资力量、教学资源等方面的优势，吸引行业、企业参与到"校地协同"幼师培养之中。①

（3）运行机理。"校—地"协同幼儿教师人才培养模式的运行机理是"多元参与，共订协议，实现利益诉求一致"，即"校—地"协同模式是由政府主导，组织学校和相关机构签订合作培养协议，明确各方职责、权利和义务，最大限度实现共同利益。同时根据项目运行实际需要，由政府或政府委托代表、学校和企业专家共同成立理事会等决策管理机构，共同制定幼儿教师协同培养制度，从决策机制上保证多元协调一致。

（4）质量评估。一方面，"校—地"协同幼儿教师培养的质量评估应依托学校原有的质量体系，遵守质量标准要高、督导评估要严的原则，在协同评估之中要牢牢抓住影响人才培养质量的师资、资金、教材、设备等关键要素，从优配置。② 另一方面，还要建立多元互动的人才培养质量评价体系，持续跟踪毕业生的专业发展动态，推动幼儿园教师职前、职后的有效衔接。

3."校—地"模式的作用

"校—地"协同幼儿教师人才培养模式是高校加强学前教育人才适应性教育的平台，也是促进地方发展的现实选择。

（1）"校—地"协同培养是增强学前教育专业性的重要形式。"校—地"协同模式培养统筹了不同责任主体的作用，将本土资源、本土文化融入人才培养课程体系，这能够增强学前教育师范生对幼儿园教育的认同感以及相应的专业

---

① 王银花，古广灵. 校地协同育人模式的理论探源与实践路径研究——以佛山科学技术学院为例［J］. 佛山科学技术学院学报（社会科学版），2016，34（06）：62-66.

② 邱仁根，彭香萍. 本土化农村幼儿园教师校地协同培养探索［J］. 学前教育研究，2019（10）：67-70.

能力。同时多方机构的协同有利于保障幼儿园教师入职后的薪资待遇等问题，有效地增强了幼儿园教师的职业吸引力。

（2）“校—地”协同培养是地方优化人才结构的重要路径。只有通过地方政府、高校与企业的合作，结合地域经济、文化等多个方面进行协同培养，才能真正培养出服务当地学前教育行业的优秀幼教人才。

（3）“校—地”协同培养是提高幼儿教师培养质量的重要方式。校地协同培养有利于聚集政、校、企等多方资源服务教学，从而改善办学条件，为提高幼教人才培养质量提供保障，推动高校强化在学前教育中的教师、教材、教法改革和管理机制改革，整体提升高校幼儿教师培养质量。

二、现有幼儿教师培养模式的协同困境

目前，我国职业教育在国家的大力扶持下得到蓬勃发展，合作协同是职业教育人才培养过程中产教融合的重要环节。但在实践中，幼儿教师培养的协同面临简单协同和单向协同两大困境，这已成为制约职业教育发展的重要因素。

（一）幼儿教师培养的简单协同

幼儿教师人才培养的协同困境之一就是简单协同，主要体现在协同主体单一、协同流于形式、协同内容简单、协同监管缺失四个方面。

1. 协同主体单一

协同主体单一包括在“校—园”模式中只是高校与幼儿园之间的合作，在“校—地”模式中只是高校与地方政府之间的合作。从当前幼儿教师人才培养协同的主体来看，以校、政、园三类主体的需求为契合点，形成了不同的协同合作模式，包括“校—园”“校—地”等双主体模式。校、政、园作为合作育人的主体，各自具有不可替代的作用：高校是协同育人的重要主体，政府是协同育人的统筹主体，幼儿园是协同育人的重要参与主体，缺一不可。而在实践中，协同主体单一。

（1）在“校—园”模式中，只是高校与幼儿园的合作，政府的统筹协调作用没有体现。这种“校—园”模式的协同主体单一将导致：一方面，地方的优势教育资源没有通过政府协调进行有效整合，地方优秀文化传统没有得到传承。另一方面，高校人才培养与区域发展不协调，高校培养的幼儿教师不能很

好地服务地方发展。

（2）在“校—地”模式中，只是高校与地方政府之间的合作，忽视幼儿园的实践作用。一方面，高校与幼儿园的教育资源没有优化整合，仅仅按照高校理论和政府指导办学，这将导致其办学脱离社会需求、专业学习与实践教育脱节、弱化学生实践技能的培养。另一方面，职业标准和课程标准没有进行深度融合，在实训基地建设上甚至出现幼儿园并未参与，仅由高校与政府单方面建设的情况。这种表面融合但内部分离的情况使学生的专业知识、职业技能和综合素养不能得到有效地提升。

2. 协同流于形式

协同流于形式主要是指高校与幼儿园之间缺乏实质的运行机制，合作方式仅仅体现于合同协议。协同育人作为职业教育产教融合的具体实践，能够促进职业教育的深远发展。当下，许多高校为了应付检查、满足招生宣传需要等都会与幼儿园签订合作协议，而这种合作协议由于缺乏政府的支持和双方需求的了解，协议只是一个大体的框架协议。而这种大体的框架协议将导致以下问题的产生。

（1）这些框架协议没有具体说明双方合作育人的机制、合作方各自的责任和义务、后期的成效，存在“形式多，实质少”的问题。①

（2）协同合作必须实现合作主体之间在目标、行为、制度等方面的协作，才能营造良好的合作氛围。如果没有具体的责任和权利约束，高校和幼儿园合作双方就无法进行具体的合作。这就产生了该种现象，即高校与幼儿园签订合作协议，甚至举行了隆重的启动仪式，但由于缺乏实质的运行机制，使得协议无法有效落实，合作协同流于形式，结果往往达不到预期效果。

3. 协同内容简单

协同内容简单是指学生在协同过程当中处于边缘位置，其合作内容以理论为主，忽视学生的实践活动。协同合作最重要的目标就是实现“互惠双赢”：一方面，高校与幼儿园合作能够提升高校办学质量；另一方面，幼儿园利用高校平台提升其教育教学水平。但目前协同合作还在摸索阶段，仍然停留在表层形式上，缺乏深层次的紧密合作。首先，尽管高校、幼儿园双方都有合作意愿，但在协同过程当中，并没有把核心力量投入到合作中，未能充分发挥校—

---

① 傅伟，蒋道霞. 高职院校产教深度融合机制研究 [J]. 机械职业教育，2015 (12)：6—9.

园双方的优势。其次，虽然有些高校成立了校—园合作委员会，但人才培养方案依然是高校制定的，课程设置依然是以理论为主，课程内容陈旧，很多实践环节只是停留在人才培养方案上，并没有得到幼儿园的配合。再次，在实际开展校园合作的过程中，所合作的内容较为简单，幼儿园平时不介入高校的教学过程，仅仅是提供实习机会，学生实习结束以后“来去自由”，成为幼儿园正式老师的比例不高，协同育人有名无实。① 最后，在学生的实习期间，幼儿园认为实习生在园时间短，为了不影响正常的教学工作，只会开展常规工作，并不会对他们进行全面、完整的培训，而学生的实习内容只是保育或观摩示范课。学生在整个实习过程中都处于边缘地带，难以融入幼儿园教学中，导致学生的实践能力无法得到有效提升。②

4. 协同监管缺失

协同监管缺失是指当前幼儿教师教育协同模式的监管体系还未形成。职业教育的协同合作作为一项社会性系统工程，需要健全的监管体系予以保障。目前，协同合作还没有形成监管体系：首先，政府没有出台相关的监管文件，更没有建立专门的监管机构考核校园合作。其次，高校在课程设置、实习实训、就业分配等方面也没有相对完善的具体要求。最后，幼儿园在协同合作方面缺乏一个评估框架。③ 许多高校都制定了学生实习管理制度，但是对实训所要达到的具体要求缺乏详细的量化指标。这就导致，一方面，高校只是流程化地将学生安排到幼儿园实习，实习结束时上交实习报告，并没有对学生的实习过程进行教育和管理。另一方面，幼儿园只是接收实习生，将其安排至各个班级，实习安排没有详细要求，幼儿园指导教师也是敷衍了事。如此，高校与幼儿园都对协同合作呈现出敷衍的态度，学生的具体表现幼儿园没有反馈、高校没有监管、校园双方没有交流。而政府也只考核高校的教学质量和专业发展，无法考核和监督校园合作中两个实施主体的合作情况。这种协作因为缺乏监管，不仅浪费了双方的资源，还耽误了时间，因而收效甚微，无法实现对幼儿教师培养的目标。

---

① 严明. 高职校企合作双主体办学的困境与突破 [J]. 智库时代，2020 (14)：183-184.

② 李雪艳，冯璇坤. 从“U-K”到“U-G-K”：幼儿教师协同培养模式的变革与重构 [J]. 长春教育学院学报，2017 (11)：7—9.

③ 刘仁云，赵志欣，李东平. 校企合作应用型人才培养的优势、困境与出路 [J]. 长春师范大学学报，2020 (06)：179-180+183.

（二）幼儿教师培养的单向协同

幼儿教师培养的单向协同是指在协同过程当中，将高校当作唯一主体，而地方政府、幼儿园的积极性和主动性没有体现出来的场景。交流合作是协作体之间连接的重要纽带，实践共同体是由许多信念相同、目标一致的个体所构成的群体。[①] 合作协同是培养专业人才的重要途径，必须得到政府和幼儿园的高度重视，特别是政府的支持，为校园合作提供助力。校、政、园作为协同育人的主体，应该信念相同、目标一致，但在实践中，往往出现单向协同的问题。产生把高校当作积极的推动者，地方政府、幼儿园则只是参与者、配合者的情况，这种将高校当成幼儿教师职前培养的唯一主体情况的产生，从某些角度说明地方政府、幼儿园的积极性和主动性没有发挥出来。幼儿教师培养单向协同的产生，一方面，来自高校和幼儿园之间存在认知差异，导致学前教育专业校园合作存在“高校热，幼儿园冷”的现象。主要表现在高校非常乐于与幼儿园合作，高校总是主动去联系幼儿园，但幼儿园的积极性不高。因为幼儿园认为高校给其带来的帮助不大，而为学生安排实习会分散幼儿园的精力，影响幼儿园的正常教学，学生在实习期也不能够为幼儿园带来有价值的帮助。[②] 因此，即使幼儿园参与到校园合作中，也不会意识到自己也是协同育人的重要主体，在合作中不会尽到自己的责任。另一方面，政府没有发挥其统筹协调的作用，没有出台相配套的政策来保障校园合作，没有明确规定幼儿园在多大程度上参与职业教育以及违反义务时应当承当何种责任，从而没有促进高校与幼儿园优势互补，导致优势教育资源不能有效整合。[③] 缺乏政府的指引和支持，致使幼儿园认为幼儿教师的培养都是高校的事，幼儿园只是被动参与协同合作，而单靠高校来维持和协调双方的合作是远远不够的，最终导致合作各方的积极性大打折扣。

---

① 马金国．少先队辅导员专业化问题及对策研究［D］．重庆：西南大学，2014（5）．

② 夏青．高校经济管理专业校企合作模式与困境研究［J］．中小企业管理与科技，2020（12）：118－119．

③ 金祖旭，贾少华．新时代背景下职业教育校企合作的问题反思与实施路径［J］．职业技术教育，2018（34）：53－58．

三、幼儿教师“校地园”协同培养模式

（一）“校地园”协同育人的必要性

1. “校地园”协同育人是对国家产教融合发展战略的贯彻落实

“校地园”协同育人模式的实施是对国家产教融合发展战略的深入贯彻落实。产教融合是指产业与教育的深度合作，是院校为提高其人才培养质量而与行业企业开展的深度合作。

回顾历史，1993 年发布的《中国教育改革和发展纲要》就提出“职业技术教育要走产教结合的路子”。[①] 21 世纪，国家再次提出“职业教育要与市场需求和劳动就业紧密结合，要建设有中国特色的现代职业教育体系”，并颁布与“校企合作”“工学结合”相配套的保障文件。2010 年，《国家中长期教育改革和发展规划纲要（2010—2020 年）》提出职业教育要实行工学结合、校企合作、顶岗实习的人才培养模式。[②] 2014 年，教育部颁布的《关于实施卓越教师培养计划的意见》中指出，我们要针对教师培养的薄弱环节和深层次问题，深化教师培养模式改革，建立高校与地方政府、中小学（幼儿园、中等职业学校、特殊教育学校，下同）协同培养新机制。建立高校与地方政府、中小学“三位一体”协同培养新机制，推动幼儿教师教育改革，卓越幼儿园教师培养，培养一批热爱学前教育事业、综合素质全面、保教能力突出的卓越幼儿园教师。[③] 2015 年，《国务院办公厅关于深化产教融合的若干意见》提出要全面推行校企协同育人，用 10 年左右的时间，形成教育和产业统筹融合、良性互动的发展格局，深化产教融合，促进教育链、人才链与产业链、创新链有机衔接。[④]

进入新时代，我国职业教育校园关系、职业教育管理组织等都发生了巨大

---

① 中华人民共和国教育部. 国务院关于《中国教育改革和发展纲要》的实施意见[EB/OL].(1994-07-03)[2021-05-24]. http://www.moe.gov.cn/jyb_sjzl/moe_177/tnull_2483.html.

② 国家中长期教育改革和发展规划纲要（2010—2020 年）［N］. 人民日报，2010-07-30(013).

③ 中华人民共和国教育部.《关于实施卓越教师培养计划的意见》.（教师〔2014〕5 号）. 2014.

④ 国务院办公厅.《关于深化产教融合的若干意见》.（国办发〔2017〕95 号）. 2017.

变化，职业教育盼来了美好的明天，国家愈加重视产教融合、校企结合，连续出台了多部相关文件。2017 年，教育部《关于学习贯彻习近平总书记重要指示和全国职业教育工作会议精神的通知》再次提出，要创新各层次各类型职业教育模式，坚持产教融合、政府主导、校企合作，坚持工学结合的职业教育发展新模式。2018 年，教育部《关于实施卓越教师培养计划 2.0 的意见》也指出，要完善全方位协同培养机制，支持建设一批省级政府统筹，高等学校与中小学协同开展培养培训、职前与职后相互衔接的教师教育改革实验区。[①] 2019 年，国务院正式印发《国家职业教育改革实施方案》，方案中提到的“职教二十条”中就包括促进产教融合校企“双元”育人，推动校企全面加强深度合作。2020 年，教育部办公厅，工业和信息化部办公厅印发《现代产业学院建设指南》，文件中指出要突破传统路径依赖，充分发挥产业优势，发挥企业重要教育主体作用，深化产教融合，推动高校探索现代产业学院建设模式。以区域产业发展急需为牵引，面向行业特色鲜明，与产业联系紧密的高校，瞄准高校与地方经济社会发展的结合点，不断优化专业结构，增加办学活力，探索产业链、创新链、教育链有效衔接机制。[②] 2021 年，全国职业教育大会 4 月 12 日至 13 日在北京召开，该会议再次强调要优化职业教育类型定位，深化产教融合、校企合作，深入推进育人模式、办学模式、管理体制。

党和国家把产教融合提升到国家战略的高度，不仅彰显了国家对产教协同育人的重视，更是希望教育与生产劳动达到良好的结合，进而提高劳动生产率，促进社会经济的发展。因此，只有校地园合作，才能培养出高素质的技能型人才。

2. “校地园”协同育人是深化职业院校教育改革的必由之路

教育部部长陈宝生 2021 年 5 月撰文《办好新时代职业教育服务技能型社会建设》，文中指出，没有行业企业参与，办不好职业教育，要加快由“办”职业教育向“管”职业教育转变，形成政府统筹管理、行业企业积极举办、社

---

① 中华人民共和国教育部：教育部印发《关于实施卓越教师培养计划 2.0 的意见》[EB/OL].(2018－10－11)[2021－05－24]. http://www.moe.gov.cn/s78/A10/moe_601/201810/t20181011_351107.html.

② 中华人民共和国教育部：关于印发《现代产业学院建设指南（试行）》的通知[EB/OL].(2020－08－11)[2021－05－24]. http://www.moe.gov.cn/srcsite/A08/s7056/202008/t20200820_479133.html.

会深度参与的多元办学格局。[①] 伴随着人工智能、大数据等产业变革，催生了许多新兴产业，这给人类生活和社会发展带来了巨大的变化，同时也对教育的人才供给提出了更高的要求。有研究显示，职业院校幼儿教师培养与幼儿园需求存在脱节现象，幼儿园招不到满意的教师，毕业生难以快速适应幼儿园的工作；职业院校幼儿教师培养的结构和质量难以适应幼儿园的要求；职业院校人才供给与行业发展脱节等突出问题已经引起了社会的广泛关注。虽然各学校开展了产教融合的实践探索，成都、重庆等地积极实施校园合作、订单培养、集团化办学等产教协同育人措施，为推进职业教育产教融合的发展积累了丰富的经验，但随着探索实践的不断推进，产教融合过程中不少瓶颈和障碍也暴露了出来，这些实践中产生的具体问题影响了新时期幼儿教师的培养质量，同时也影响了学前教育的发展。因此，加强“校地园”协同育人的组织保障、运行体制和评价机制研究，探索行之有效的、可复制可推广的职业教育“校地园”协同育人模式是眼下亟待解决的问题，也是深化职业教育人才培养模式改革的必由之路。

3. “校地园”协同育人是提升职业院校办学水平的客观要求

终身教育理念的提出者保罗·朗格朗认为：现代教育的基本任务是使人能适应不断变化的社会，因而传统的知识讲授模式已无法实现不断变化的职业教育目标。“校地园”协同育人模式将育人的直接责任主体集中在一起，形成育人共同体，不仅能快速调适人才培养需求，适应社会的变化，还能更好地发挥政策、体制、机制等的保障优势，整合育人所需人、财、物等综合资源，解决学生高分低能、理论与实践脱节的问题，这既是促进职业院校办学水平与人才培养质量提升的客观要求，也是实现学校服务社会，面向行业提供无缝对接人才的有效模式。

（二）“校地园”协同育人模式的内涵

“校地园”协同育人是指由人才培养主体部门（职业学校）、政府行政部门和人才使用单位（幼儿园）共同组成的新型人才培养模式。“校地园”协同育人模式不是简单地将学校+政府+幼儿园放在一块育人的办学模式，也不是由政府牵线搭桥，学校负责理论教学+幼儿园实践教学的人才培养模式，而是校

---

① 中华人民共和国教育部：办好新时代职业教育 服务技能型社会建设[EB/OL].（2021-05-01）[2021-05-24]. http://www.moe.gov.cn/jyb_xwfb/moe_176/202105/t20210501_529465.html.

地园三方资源共享，优势互补、深度合作的协同育人模式。

这种模式是以职业院校为主体，政府、幼儿园和学校按照各自的职能以平等协商的约定组成育人共同体，共同致力于职业学校的人才培养活动。育人共同体各方按照各自的职责分工，在国家政策指导下独立履行义务并享受权利。首先，政府是协同育人的统筹主体，充分发挥引导与协调职能，在其职权范围内积极利用政策为校—园、校—校合作创造机会和条件；其次，学校作为人才培养的“出口”（人才供给）方，是协同育人的重要主体，充分利用校园深度合作机会，负责整合教育教学资源，将专业学习和实践教育相结合，深入改革学校人才培养模式，强化学生实践技能的培养；最后，幼儿园作为人才“进口”（人才需求）单位，是协同育人的重要参与主体，在校园共赢形式下，积极参与人才培养，通过建立校园合作共同体，共同建设师资，参与专业调整与建设、课程开发与内容调整、推进职业标准与课程标准深度融合；共同建设实习实训基地，才能切实提升学生的专业知识、职业技能和综合素养，提高学生人才培养质量。①

职业院校、政府、幼儿园是不同法律性质的主体单位，在经济社会发展过程中有着不同的职责分工。通过建立“校地园”协同育人模式，旨在更新学校管理机制、发挥幼儿园指导作用、强化政府主导功能、完善三方混合组织构架、明确三方责任与义务，促使政府有效指导和服务育人工作，幼儿园积极参与教育，学校切实提高质量。

（三）“校地园”协同育人模式的特点

“校地园”协同育人模式与传统校园合作、工学合作和产学研合作相比，具有以下不同的特点：

1. 人才培养与社会需求相统一

在“校地园”协同育人模式下，人才的出口方（职业院校）与人才的进口方（幼儿园）对人才培养进行一体化设计，共同制定培养标准，共同参与人才培养过程，教学内容直接对接行业用人标准，课程的设置和开发与行业岗位对人才的需求相吻合，学校招生之时即为行业招工之时，学校按照幼儿园需要培养人才，在编制人才培养方案和课程改革的过程中，政府组织专业建设指导委

---

① 曹照洁. 政校企“三位一体”协同育人模式现状与建构研究［J］. 四川理工学院学报（社会科学版），2019（02）：73－84.

员会、法律服务部门、行业协会、政府行政管理机构、考评机构、其他高校院所教育教学专家等第三方参与其中，考核评价校—校、校—园双方的工作并对不符合合作协议的内容做出反馈。

2. 师资培养的协调统一

在“校地园”协同育人模式中，高校、幼儿园、政府三者协同对师资进行培养。首先，在师资培养形式上实施高校教师与幼儿园教师双导师育人，幼儿园教师以教育教学技能传授为主且具有幼儿园一线实践教学能力，高校教师以理论讲授为主。其次，在师资选派标准和高校教师对学生以及幼儿园教师带学生的标准方面，都是由“校园地”协同育人联盟共同制定，统一设计了教师标准与学生能力培养标准。最后，高校与幼儿园进行相互考核。除了高校对幼儿园教师有一定的考核权，幼儿园对高校教师也有一定的考核权。此外，还需接受第三方机构对幼儿园教师和高校教师的水平与能力的评价，并督促受评估各方接受评估意见，进行整改。

3. 设施场地与物资供给相统一

在“校地园”协同育人模式下，设施场地与物资供给需要相统一。这就需要做到以下几点。

（1）高校与幼儿园依据各自的主体职责，提供必需的实习实训场地和物资保障，保障学生安全，保障教学活动按照人才培养方案有效进行。一方面，高校教学场地幼儿园化，设置幼儿园仿真教室，使高校环境有幼儿园文化气息和教学场地元素；另一方面，幼儿园教学场地高校化，使幼儿园教学环境有高校教育元素，二者相互融合，形成无缝对接。

（2）政府机构则监督和评价校园双方所做出的保障教育教学有效有序开展的行为，考察场地与教学设备的规范性、安全性和教育功能，并对不合格教学设备、场地、管理等提出改进意见。

4. 教育监督与质量保障相统一

在“校地园”协同育人模式下，教育监督需要与教育质量保障相统一。在“校园地”协同育人模式下，高校、幼儿园与政府在学生学习的过程中分别独立行使考核权，对学生进行多方位、多角度的评价与考核。在终极考核时，幼儿园以合格教师标准考核学生的专业素养与专业技能；学校考核学生综合职业能力，并考核公共基础课水平。第三方则以技能鉴定、抽考、调研考试等方式监督检查质量，同时，第三方还考核评价校园双方在实施现代“老带新”工作中的教育教学行为、合作行为等，对违反约定，违反法律法规的行为启动叫停程序，对好的行为方式给予及时的表扬鼓励，并在每一轮合作结束后促进校园双方反思、总结、提升。

（四）“校地园”协同育人的重要意义

1. “校地园”协同育人，化解双主体矛盾

在“校地园”协同育人模式下，有利于化解高校与幼儿园之间双主体矛盾。正如之前所说，在幼儿教师培养中存在着单向协同的问题，如“高校热，幼儿园冷”的情形，以及双方实施目标存在偏差等问题。在“校地园”协同育人模式下，能够有效解决上述所提到的问题，此外还能够化解校校、校政、校园合作中合作意愿不强，合作积极性不高，合作不够深入等问题。一方面，幼儿园通过重塑“校地园”协同育人理念，充分发挥幼儿园在育人中的积极作用，增强合作意识，主动参与高校人才培养活动，承担“校地园”协同育人模式下的相应责任，配合政府和学校工作，为提高职业学校人才培养质量和提升职业院校社会服务能力做出积极贡献。另一方面，政府通过发挥其统筹协调的作用，出台相应的政策来保障校园合作，明确规定高校与幼儿园在“校地园”协同育人模式中应当承担何种义务与责任，促进高校与幼儿园之间进行优势互补，化解高校与幼儿园双主体矛盾。

2. “校地园”协同育人，提升幼儿教师培养质量

在“校地园”协同育人模式下，有利于提升幼儿教师培养质量。幼儿教师培养离不开资源上的保障。“校地园”协同育人模式能够使高校与高校构建资源交流平台，从而实现校校资源共享，校校学分互认，互派交换生，促进校际交流。首先，校际按照“平等互利、优势互补”的原则，建立长期友好合作关系，有效整合资源，发挥各自优势，在人才培养、师资培训、专业建设、职业技能大赛等方面进行深度合作，共谋创新发展，为经济社会发展培养更多更好的实用人才。比如有些专业基础课、通识教育课是可以实现同步的，因此区域内的高职院校就可以通过同步教材、同步开课学期等为协同培养幼儿教师提供前提条件，协同的高职院校之间可以采用资源共享的联合办学模式，资源可以包括数据库资源、图书资源、教师资源、课程资源、实践平台等，切实提高幼儿教师培养质量。

其次，校际可以开创联合组织毕业设计的教学模式。在培养计划内容与进度基本一致的前提下，互派学生参加对方学校毕业设计，双方按各校毕业设计工作管理规定的有关要求指派教师指导学生的毕业设计，指导教师须定期指导、检查学生的毕业设计，确保学生按进度完成毕业设计工作内容，按时参加毕业设计答辩。通过完整毕业设计过程的磨合，可检验学生前期理论知识和实践能力的扎实程度，有利于引入新型课题、新方法以适应新教改的要求，为深化毕业设计教学改革拓展思路、取长补短，能大大锻炼学生的自主学习和工作能力，同时也能发现并弥补教学管理及实施过程中的不合理之处，并为今后其他学分互认项目的操作提供了参考。而且在这种模式下，学生可以通过互联网技术获得教师的远程指导，并不局限于同城指导，因此具有更好的迁移性和推广前景，能极大提升学生专业技能的多环境适应能力，通过教师专长和教学资源的互补，充分挖掘联合指导的优势。

3.“校地园”协同育人，人才培养精准化

在“校地园”协同育人模式下，有利于实现人才培养精准化。“校地园”协同育人使职业院校幼儿教师培养精准化，从而使幼儿园获得与职业岗位对接的适用性人才。

（1）可以通过引园入校、引校入园等方式，把学校办成幼儿园的培训基地，把幼儿园办成学校的实践基地，把幼儿园需求及时、有效地转化为学校育人的标准和方案。

（2）幼儿园通过多元合作方式全程参与职业院校幼儿教师培养，让学生能够及时转换学生与新手教师的双重身份，并提前掌握幼儿园教师的能力要求；幼儿园根据自身文化特色，帮助学校开设具有幼儿园文化氛围的园本特色课程、修订人才培养方案并实施教学计划；通过组织本单位优秀教师不定期到职业院校开展具有针对性的讲座，让学生掌握幼儿园岗位标准、职业能力要求。

（3）幼儿园可通过为学校提供实习实训基地、派出优秀导师带领学生学习教育教学技能等方式积极参与教师培养活动，真正实现共育高素质技能型人才目标。

4.“校地园”协同育人，资源配置最优化

在“校地园”协同育人模式下，有利于实现教育资源配置最优化。优化资源配置不仅可以提高资源利用效率，推动区域教育事业发展，而且能够提高幼儿教师培养质量。在职业教育市场已经趋于成熟的今天，充分发挥市场在职业

教育资源配置过程中的关键性作用，从而更好地实施产教融合、协同育人，淡化职业教育办学及管理的行政化色彩，矫正以往过多依靠行政配置资源带来的问题。构建“校地园”协同育人资源配置机制，既遵循了“政府引导、高校主建、行业协同、市场调节”的基本原则，又拓宽了职业教育资源的来源渠道，坚持了政府投入和学校主建的基础地位。具体而言，政府要在促进职业教育市场化办学的理念指导下制定相关政策，创新财政、教学、科研等方面的政策，最大限度地减少对职业教育协同育人资源配置的行政干预，通过优化职业教育发展环境的方式支持协同育人机制的建设。政府不仅需要真正参与到合作中，统筹协同合作事项，防范合作风险。政府还需要重视“校地园”协同育人模式、实实在在地解决在“校地园”协同育人模式中存在的高职院校因教学经费紧张而导致的办学资源不足等现实问题。“校地园”协同育人模式要稳扎稳打，脚踏实地，共同谋划构建一个长效的运行机制、管理机制和保障机制。

四、幼儿教师“校地园”协同培养改革

思路决定出路，改革促进发展。教育要发展，关键靠改革。[①] 学前教育要发展，就要深化教育综合改革，破除现有的体制机制障碍，提高人才培养质量。幼儿教师“校地园”协同培养改革就是要打破地域藩篱、实现区域联动，由高校“独自”培养转变为“校地园”多元主体参与的协同培养，由“单一”的职前培养转变为职前培养和职后培训一体化，由原来的重理论轻实践转变为紧贴区域需求、产教深度融合的融合培养。

（一）幼儿教师“校地园”协同培养改革原则

1. 需求导向原则

有需要才会产生动机，有动机才会有行为，所以需求是协同的首要条件。主体不同，需求就不同，校地园各方的需求差异与互补促成了幼儿教师培养的协同合作和资源互补。

（1）在“校地园”协同育人模式下高校的需求具有以下几个方面。第一，人才培养的需求，质量决定生存，人才培养质量是高校的首要任务，人才培养

① 本书编写组. 习近平总书记教育重要论述讲义［M］. 北京：高等教育出版社，2020：157.

质量体现了高校的办学水平，更是社会评价高校的重要指标。第二，服务社会的需求，高校承担了传承文化的责任，不仅仅是传授给学生，还需要走进社会，向社会传播先进的思想和文化，宣扬真善美，以文化人，协同培养是高校向社会传播文化的有效方式。第三，科技转化的需求，高校是科技创新的重要基地，把知识转化为生产力，把科学研究转化为经济效益，需要平台和渠道，校地园协同是高校转化科技成果的有效平台。

（2）“校地园”协同育人模式下地方政府的需求具有以下几个方面。第一，办好学前教育是地方政府的职责，校地园协同有助于促进地方学前教育优质普惠发展，教育部印发的《县域学前教育普及普惠督导评估办法》中明确指出发展学前教育是地方政府的职责。第二，校地园协同能够为地方经济社会的发展提供智库团队和智力支撑，当前，我国已经开启全面建设社会主义现代化新征程，国内外发展环境和条件也发生深刻变化，立足新发展阶段、贯彻新发展理念、融入新发展格局，满足人民日益增长的美好生活需要，地方要推动高质量发展，推动科技创新，需要高校的智力支撑和人才保障。

（3）“校地园”协同育人模式下幼儿园的需求主要有以下几个方面。第一，学前教育发展的需要，随着现代化进程的加快、人口受教育程度的提高，人民群众对高质量学前教育的需求更加迫切，高质量学前教育就是普及普惠安全优质的学前教育，校地园协同能极大地促进区域学前教育高质量发展。第二，幼儿园提档升级的需要，幼儿园提升办园层次、提高保教质量需要政府政策和财政支持、高校专家指导，校地园协同能极大地促进幼儿园高质量发展。第三，建设幼儿园教师专业发展的需要，幼儿园教师专业成长需要定期培训，不断提升思想、提高理论、补充知识、增强技能，幼儿园教师培训属于地方基本公共服务体系，经费需要政府保障，培训实施需要高校协同。

2. 共建共享原则

共建是指共同参与、共同建设，共享是指共同利用、共同享有。共建是共享的前提，共享是共建的目的。共建是共享的基础，没有共建就没有共享，共享中可以再次共建，两者紧密相连。共建共享既是参与各方共同的责任、共同的目标，也是参与各方共同利用、共同享有的权利。幼儿教师“校地园”协同培养就是凝聚力量，参与各方共建共享，从而形成关系紧密的合作共同体。

共建共享包含三层意思。

（1）共同参与。共同参与是指不同主体的高校、政府、幼儿园基于幼儿教师培养的共同目的，共同参与人才培养目标的制定、组织实施、评价，形成相互依存的关系。校地园的共同参与改变了原有人才培养模式的孤立性、个体性，高校的开放办学、政府的统筹管理、幼教行业企业的积极参与，实现了资源的优化组合。

（2）共同建设。共同建设是指共同投入人力、物力、财力等资源，以此保障协同人才培养的顺利开展。共同建设不是平均投入，根据协同的分工与人才培养的需要，协同各方的投入主体和投入的数量不同。共同建设不是投入资产的共有，投入主体的性质不变、所有权不变。共同建设可以是共同投入共同所有，也可以是各自投入、各自所有、共同使用。

（3）共享资源。共享资源是指提升资源的使用效率，校地园有各自的资源优势，校地园组成的是一个合作共同体，共建共享、共生共荣是合作共同体的主要特征，优质资源共享、促进共同发展是幼儿教师“校地园”协同培养的主要目的。

3. 点面结合原则

点面结合是指不仅与一个幼儿园协同，还要同一个地方、一个区域的幼儿园协同，以及与幼教行业发展结合起来；不仅同一个地方政府协同，还要与一个区域协同，以及成渝地区协同。点面结合才能起到引领示范和辐射带动作用，服务成效达到最大化，服务地方及区域学前教育事业发展。

点面结合要选好“点”和结合好“面”。

（1）选好“点”。第一，选好幼儿园的“点”，就是选取的幼儿园具有代表性、典型性，是一定区域的示范性幼儿园，选好“点”对协同开展幼儿教师培养起到事半功倍的作用。首先，选好幼儿园的“点”有利于引领区域的幼儿园，示范性幼儿园是所在区域的领头雁，以高校先进的教育教学思想促进“点”的“经验型教师”向“研究型教师”转化[1]，从而起到示范、引领区域的幼儿教师的作用。其次，选好幼儿园的“点”有利于协同开展实践教学，示范幼儿园的规模较大、设备设施齐全、场地宽敞，且大多为当地的幼教培训基地，更利于为高校学生提供实践示范。最后，选好幼儿园的“点”有利于协同开展教学科研，示范幼儿园是当地的幼教科研基地，积累了一定的科研基础和经验，更利于协同组织开展教学研讨、科研等活动，促进教师专业发展。第二，选好政府的“点”，首先，高校所在地的地方政府是首要选取的“点”，高校与所在地的地方政府建立长期的、全面的、深度的战略合作关系，有利于高

① 王辉. 校地合作：教师培训与教学研究的新探索［M］. 北京：光明日报出版社，2007.

校人才培养、服务地方、促进地方经济社会发展。其次，选取经济发展处于区域前列的地方政府这个“点”，经济发展好的地方政府开放程度必然更高，更需要高校的智力支持地方经济社会发展，无论是对协同合作的政策，还是对协同合作的财物，支持力度更大，更利于开展协同合作。最后，选取学前教育事业发展在区域处于领先地位的“点”，一个区域一般有国家或省级的学前教育改革发展实验区，是一个区域学前教育的学习典范，其改革试验的经验和成果能更好地促进幼儿教师的协同培养质量。

(2) 结合好“面”。“面”是指协同地方的幼儿园和协同的区域，抓“点”只是方法和手段，带“面”才是根本和目的。学前教育改革的热点难点问题主要是“能上园”和“上好园”。幼儿教师“校地园”协同培养“面”的推广，促进幼儿教师培养质量普遍提高，是满足人民之需、解决人民群众对“更好的学前教育”和“孩子们能成长得更好”的美好期望。幼儿教师协同培养要按照国家标准，结合学前教育大背景的“面”，要紧跟时代发展步伐，结合协同区域的“面”，培养具有通识性和区域适应性的幼儿教师。

（二）幼儿教师“校地园”协同培养改革思路

1. 创新协同培养体制机制

幼儿教师协同培养是一体化培养、整体式培养，要达到这一目标，需要改变单一主体培养，创新协同培养体制机制，实现幼儿教师的融合培养。组建幼教集团、共建实践教学基地、共建幼儿教师培训中心等改革探索，有利于推进学前教育区域化，促进区域学前教育产业化，形成学前教育集群化，实现优质普惠的学前教育发展。

(1) 组建幼教集团破除办学体制障碍，推进区域学前教育均衡发展。《教育部关于深入推进职业教育集团化办学的意见》（教职成〔2015〕4 号）指出“鼓励多元主体组建职业教育集团”，四川省教育厅等七部门印发的《关于深入推进职业教育集团化办学的指导意见》的通知（川教〔2015〕94 号）提出“加快建立健全政府主导、行业指导、学校与企业双主体参与的职业教育集团化办学机制，促进职业教育紧贴经济社会和产业发展的需要”。集团化办学能有效解决教育体制机制的障碍，促进教育链、人才链与产业链、创新链有机衔接。形成政府统筹管理、行业企业积极举办、社会深度参与的多元办学格局。[①] 幼教集团是以幼儿教育行业为纽带，以地方政府为主导，以高校为依托，政府、高校、幼儿园等多方参与，为区域学前教育事业发展服务的行业型合作组织。幼教集团具有资源共享、优势互补、合作育人、共同发展的优势，是推进区域学前教育均衡发展的有效途径，是学前教育深化改革、推进产教融合、深化校地园合作、促进资源共享的必由之路，更是打通幼教人才多样化成长渠道的重要举措。

幼教集团中有中职学校与高职学校的中高职协同培养、高校与幼儿园开展的订单培养、“校地园”协同培养几种模式。第一，中高职协同培养人才，是指中职、高职分段培养，呈螺旋式上升的人才培养模式，此种模式构建了中高职人才培养立交桥，是当前招生考试体制改革的一个重要内容。第二，校企订单培养人才，是按照企业的要求定制化培养人才的一种方式，订单培养人才具有专属性，针对性强，但幼儿教师订单培养受园本课程不同、幼儿园需求数量、体制管理等因素制约，不能广泛开展。第三，“校地园”协同培养，是“区域订单”培养幼儿教师的一种模式，校地园协同的幼儿教师培养结合了区域性和通识性，按照区域幼儿园的需求特性及学前教育的专业共性协同培养，不仅符合协同幼儿园的需求标准，也符合区域幼儿园乃至普遍幼儿园的需求标准，是培养适应区域学前教育发展的幼教师资的重要方式之一，是幼儿教师培养改革的方向。

（2）共建实践教学基地破除教学体制障碍，提高幼儿教师培养质量。实践教学是幼儿教师培养的重要组成部分，是教育教学的重要环节，是培养幼师生保育和教育实践能力的重要内容。把学校办成企业的培训基地，把企业办成学校的实践基地，把企业需求及时、有效地转化为学校育人的标准和方案。[②] 校地园共建实践教学基地破除了教学体制障碍，有效促进幼儿园需求与高校人才培养目标的有机衔接，有利于人才培养、促进就业，有利于校地园资源共享、相互协作，有利于校地园优势互补、共同发展，形成高校、政府、幼儿园协同育人的良性互动。[③] 首先，政府统筹是保障，幼师生的实践教学贯穿人才培养

① 教育部党组书记、部长陈宝生．办好新时代职业教育 服务技能型社会建设［N］．光明日报．教育（07），2021－05－01．

② 教育部党组书记、部长陈宝生．办好新时代职业教育 服务技能型社会建设［N］．光明日报．教育（07），2021－05－01．

③ 邱开金．产教如何才能水乳交融［N］．中国教育报（职教周刊．实践探索）．2014－03－03（007）．

全过程，涉及的时间长、实践基地数量多，没有政府统筹、规划，仅靠高校难以顺利推进。其次，校园协同双导师制是提高实践教学质量的重要措施，校园双方共同指定实践教学指导教师，共同商议实践教学内容，共同指导和管理实践教学过程，从理论知识和实践操作层面教学和指导，达到教育理论和实践知识的融合统一。最后，校地园协同是精准培养的必要保障，组建包含教育行政部门人员、高校教师、幼儿园园长的实践教学指导委员会，实践课程中纳入区域特色，统一实施和管理实践教学全过程，做到实习前有目标、实习中有指导和监督、实习后有评价考核①，实现区域和幼儿园发展所需的人才培养目标。

（3）共建培训中心破除教师专业成长障碍，促进幼儿教师职前培养职后培训一体化。“好老师要牢固树立终身学习理念”②。共建幼儿教师培训中心是职前培养和职后培训一体化的“大培训观”③。师范院校的培养解决教师的基本素养与基本胜任能力问题，教师培训解决教师水平提高与发展问题。④ 共建幼儿教师培训中心是从课程设置到培养方式发生根本性的变革，融合幼师生的培养和幼儿教师的“研训一体”。有利于幼师继续教育，有利于落实最新教育理念⑤。幼儿教师的专业发展既依赖于教师个人的努力，也依赖于外在客观条件的保障⑥。共建幼儿教师培训中心包含共建、共管、共享。第一，职前职后一体化培养培训方案的共同制定，构建职前、入职、职后提升、园长培训体系，针对不同的阶段设计不同的培训目标、培训课程，既实现了幼儿教师职前与职后的无缝衔接，又能促进教师阶梯成长。第二，组建复合型培训师资团队，由高校专家、教育行政幼教专干、幼儿园园长（教师）等组成的专家团队，培养既有新理念、新方法、新思维，同时也能理论运用于具体的幼儿园保育和教育实际的新时代卓越师资。第三，发挥引领示范作用，校地园共同成立园长工作室、名师工作室、教师工作坊，采用线上线下相结合的方式，充分运用“互联网+教育”，开展小组教研、课堂实录、主题研讨等形式，以名园、名师示范引领，带动区域幼教事业整体发展。

---

① 教育部.《教育部关于实施卓越教师培养计划 2.0 的意见》http://www.moe.gov.cn/srcsite/A10/s7011/201810/t20181010_350998.html.

② 本书编写组. 习近平总书记教育重要论述讲义［M］. 北京：高等教育出版社，2020：213.

③ 汤丰林. 教师培训：理性与实践的核心关注［M］. 北京：北京师范大学出版社，2020.

④ 汤丰林. 教师培训：理性与实践的核心关注［M］. 北京：北京师范大学出版社，2020.

⑤ 李景. 幼儿教师教育职前职后培养一体化策略探析［J］. 佳木斯职业学院学报（职业教育研究），2020，36（07）：183-184.

⑥ 蔡迎旗. 幼儿教育政策法规［M］. 北京：高等教育出版社，2014.

2. 改革协同培养课程体系

课程必须服从社会的教育目标，即通过国家意志表现出来的社会需求[①]，幼儿教师“校地园”协同培养的目的就是服务区域经济社会发展。长期以来，高校教师热衷于埋头搞理论研究，与地方、一线幼儿园实际脱节，培养的学生逐渐脱离区域现实情况、脱离幼儿园现状，达不到“拿来就用”的要求。紧扣区域学前教育发展实际和需求现实，校地园共同制定幼儿教师人才培养方案，植入协同课程内容，协同组织教学，是解决这一问题的有效措施。首先，人才培养方案协同制定，紧贴区域需求，地方政府、幼儿园的直接参与，能够把培养目标具体化，对接区域要求。其次，课程内容协同商议，明确职业需求，校地园有针对性地制定教学内容，与区域现状紧密结合，让人才培养适应现实需求，对接区域的岗位要求。再次，建立学分互认制度，灵活开展教学，把到地方、幼儿园参加实践纳入课程体系，增加学生接触、了解区域经济社会发展情况。最后，组织教学实战化，明确能力需求，将相关实践课程直接移到幼儿园，让学生直观感受、亲身体验。幼儿园优秀特色教育活动案例编辑成教材，并植入课堂教学。校园教师相互交流授课，培育“双师型”教师。

3. 完善协同培养保障体系

校地园协同是多方参与，多主体与主体多样性是协同的特点，主体不同，管理体制不同、社会职能不同，校地园各方是相互依存又相对独立、相对平等又相互耦合的伙伴关系和工作关系[②]。要聚合各方关系、融合各方资源，顺利开展幼儿教师协同培养，需建立或完善相应的保障。一是机制保障，建立协同培养机制能够起到总体统筹、组织协调、监测过程、绩效评价的作用，是幼儿教师“校地园”协同培养的组织保障。基于幼儿教师培养的目的，校地园三方有共同目标，在具体组织实施与培养方式上，有不同的职责与任务，也有重合交叉，需要相互协作、相互配合、相互调适。没有建立机制的协同往往有形式无内容、有想法无做法、有行为无结果、有效果无评价。建立由多方人员构成的协调机构并指定专人负责、联系、协调、沟通，可以有效提高三方融合度，保障协同的有效运行。二是制度保障，建立健全协同培养制度对于长效开展幼

---

① 余文森，洪明，等. 课程与教学论 [M]. 福州：福建教育出版社，2015.

② 罗明誉. 校地共建乡村振兴学院：理论依据、战略基础与实践遵循 [J]. 职业技术，2021(05)：5-48+52.

儿教师“校地园”协同培养显得尤为重要。国家、省级现有的政策从宏观层面提出了支持政策，但均不具体，落实在市县级层面的具体措施几乎没有，要保障校地园协同的有效开展，需要制定相关政策、法规，从制度层面保障协同培养的可持续。三是经费保障，职业教育经费投入是职业教育事业发展的关键[①]。从合作效益来看，校地园合作的是人才培养，产生的是社会效益，不能直接产生经济效益，更不能实现价值增值，要使校地园协同合作长效发展，需要完善经费保障机制。

4. 完善协同培养评价体系

协同培养评价体系是幼儿教师“校地园”培养的延伸，协同培养评价体系要以社会需求的适应性为导向，[②] 以发展的观点，立体、动态的体现协同育人的特点，建立多级评价指标，多方参与的评价体系。首先，协同培养评价要以社会需求的适应性为导向。协同合作的目的是培养人才，人才是否合格看社会需求。校地园深度合作的一个重要内容就是共同培养符合地方发展需要的人才[③]。建立地方、幼儿园对学生的评价反馈机制，通过需求反馈、满意度调查、人才培养的意见和建议等评价，改进和完善幼儿教师协同培养，提高协同培养人才质量。其次，协同培养评价是多元评价，是指全方位、全过程、多方参与的评价。[④] 政府层面从服务经济社会发展、促进区域学前教育事业发展等要素，幼儿园从满意度、适用性等要素，学校从培养目标、培养方案、课程、教育教学等要素，多方参与、多要素予以综合考虑，此外，还需考虑家长、毕业生的满意度，以此改进和完善协同培养方案、教学目标、教学设计、教学组织等，促进协同培养人才质量。最后，协同培养评价是对人才的综合评价、长效评价。综合评价从学前教育专业师范生教师职业能力、幼儿园工作规程等内容予以考核评价，尤其要结合实践教学环节考核师德践行能力，校地园三方协同守好毕业生踏上讲台的第一关。长效评价是指职前职后一体化评价，不仅要对学生大学期间的学习生活情况评价，还要追踪学生入职初期、成长期、成熟期，关注幼儿教师从资格到合格、从合格到卓越的专业成长和发展过程。

---

① 刘立新，周凤华．新职业教育：培养面向未来的人才［M］．北京：中国人民大学出版社，2019（10）：277.

② 贾玉玲，杨艳玲．浅谈高等职业教育人才．培养质量评价体系的构建［J］．山东化工，2020，49（02）：174－175.

③ 丁志华．校地合作理论与实践［M］．秦皇岛：燕山大学出版社，2020.

④ 程光胜．多元协同下高职人才培养质量评价体系的构建［J］．天津中德应用技术大学学报，2019，29（02）：28－32.

第四章 “学训教”整体培养幼儿教师

2018 年 11 月 14 日，教育部印发了《新时代中小学教师职业行为十项准则》《新时代幼儿园教师职业行为十项准则》，各个阶段的教师都明确提出更高的要求。2021 年 4 月 2 日，教育部印发《学前教育专业师范生教师职业能力标准（试行）》明确提出：“学前教育专业师范生教师职业基本能力包括师德践行能力、保育和教育实践能力、综合育人能力和自主发展能力。”① 这给新时代如何全面提高幼儿园教师质量，建设一支高素质善保教的教师队伍提出了新的要求。本章主要分析幼儿教师人才培养的理实结合问题，提出幼儿教师人才培养应从理实二元结合走向“学训教”三元整合，并探索了幼儿教师“学训教”整合培养新模式及改革思路。

一、幼儿教师培养理实结合综述

（一）幼儿教师培养理实结合的理论分析

1. 幼儿教师培养理实结合的理论基础

“理实结合”，即理论与实践相结合。马克思主义哲学对理论与实践关系的基本认识是实践决定理论。理论来源于实践，理论的发展和最终目的都需要实践来进行支持，并且在实践中得到检验。理论与实践相结合就是理论与实际相一致、理论与实际的具体的历史的统一，只有坚持实践基础上的理论教育，才

① 中华人民共和国教育部. 关于印发《中学教育专业师范生教师职业能力标准（试行）》等五个文件的通知[EB/OL].（2021-04-06）[2021-05-24]. http://www.moe.gov.cn/srcsite/A10/s6991/202104/t20210412_525943.html.

能实现理论的科学性和正确性；同时，只有把正确的理论用于指导实践，实践才能朝着正确的方向发展。①

（1）教育理论与实践关系的研究现状。教育理论是指通过教育概念或命题并且借助一定的推理形式所构成的对于 教育问题的系统性论述。教育实践就是教育主体，包括教育者、教育管理者、受育者等，在一定条件下有计划、有组织、有目的的活动。② 在幼儿教师培养理实结合研究中，厘清教育理论与教育实践的关系尤为重要。

第一，教育理论与实践的关系解析。我国教育理论与教育实践的关系的研究，经过整理，大致分成指导说、双向说、中介说、统一说、实践优先说、合理脱离说及其他学说七大类。有关教育理论与实践关系的研究，众说纷纭，指导说的重点是理论指导实践；双向说解决的问题是理论和实践两方面的互相滋养；中介说主张用兼具理论与实践双重特性；统一说采用二元对立的思维；实践优先说得出教育理论要在实践的基础上进行不断的完善；合理脱离说发现理论与实践之间的隔阂、脱离是双向的；后现代视域中的教育理论与实践的关系是多重的。③

教育理论和实践的关系问题是我国教育界的一个经久不衰的热议话题，教育理论对教育实践的指导作用日益减弱，随着教育的发展，教育实践对教育理论迫切需要。首先，理论高于实践而不脱离实践就能很好地指导引领实践正确发展。其次，教师对理论学习缺乏自觉性和主动性，这对教育理论的创新性和指导性产生了消极的影响，造成理论脱离实践。最后，教育理论研究者脱离教育一线，靠“拍拍脑袋”研究问题，这是很常见的。教育问题的解决来自一线实践的深入调研，教育问题一定是一线教师的问题，只有深入了解一线教师的困惑，教育理论才具有指导实践的价值与作用。

第二，教育理论与教育实践关系的三种类型。教育理论与教育实践关系大致可以分成三种类型，包括：教育研究者理论与自身实践的关系，教育实践者（教师）的理论与自身实践的关系和教育研究者的理论与教育实践者的实践的关系。④ 教育研究者的理论普遍脱离教育实践者和自身实践的实践，不管再漂

---

① 程松涛．马克思的理论教育思想及其价值研究［D］．天津：天津师范大学，2014.

② 喻梦洋．教育理论与教育实践关系现状之再思考［J］．开封教育学院学报，2013（03）：142－143.

③ 许日华．教育理论与实践关系的研究现状述评［J］．上海教育科研，2010（09）：20－23.

④ 喻梦洋．教育理论与教育实践关系现状之再思考［J］．开封教育学院学报，2013，33（03）：142－143.

亮的理论也只是理论，只有教育实践者的理论和自身实践才能密切结合。回顾教育发展史，我们发现，一些伟大的教育家在形成自己对教育的基本观点后，都通过实验学校来检验、修正和充实自身的教育理论，著名教育家陶行知的“生活教育”理论也是在动荡的社会环境中形成和发展的。

（2）幼儿教师培养理实结合的相关理论。幼儿教师要实现教育理论与教育实践的统一，就必须有教育实践者（教师）在实践中得出的教育理论。只有坚持实践基础上的理论教育，才能实现理论的科学性和正确性；同时，只有把正确的理论用于指导实践，实践才能朝着正确的方向发展。① 国内国外关于理论与实践相结合的理论较多，但幼儿教师培养最有影响力的是杜威的“做中学”理论和陶行知的“教学做合一”理论。

第一，杜威“做中学”理论。美国教育家杜威提出：“做中学”在场景教学中，激发学生的创造性思维，根据资料策略从场景活动中入手，解决好学生在场景活动中所遇见的问题。②

在杜威看来，真正的知识教育不是让学生坐在教室里学习教材上的知识，而是要让教材里的知识通过各种社会活动和职业的媒介，或者就在直接的社会活动和职业中“活”起来，成为活动的力量，具有自动的生长性，与个体生命经验的增加和丰富融为一体。③ 杜威认为解决问题要通过科学的方法训练，教学活动的要素和科学思维的要素应该相同。杜威把人的思维过程分为五步，与此相适应的同时，杜威在教学领域提出了“五步教学法”，即：情景、问题、假设、推论、验证。④

首先，学生要有一种“经验的真实情境”。要有一个对活动本身感兴趣的连续的一些学习活动，兴趣是促使学生积极主动思考的媒介，即要有一个能实现“做”的情境。其次，学生在真实的情境中，通过学生思维的启发，要有促进学生思维的“真实”和“疑难”问题，学生将学校知识和生活经验结合起来解决问题的过程，即要有一个可“做”的难题。“疑难是引起思维的必不可少的关键因素，疑难的情境在设计时一定要和学生曾经经历过的情境有充足的共同点，使得学生在解决疑难情境时有一定的掌控力。”⑤再次，学生在观察中提

---

① 程松涛. 马克思的理论教育思想及其价值研究［D］. 天津：天津师范大学，2014.

② 娄小韵. 产教融合背景下学前教育专业人才培养模式研究［M］. 长春：吉林人民出版社，2020.

③ 黄英杰. 杜威的“做中学”新释［J］. 课程. 教材. 教法，2015（06）：122－127.

④ 约翰·杜威. 民主与教育［M］. 薛绚，译. 南京：译林出版社，2012.

⑤ 汤超群. “精讲精练，五步教学”教学模式在高中物理教学中的应用研究［D］. 南昌：江西师范大学，2020.

出解决疑难情境的假设和思考。学生能够依据已有的经验对真实情境进行观察，并在观察的过程中引发如何解决疑难情境的假设和思考，即学生要有学校理论知识，要有必要的观察能力以对付这个疑难，要有一个实现“做”的必要条件。复次，学生在设想中推论设想是否合理。学生通过情境中观察和假设，但是这种假设有可能是不合理的，为了证明假设的合理性，即学生必须负责，一步一步地展开他所想出的解决问题的方法，即要有一个完整的“做”的过程。最后，学生要亲自参与实践对情境的设想、假设、推论进行验证。学生通过学校通过的实践条件进行实践，并在实践的过程中验证，使这些设想意义明确，并且让他自己去发现它们是否有效即有一个针对“做”的结果的检验。

这里的“五步”教学表面上看完全是一个学生“做”的过程，但在“做”的过程中却是对“学”的积累，即在教学过程中与实践相结合，实现学生的“做”，从而完成学生的“学”。[①] 杜威提出的教学和教学原则就是“从做中学”，也就是“从行动中学”“从经验中学”。

第二，陶行知“教学做合一”理论。我国著名现代教育家、思想家、学者陶行知先生在1926年开创了自己的生活教育理论，陶行知先生提出了三大教学理论，即“生活即教育”“社会即学校”和“教学做合一”。

“教学做合一”作为陶行知生活教育理论的重要命题和方法论。首先，是生活法。会的人教，不会的跟人学，教学做是合一的，对事说是做，对己说是学，对学生是教，在生活中你顺其自然形成的教育。其次，是教育法。教学要和实际的生活方式结合起来，教与学都应该以“做”为中心，而做才能让学生获得全面的知识能力。在生活中，通过“教学做合一”，实现生活与教育、学校与社会的有机统一。

“教学做是一件事情，不是三件事情。我们要在做上教，在做上学。在做上教的是先生；在做上学的是学生。从先生对学生的关系说：做便是教；从学生对先生的关系说：做便是学。先生拿做来教，乃是真教；学生拿做来学；方是实学。不在做上用功夫，教固不成为教，学也不成为学。”[②] 在教学中，通过“教学做合一”，实现“教”和“学”的有机统一。

“教学做合一”以“做”为中心。陶行知在应《时报·教育新思潮》邀请撰写的《教学合一》一文里，鲜明地主张要根据学的方法研究教的方法，后来

---

① 娄小韵．产教融合背景下学前教育专业人才培养模式研究［M］．长春：吉林人民出版社，2020.

② 方明．陶行知教育名篇［M］北京：教育科学出版社，2013.

他进一步主张："事怎么做就怎么学，怎么学就怎么教；教的法子要根据学的法子，学的法子要根据做的法子。"① 陶行知提出，教学做不能割裂，而是内在的整合，要做中学，做中教，做就是学，做就是教。教师在做中教，才是真教；学生在做中学，才是真学。做是教的中心，也是学的中心。毫无疑问，陶行知的"教学做合一"思想具有划时代的革命意义，对于教育研究有着深远的影响。②

"教学做合一"要培养有生活力的人。陶行知指出："我们深信教育应当培植生活力，使学生向上长。"③ 不同的学校培养的人不同，幼儿教师培养目标是培养尊重幼儿天性的新时代教师，总目标可以分为五个小目标，即健康的体魄、灵巧的身手、科学的头脑、艺术的兴味、改造社会的精神。

陶行知先生改造和发展了杜威关于"做中学"的思想，把以儿童经验为中心的"做中学"变为以生活实践为中心的"教学做合一"。

2. 幼儿教师培养理实结合的实践需求

随着学前教育的飞速发展，我国越来越重视幼儿教师的培养，根据《幼儿园教师专业标准》注重实践需求的"能力为重"的人才培养变革，地方政府、高校和幼儿园一线人才需求，更加积极关注教师的实践能力培养。由此，教育部制定并实施了系列关注实践能力提升，助力优质人才培养的举措。

(1)"卓越教师"培养计划。2014 年 8 月发布的《教育部关于实施卓越教师培养计划的意见》中指出："我国教师教育存在教师培养的适应性和针对性不强、课程教学内容和教学方法相对陈旧、教育实践质量不高、教师教育师资队伍薄弱等突出问题，明确提出要分类推进卓越教师培养模式改革，其中包括卓越幼儿教师培养模式改革，要求幼儿教师教育要适应学前教育改革发展要求，构建厚基础、强能力、重融合的培养体系，培养一批热爱学前教育事业、综合素质全面、保教能力突出的卓越幼儿园教师。"④ 幼儿教师培养是我国教师培养的重要组成部分，幼儿教师的培养问题尤为突出。由此，幼儿教师培养更要注重实践，理实结合培养运用型或实践型的卓越幼儿教师，充分加强学生的实践能力，解决学生脱离实际的问题并提出解决策略。

2018 年教育部发布《关于实施卓越教师培养计划 2.0 的意见》，文件中明

---

① 方明. 陶行知教育名篇［M］北京：教育科学出版社，2013.

② 凌云志. 行动导向的教师培训者培训研究［D］. 长春：东北师范大学，2019.

③ 陶行知. 我们的信条［J］. 新教师，2018（04）：1.

④ http://www.moe.gov.cn/srcsite/A10/s7011/201408/t20140819_174307.html.

确指出："面向培养幼儿为本、擅长保教的卓越幼儿园教师，重点探索幼儿园教师融合培养模式，重点探索校企合作'双师型'教师培养模式，主动对接战略新兴产业发展需要，开展教育硕士（职业技术教育领域）研究生培养工作。"① 随着时代的变化，幼儿教师培养更需要注重实践，通过校园合作，培养有实践能力的卓越幼儿教师。

柳海民、谢桂新认为人师的教学境界：教师能够教人以道义，教人以知识，教人以智慧，教人以发展；善于在自己的教学中，给学生以学习的兴趣，向上的精神，创造的激情和社会的责任感。其理想规格包括：具备专业精神朴实高尚、专业知识融会贯通、专业能力卓著出色。② 周先进认为所谓卓越教师，就是指具有高尚的道德素养、明确的价值取向、熟练的教学能力、科学的组织管理能力和专业发展能力的优秀教师。要将自己追求卓越的动力和过程与学生成长成才的过程有机结合，使自己的"卓越成长"和学生的"卓越成长"同步推进、同期发展。使自己成为理想信念坚定、道德情操高尚、基础知识扎实、人格魅力高尚、协同能力突出和具有仁爱之心的卓越教师。③ 整体而言，我国大多数研究者对卓越教师涵养都聚焦在师德、专业知识、专业能力及专业理念方面的提升。

对于高职院校学前教育专业学生的专业化成长过程而言，他们在专业理念、专业知识、专业技能等方面有着不一样的发展需求，并且教师教育课程也有着不一样的要求。因此，对于职前培养阶段高师院校学前教育幼儿教师培养的研究，有利于推动卓越幼儿园教师专业化的系统发展，进一步提高幼儿教师专业化进程。

（2）"双高计划"背景下的"三教"改革。2019 年 2 月，国务院印发《国家职业教育改革实施方案》（以下简称《实施方案》）指出：职业院校实践性教学课时原则上占总课时一半以上，顶岗实习时间一般为 6 个月。"双师型"教师（同时具备理论教学和实践教学能力的教师）占专业课教师总数超过一半，分专业建设一批国家级职业教育教师教学创新团队。从 2019 年开始，在职业院校、应用型本科高校启动"学历证书＋若干职业技能等级证书"制度试点（以下称 1＋X 证书制度试点）工作。提出建设一批高水平高职院校和专业

---

① http://www.moe.gov.cn/srcsite/A10/s7011/201810/t20181010_350998.html.

② 柳海民，谢桂新. 质量工程框架下的卓越教师培养与课程设计［J］. 课程·教材·教法，2011（11）：96－101.

③ 周先进. 卓越教师：内涵、素质及培养［J］. 高等农业教育，2015，{4}（08）：31－35.

(群)、开展职业教育“三教”(教师、教材、教法)改革的任务。[①] 同年4月,教育部、财政部印发《关于实施中国特色高水平高职学校和专业建设计划的意见》,进一步明确提出“组建高水平、结构化教师教学创新团队,探索教师分工协作的模块化教学模式,深化教材与教法改革,推动课堂革命”。[②] 由此可以看出,“双高计划”与高职“三教”改革遵循一致的政策导向,将“三教”改革置于“双高计划”实施背景下进行探讨,无论是从理论逻辑起点层面,还是从现实实践层面,都具有重要意义。[③]

新时代的幼儿教师人才培养理论立足于当下,从理论到实践,又从实践到理论,厘清理论和实践的关系,结合我国当前高职院校的政策、学术、实践等进行深层次的研究,具有重大的现实意义和价值。

3. 幼儿教师培养“理实”结合的前沿理论

“全实践”理念是我国学者秦金亮提出的。“全实践”就是实践要素诸方面,在时间上要全程畅通,在空间上要全方位拓展,在内容上要全面整合,在理念上要全息浸透,在课程体系上要全面统整。[④] 其具体的内涵为重视实践观察和实践反思,突出学习主体,在实践中重构知识,充分体现了幼儿教师培养要重视实践能力培养的理念。

全实践理念是指在教师专业发展中的一种教育价值取向。具体包括:“理念上渗透实践、时间上贯通实践、空间上拓展实践、培养方案中凸显实践、课程内容中整合实践、课堂教学中体现实践。”[⑤]

(1)情境学习理论。

情境学习理论是在心理学领域内一个最新的研究热点,解释人类如何学习以及学习如何发生。情境学习理论在人类学家的研究视野中,学习是一个参与的过程。情境学习的五个基本学习形式是:关联、体验、应用、合作、迁移。

(2)复合型人才观。

复合型人才观的引导下要求培养复合型学前教育领域人才,不仅具有学前

---

① http://www.gov.cn/zhengce/content/2019-02/13/content_5365341.htm.

② http://www.moe.gov.cn/srcsite/A07/moe_737/s3876_qt/201904/t20190402_376471.html.

③ 吴秀杰,张蕴启.“双高计划”背景下高职“三教”改革的价值、问题与路径[J].教育与职业,2021(09):11-18.

④ 秦金亮.“全实践”理念下高师学前教育专业实践整合课程探索[J].学前教育研究,2006(01):47-51.

⑤ http://www.moe.gov.cn/srcsite/A10/s6991/201209/t20120913_145603.html.

教育领域的专业知识，更应具备与学前教育相关的多元职业发展方向的知识和能力，将理论与实际更好地融合。因此高校在幼儿教师培养中要实现多元化学前教育专业人才培养方向。

(3) 人才培养机制相关理论。

我国人才培养机制的发展大致可以分为两个阶段：第一，传统的人才培养机制（政府指令—学校执行模式；计划体制下的“政府失灵”）；第二，当前的人才培养机制——以市场机制为导向，以政府调控为主导，以学校办学为主体，以社会参与为基础。“全实践”理念重视实践教学环节，在教学方法上更重视学生的全员参与实践，注重实践和理论知识的融合，充分发挥高校、政府以及用人单位的联合培养和保障。

（二）幼儿教师培养理实结合的实施现状

2012 年 2 月，教育部颁布《幼儿园教师专业标准（试行）》中贯穿了“师德为先、幼儿为本、能力为重、终身学习”的教育理念，强调把学前教育理论与保教实践相结合，突出保教实践能力。坚持实践、反思、再实践、再反思，不断提高专业能力。[①] 2021 年 4 月，教育部印发的《学前教育专业师范生教师职业能力标准（试行）》提出四大能力，即师德践行能力、保育和教育实践能力、综合育人能力和自主发展能力。相较于前述的《幼儿园教师专业标准（试行）》，新标准更加突出了师德师风的第一标准，更加强调综合素质培养，还对幼儿教师实践能力进行了细化，比如，要求幼儿教师能够创设安全、适宜、全面，有助于促进幼儿成长、学习、游戏的物质环境，合理利用资源，为幼儿提供和制作适合的玩教具和学习材料。这种指导思想，体现幼儿教师培养学前教育理论与实践相结合是国家的要求和社会的需求。理论与实践本身既不是截然断裂的两极，也不是全面交融的浑然之体。正确认识学前教育理论与实践的关系，对促进学前教育发展具有观念、教学行为以及学习行为等都是影响学前教育理论与实践关系的重要因素。

1. 幼儿教师专业知识培养理实结合的现状

目前，国内很多学前教育专业的人才培养方案重理论，轻实践，针对学科特点的操作性不强，学科之间没有实际的联系。“现阶段专科段幼儿教师培养还没有完全跳出传统的教学模式与课程内容，理论教学依然是教学的主要内

① http://www.moe.gov.cn/srcsite/a10/s6991/t20120913145603.html.

容，实践教学虽然受到重视，但重视程度还不够。”①

（1）课程设置理论性偏重，理实结合课程不足。

学前教育专业的专业知识主要包括幼儿发展知识、幼儿园保育和教育知识和通识性知识。其课程主要包括卫生学、教育学、心理学、大学语文、大学英语、中华文化传统、大学计算机等理论课程。

（2）专业知识课程偏多，通识课程偏少。

部分高校学前教育专业的人才培养模式还处于传统的模式，由于课时比例等诸多因素，在课程设置上存在专业理论课程偏多，实践课程偏少的现象，除了教育部规定必修课外，很少有更多的丰富学生文化素养，提升科学素养的特色课程开设，而随着单招政策的全面铺开，很多高职高专学校以后面临更多的单招学生，这批学生文化素养低，学习主动性不强，职业认同感低，没有理论和实践结合，造成学完就忘完，大部分学生看到知道学过，做起来就不知道如何去做，不能学以致用。没有很好地贯彻“五育并举”的理念，培养出来的学生人文素养和科学素养不高，无法胜任具有启蒙奠基性质的幼儿教师工作。

（3）重理论知识的传授，轻实践智慧的养成。

学前教育重视学生1+X证书的获取，幼儿园教师资格证书、舞蹈、美术及中小学教师资格证书需要理论知识和实践相结合的方式取得，但是高职院校的一线教师以研究型和学术型的教师较多，对知识点的把握往往停留在理论层次，课堂教学以教师理论教授为主，与幼儿园的需求不相关，造成学生学习知识和幼儿园实践脱节。同时学生面试很吃力，实践机会少，未进行系统的见习和实习，学生的实践能力差。

由于过于强调教师发展是知识和技能的发展，因此在教师教育中培训者就用理论知识、学科知识、教学技能等去武装他们，这是一种以知识能力为取向的教师教育，虽然可以使幼儿教师学到很多知识与技能，但在面临实际教学情景时却发现困难重重，甚至完全不是那么回事，事实上，幼儿教师的专业成长不仅是掌握各种知识和技能，而且更是一种实践智慧的形成，实践智慧不同于理论知识或技术知识那样将某些普遍的、固定的原理和规则运用于对象，而是要在实践活动中完成自己，实现自己。②

学生所喜欢的教学形式调查结论如下：案例分析法＞小组探究＞情景模拟

---

① 赵宜君. 基于《幼儿园教师专业标准（试行）》的学前教育专业人才培养实践研究［J］. 佳木斯职业学院学报，2020，36（11）：97－98+101.

② 姜勇，朱素静. 新时期幼儿教师教育“转型”研究——“虚拟现场”模式的理论与实践［J］. 学前教育研究，2005（01）：47－48.

教学>幼儿园优秀教师讲座报告>微格教学。可以看出，在学生所喜欢的形式和学校已有的教学形式中，案例分析法、小组探究、情景模拟教学和微格教学既受到学生的喜欢，又是该专业较为突出的教学相识。但是老师满堂灌的纯理论教授这种教学形式在一定程度上需要进行改进，适当减少该教学形式，进而扩大其他教学形式的比例。①

2. 幼儿教师专业能力培养理实结合的现状

国际教师教育改革的趋势表明：有效的教师专业发展需以教师专业学习为中心，注重教师长期主动的思维投入；以核心能力为导向，注重理论思考与专业实践相融合。②

（1）课程设置上不全面，理论与技能课程脱节。

幼儿教师的专业能力是指幼儿教师作为专业技术人员利用教育理性和教育经验，通过幼儿教育教学活动表现出来的能够有效促进儿童全面发展的能力。其建构幼儿园教师专业能力框架，包括：基本的艺体技能、教育活动的设计与实施；游戏活动的支持与引导；环境创设与利用；激励与评价；一日生活的组织与保育；沟通与合作；反思与发展。③ 其课程包括：幼儿园教育活动设计与指导、幼儿操创编、普通话、幼儿教师口语、书法、现代教育技术、乐理与视唱、声乐与幼儿歌曲演唱、钢琴与幼儿歌曲弹唱、舞蹈与幼儿舞创编、美术与幼儿美术创作、幼儿园环境创设、幼儿园园本玩具设计与开发、教育实习等专业理实结合课程和实践课程。而部分高校依然存在传统模式设置课程，没有增设幼儿教师正确解读儿童、追随儿童成长的实践需求的课程，诸如“幼儿行为观察与分析”，“幼儿游戏理论与活动指导”等理实结合课程。

学前教育专业技能核心课程是为专业理论核心课程服务的。在各高校专业课程中，教师之间缺乏沟通，看似每个课程都有自己的逻辑性和系统性，但是学科之间实际上没有联系。通过对实习教师的访谈发现：学生在制定教学计划时都会参考教材和网络资源，自创教学活动设计的很少。在设计活动环节中，不会去思考活动环节的联系性和逻辑性，不能充分和技能学课学到的技能联系

---

① 赵志敏. 本科院校学前教育专业人才培养现状、问题及对策研究——以山西省某本科院校为例［D］. 天津：天津职业技术师范大学，2018.

② LINDVALL J. Two Large-Scale Professional Development Programs for Mathematics Teachers and Their Impact on Student Achievement［J］. International Journal of Science & Mathematics Education，2017，15（7）.

③ 汪珍. 本科学前教育专业学生专业能力培养的现状研究［D］. 金华：浙江师范大学，2012.

起来。在游戏活动的支持与引导中，学生试讲时无法预料孩子的反应；教案不熟悉，游戏时只关注自己的教学计划能否顺利完成，没有思考和唱、画、跳结合。

（2）“能力为重”观念未树立，学生技能水平低。

学前教育高考入校的生源技能水平低，单招入校的生源单项技能强，总起来生源的技能水平都较低。幼儿教师培养技能一般包括讲故事、弹唱、绘画、舞蹈、书法等技能训练。通过对学生的调查，比较简单的是讲故事、绘画两个技能，对弹琴、舞蹈和声乐等技能认为较难。在关于学生目前所擅长的艺体操作技能调查中发现，学生们在讲故事方面远远超过了绘画、弹琴、唱歌和跳舞等技能，占到了 80.36%，但是绘画、弹琴和唱歌等技能也占部分比例，有所收获，相较而言，舞蹈部分是学生们最不擅长的一方面，只占 33.93%。而且经过对部分毕业生的访谈得知，即使在毕业时通过了学校的相关考核训练，但是当新入园当老师时，仍然不能够针对班级儿童做出相关灵活的技能操作和运用，感到力不从心。①

幼儿教师的学习离不开他们工作的场所。其专业成长根植于每日的教学活动中，教师不是实施他人理论的人，而是在课堂中创造其个人实践生活的人，幼儿教师是知识的建构者，他们在实践中不断形成自身的教学理论并运用这些理论投入教学实践中，因此，教师是具有丰富现实体验的专业发展者。②

（3）缺乏实践基地，教师技能不足。

国内学前教育人才培养目前比较通行的做法，就是“高校培养+幼儿园实践”的做法，因此，也就形成了学期人才培养的两种具有代表性的培养模式，即浙江金华职业技术学院成军教授倡导的“走园模式”和浙江师范大学杭州幼儿师范学院秦金亮教授提出的“驻园模式”。这两种学前教育人才培养模式，为学前人才的快速成长搭建了非常好的平台和思路。③ 学前教育专业的实习基地不足，学生实习时间和实习组织都不适合学生实践。在教育实习中，学生面对幼儿园无从下手，在环境创设与利用、激励与评价、一日生活的组织与保育、沟通与合作等幼儿园实践中困惑很多。不知道如何布置主题墙，不敢大胆

---

① 赵志敏．本科院校学前教育专业人才培养现状、问题及对策研究——以山西省某本科院校为例［D］．天津：天津职业技术师范大学，2018.

② 姜勇．朱素静．新时期幼儿教师教育“转型”研究—“虚拟现场”模式的理论与实践［J］．学前教育研究，2005（1）：47－48.

③ 邓汉平．藏羌民族地区学前教育专业人才培养模式理论与实践探索——兼论“融园模式”的理论设计与现实困境［J］．亚太教育，2016（8）：264－265.

评价幼儿，不知道幼儿园的一日程序的操作要点，也不知道怎样和孩子交谈，和家长沟通，与同事和谐相处等，这些专业能力都需要学生将学校学到的理论知识和模拟情景中学到的应变能力，运用到幼儿园的工作中。同时，学生理论联系实践还不够，还需要具有反思与发展的能力，学会观察儿童，读懂儿童。

学前教育专业的学生培养要理论和实践相结合，要培养卓越的幼儿教师，必须注重学生的专业理念与职业道德、专业知识和专业能力的培养，在培养过程中注重学科特点，针对学生的实际，各学科教师要了解幼儿园对人才的需求，结合幼儿园的需求培养符合当代新时代卓越幼儿教师。总之，基于理实结合视域下的幼儿教师培养，必须遵循学训教一体的人才培养模式，才能很好地培养出既具有丰富的理论素养，又有很好的实践操作能力的优秀的能胜任幼儿园一线工作的教师。

3. 幼儿教师培养模式的理实结合的现状

（1）“虚拟现场”模式的理论与实践。

2005年以来，针对传统教学模式存在的问题，特别是理论与实践脱节的现象。幼儿教师教育开始转型，提出了“虚拟现场”模式。虚拟现场是指创设一种较为真实的课堂教学的问题情境中教师或扮演教师或扮演幼儿或作为观看教学活动并要发表观点与见解的观众，共同建构模拟课堂教学的实践活动。①

传统教师教育可以培养出“纸上谈兵”的教师，他们可以把书本上的新理论讲得头头是道，但在实践中却不知所措。因此不能只重视理论知识、学科知识、教学技能等知识技能，也要重视实践，实践不是将某些普遍的、固定的原理、规则运用于对象，而是要在实践活动中完成自己，实现自己。“虚拟现场”模式的理论与实践主要流程为形成小组——设计观察——实践教学——协同反思。通过模拟幼儿园场景，站在儿童的思维角度进行情感体验。虚拟现场使教师学会了以幼儿的视野看待事物，学会了玩，找到了童心，这也是一种新的体验，使教师更能在自己的教学过程中注意儿童的受教与情感，

显然，虚拟现场是一种连接职前教师理论与实践的有效培养模式，能有效激发与促进教师的教育智慧与实践能力的发展，提出了实践与理论的关系研究。

---

① 姜勇，朱素静. 新时期幼儿教师教育“转型”研究——“虚拟现场”模式的理论与实践［J］. 学前教育研究，2005（1）：47—48.

（2）“田园耕作式”人才培养模式的理论与实践。

田园耕作人才培养模式是高校为实现人才培养目标，以教育教学现场为立足点，通过学生亲自在现场观摩，现场感知，现场教学，现场学习，现场实践，使学生在“教学做合一”的“田园”活动中获得知识，掌握技能，提高能力，培养应用型人才的培养模式。①

“田园耕作式”人才培养模式以杜威和陶行知的理念为理论基础，聘请幼儿园优秀的园长及幼儿教师为学生讲课或展示示范课——组织学生到幼儿园现场观摩——学生“六项”技能大赛——社会实践——见习——顶岗实习的过程，充分落实田园耕作人才培养模式的“做中学”和“做中教”，以培养学生实际工作能力。

所以，田园耕作人才培养模式培养出来的学生不仅能获得较强的专业理论水平，而且98%的毕业生具有过硬的幼儿教师六项技能，学生的就业率较高，这充分体现了田园耕作人才培养模式的实效性、重要性和必要性。因此，可以看出田园耕作式人才培养模式更重视学生的保教实践学习。

（3）“理论与实践浇筑模型”的理论与实践。

“理论与实践浇筑模型”是通过院园合作创建幼儿教师发展学校，构建实践共同体，以此为中心，将人才培养模式、实训室体系、实践见实习制度改革，课程体系（满足幼师生主干课程校内实训，实践性课程校外现场实践）全部贯通，建立实践支撑平台体系。建立幼儿教师专业技能标准体系、双导师指导毕业生论文及实习制度。在该模型下，课程建设围绕“反思性幼儿教师实践者”的培养目标，对传统的“三学、五领域、专业技能”三大类课程进行根本性的体系整合，以缔造反思性实践者为目标，转换教材知识呈现方式，创造了良好的生态教学环境。②

该实践课程教学中的“1336”操作方法是：“1”指一个体系；“3”指三个平台；“3”指三支队伍；“6”指六步指导。以全实践共同体为载体，以全实践导师为视导员身份，形成情境准备——操作过程——记录反思——多元评价——交流分享（班级、年级群、最大共同体群）——问题创生六步操作法，使学生形成基本的反思技巧；以“见实习指导”“专业技能指导”“学生专业创新指导”“毕业论文指导”“专业成长档案指导”为内容，指导学生掌握了基本

---

① 黄俊官，杨超有．田园耕作式人才培养模式理论与实践的思考——关于玉林师范学院学前教育专业人才培养模式的探讨［J］．玉林师范学院学报，2009（6）：99－103.

② 王晓翌．地方高校学前教育专业人才培养的新型“理论与实践浇筑模型”研究——以西安文理学院为例［J］．陕西学前师范学院学报，2019（1）：112－115＋120.

的反思技巧，这有利于学生在步入教学一线之前就获得教育实践性知识，入职后其专业能力不停留于制度化的科学技术、理论知识、合理技能，融合动态知识生成过程。能一定程度上解决其知识状态固化问题。①

学前教育理论与实践结合的模式除了以上几种理论和实践相结合的模式外，还有其他模式，不管怎样的模式，都离不开国家、高校和幼儿园的共同协作，更离不开将理论和实践更好地融合。

综合上述，幼儿教师培养的理实结合研究不仅是国家和社会层面的必要要求，也是学前教育专业发展的要求，学前教育理论和保教实践的结合，从浅层次的理解来讲，它是一个哲学问题，从深层次来讲，它是一个哲学命题。学前教育领域目前存在理论与实践之争，应该还未上升到一个哲学命题的辨析高度，依然是一个浅层的操作问题，因为这些论争绝大多数也都是限于学前教育专业人才的培养和评价问题。② 因此，学前教育理论与实践相结合是势在必行的，高校学前教育专业幼儿教师培养的人才培养模式应遵循教育实践者进行实践研究得出的理论才是正确的，探寻、建立和完善适合学生实践的培养模式是当今学前教育专业的创新之路。

二、幼儿教师培养理实结合的问题与反思

新时代对幼儿教师有更高的要求。2012 年，教育部颁布的《幼儿园教师专业标准（试行）》中提到，幼儿教师要把学前教育理论与保教实践相结合，提升保教工作专业化水平，提高专业能力。③ 中共中央国务院相继发布了《国务院关于当前发展学前教育的若干意见》④《国务院关于加快发展现代职业教育的决定》⑤ 明确了要深化学前教育专业理实一体化教学，优化幼儿教师培养模式。但在实践中，幼儿教师培养的理实结合仍面临两大难题，即“理实”的结构应该是什么，“理实”应该如何结合。

---

① 王晓翌. 地方高校学前教育专业人才培养的新型“理论与实践浇筑模型”研究——以西安文理学院为例［J］. 陕西学前师范学院学报，2019（30）：113－115＋120.

② 魏勇刚. 学前教育理论与实践之争［J］. 今日教育（幼教金刊），2016（09）：9.

③ 教育部.《幼儿园教师专业标准》［S］.［2012］1 号.

④ http://www.gov.cn/zhengce/2018－11/15/content_5340776.htm.

⑤ http://www.gov.cn/zhengce/content/2014－06/22/content_8901.htm.

（一）幼儿教师培养理实结合的简单组合

幼儿教师培养理实结合存在的问题之一在于“理实结合”的简单组合，主要体现在“结合”主体单一、“结合”形式浅层、“结合”流于形式、“结合”方式简单、“结合”评价单一五个方面。

1.“结合”主体单一，理论与实践本质对立

理论与实践关系的问题一直广受争议，理论工作者认为实践者没有遵循科学的理论去行动，实践者认为理论工作者研究脱离实际。关于理论与实践的关系众说纷纭，出现了理论指导实践、理论来源于实践、理论与实践相互促进、理论与实践相统一等众多学说，① 经历了“对立”“同一”“分离”“转化”到如今正在走向“统一”，② 即“理实结合”。但当前的理论与实践的结合仍是单一化的，反应在幼儿教师培养“理实结合”上，就是培养主体单一。幼儿教师既是理论工作者也是实践者，但当前幼儿教师培养却人为地将理论与实践划分在了对立面，形成了两种单一型的培养模式。一种是致力于培养热爱儿童、了解儿童的理论为主的幼儿教师，另一种则是培养具备专业技能的实践型幼儿教师。两种培养模式虽然都有理论与实践的学习，但存在明显的单一化倾向，将幼儿教师工作的理论性与实践性割裂开来，导致幼儿教师培养理实结合不仅没有很好的实现，反而更加凸显了理论与实践的冲突，不利于幼儿教师的职业发展。

2.“结合”形式浅层，理论与实践自成一体

自“理实结合”理念提出以来，形成了多种“理实结合”的幼儿教师培养模式，从结合的形式来看，主要包括两种，一是“知识—技能”、二是“理论—实习”的双主体结合模式。但无论是知识与技能相结合，还是理论与实习相结合，在本质上，都只是将理论与实践简单的拼凑在一起，二者仍是独立存在的个体，并未实现理论与实践的融合。在“知识—技能”结合模式中，只是将理论知识与技能分别作为幼儿教师培养的学习内容，缺乏在真实教学情境中的实践参与。二者自成一体，理论知识的学习不能指导技能的训练，技能的增

---

① 许日华. 教育理论与实践关系的研究现状述评［J］. 上海教育科研，2010（09）：20—23.

② 陈斯琪. 教育理论与实践的关系研究：历史审思与进路探寻［J］. 教育理论与实践，2020（28）：3—7.

强也并不能提高理论基础，相互之间没有促进作用，学生在面临实际教学情景时不知所措。在“理论—实习”结合模式中，理论在一定程度上可以运用于实习，而实习也需要理论的支撑，但只是理论与实习相结合，则忽视了技能训练作为“中介”的重要性，导致理论对于实践的指导性不足，无法在实践中形成自我经验。因此，在实习时，许多学生都无法将所学运用于实践，导致入园后手忙脚乱，所学的理论无从用起。

3.“结合”流于形式，理论知识仍是培养核心

“理实结合”是基于当前新手幼儿教师入职难、适应能力弱、能力不足等多方面问题而提出的人才培养理念。纵观当下许多高校的幼儿教师人才培养的“理实结合”模式，却仅仅只是在形式上，将培养内容分为了理论部分和实践部分。如有的将课程设置为专业基础课、专业核心课以突出理论知识的学习，以校外见习实习突出实践的运用；有的将课程分为专业理论课和技能教法课以凸显理论与实践结合；有的则是将课程设置为理论知识学习与操作练习。但无论是哪一种，在实际操作时，仍是以理论知识学科为主，重在传授理论知识，实践训练则作为附属。如在理论知识与外出实习的时间分配上，大多都是两年半的在校理论学习，一学期的实习时间；在理论课程与技能课程的重要性上，理论学科大多都是必修课程，而技能学科则大多是选修课程；在理论知识与实践训练结合的课程设置上，实践部分也大多只是简单的练习，与实际岗位情境脱节。如果不能找到理论与实践结合的平衡点，仅仅是流于形式的结合，不能解决当前幼儿教师培养的困境。

4.“结合”方式简单，理论与实践依然脱节

“理实结合”即将理论与实践相结合，结合的方法在这个过程中尤为重要。一方面，需要将理论进行内化，从而指导操作练习；另一方面，需要在实地操作中运用所学的理论知识。而要实现这两个方面，作为技能训练的“中介”就尤为重要。在当前的培养模式中，对于技能训练，大多包括两种方式。一是作为独立科目的技能学科，二是作为理论课程运用于实践的技能练习。但无论是哪一种方式，在“结合”上都过于简单，与幼儿园实际工作脱节。首先，仅仅是作为独立科目存在的技能学习，过于理想化，脱离现实，不利于未来实习实践，同时也与专业理论核心课程的学习相距甚远。其次，如果技能训练只是课堂、课后练习，无情境的模拟操作，没有真实化的幼儿园工作场景融入课堂、幼儿园应职岗位要求及工作过程代入课堂中，学生不能身临其境，带入角色进

行训练，这样的技能训练往往成效甚微。

5.“结合”评价单一，专业能力仍被轻视

评价的方式、评价的主体及评价标准是决定评价结果的重要因素。当前幼儿教师培养“理实结合”还没有形成一个适合的、科学的评价体系，导致当前的“理实结合”在实施上存在价值偏离。首先，在评价的方式上，仍是以结果性评价为主，期末考试的分数仍是判断学习成果的最终标准，缺少过程性、能力上的评价。这样的评价方式，导致课程本身的重点依然是理论知识的学习，学生在学习课程时，亦会重理论而轻实践。其次，在评价的主体上，教师是唯一的评价者。不仅仅忽视了学生的自我评价、学生间的互评，同时也缺少相应岗位优秀教师的指导与评价。不仅仅不利于学生的自我反思与实践，同时高校教师自身的特点也决定，在进行技能训练时，对学生的评价针对性不足。最后，在评价标准上，当前对于幼儿教师培养没有系统的标准，不同的评价者、不同的评价方式都会影响评价的结果。

（二）幼儿教师培养理实结合的二元结构

幼儿教师培养理实结合存在的另一个问题就是对于“理实结合”结构的理解存在误区。从“理实”的内涵来看，“理”即理论，“实”即实践，“理实结合”即理论与实践相结合。但理论与实践要如何结合呢？基于对“理实结合”的不同理解，形成了一系列二元结构的幼儿教师培养“理实结合”模式，主要包括三种。一是将“理实结合”视为知识与技能的结合，认为幼儿教师应该具备理论知识与专业技能，对于幼儿教师的培养以专业技能为核心，旨在用理论知识指导技能训练。二是将“理实结合”视为知识和实践的结合，认为幼儿教师应该在实际的工作体验中学习，对于幼儿教师的培养以职业能力为核心，提倡在实践中教、学，注重实地的工作体验及自身经验的提高。三是将“理实结合”定义为知识和问题解决能力的提升，认为幼儿教师应该具备一定的理论知识，能够解决工作中遇到的一系列问题，对于幼儿教师的培养以运用知识解决问题为核心，在知识学习过程中，设置问题情境，引导学生运用理论知识解决相关问题。但无论是哪一种培养模式，对于“理实结合”的理解其实都存在误区，在这三种模式下，理论与实践本质上仍是两个独立存在的个体，两者之间并未真正产生关联，未形成一个整体，导致理论与实践的脱节，培养的幼儿教

师在进入工作岗位后，不能将教育理论有机地转化为自我教育生活体验①，从而指导实践运用。

（三）幼儿教师培养理实结合的三元整合

基于以上对当前幼儿教师培养“理实结合”存在问题的分析，我们不难发现，在运用“理实结合”这一理念的时，对其构成与整合均存在一定的误区。首先，在“理实结合”的构成上，理论与实践是相对独立存在的，理论是一种知识系统，倾向于用抽象的思维方式对教育实践各方面进行概括；实践是一种行为方式，是具体的经验活动。二者本身是无法直接结合的，但二者的内在是统一的。一方面，通过教育实践，个体将教育理论内化；另一方面，通过教育实践可以进一步推进教育理论研究。② 那如何才能做到“理实结合”？就需要利用理论体系和实际问题相关的中层体系将二者联结，将理论知识实践化，让理论知识具有指导性、操作性。而对于幼儿教师培养的“理实结合”而言，这个“中介”就是技能训练。学生需要将理论知识通过训练转化为知识技能，从而将其运用于实践。可见，“理实”不只是理论与实践组成的二元结构，而应该是一个包含知识理论、技能训练与实践教学的三元结构。其次，在“理实”的整合上。单一主体、形式浅层、流于形式、方式简单、评价单一的结合方式，显然不能有效提高幼儿教师培养质量，这样的“理实结合”在本质上理论和实践仍是两个独立存在的个体，二者没有相互影响，一加一，仍然等于二。

因此，想要提高幼儿教师培养模式中“理实结合”理念的渗透，使将来的幼儿教师在毕业后能够更好、更快地适应幼儿园工作，提高新手教师职业适应能力，就必须要解决两个方面的问题，一是如何利用技能训练这一“中介”，将理论与实践结合；二是如何从原来浅层的、形式化的、简单的、低效的组合，转变为“理论知识、技能训练与实践教学”三元一体的深层次整合。

① 王安全. 教育理论与实践结合的自然性与自觉方式 [J]. 黑龙江高教研究，2015 (05)：1-4.

② 曾茂林，柳海民. 教育理论与实践结合的条件及机制 [J]. 中国教育学刊，2009 (04)：444-46.

三、幼儿教师“学训教”整体培养模式

（一）“学训教”整体育人模式的必要性

基于幼儿教师培养的三元整合要求，促使了“学训教”一体幼儿教师培养模式的产生，既满足了“分类培养，精准育人”的需求，又是教学改革的主要途径，为“校地园”协同实施提供了坚实的内部支持。

1. “学训教”整体育人为“校地园”协同实施提供坚实内部支持

“校地园”协同办学模式实现了校企合作，凸显了教育的职业化，推动了人才培养工作创新发展，从根本上解决了人才培养与行（企）业结合不紧、学生创新实践能力不够、合作运行监管不力等问题，“校地园”协同办学落实到到具体的课程教学中，改变了人们对教师、教材、教法的传统看法，三者的深度融合使课程理论学习、技能训练、教育教学实践不再孤立存在，为“学训教”一体的开展提供有利的外部保障。而“学训教”一体真正地做到产学结合、岗位对接，提升了人才培养质量，为“校地园”协同的实施提供坚实的内部支持。两者不仅相互携持、共同发展，还能共同促进托幼一体化教师人才培养的实现和质量的提升。

2. “学训教”整体育人满足职业院校“分类培养，精准育人”的需求

在全国职业教育工作会议上，习近平总书记就加快发展职业教育做出重要指示：职业教育“肩负着培养多样化人才、传承技术技能、促进就业创业的重要职责”，要求“营造人人皆可成才、人人尽展其才的良好环境”“努力让每个人都有人生出彩的机会”。习近平总书记的重要指示为上述问题的解决指明了方向。因此，我国高等教育需要多层化、多元化、多样化的育人模式，“学训教”一体培养模式能提供适合人们需要的高等教育，满足“分类培养、精准育人”的需求。

3. “学训教”整体育人是实现职业院校教育教学改革的主要途径

职业院校在幼儿教师人才培养上存在三大缺陷：一是应用型人才培养规格界定不清，使得人才培养模式的构建及创新存在不确定性；二是专业教育与能力素质教育相互脱节，以至于专业教育对学生能力素质的培养相对弱化；三是理论教学、技能教学、实践教学三大人才培养平台缺乏互动与融合，能力素质培养芜杂而泛化。人才培养计划相互借鉴，课程设置千校一面，同质化现象严重。“学训教”一体培养模式能解决以上问题，实现培养目标的前瞻性、课程体系的实践性、教学方式的创新性、评估评价体系的完整性，成为职业院校教育教学改革中的主要途径。

（二）“学训教”整体育人模式的内涵

幼儿教师“学训教”整体培养模式是指以理论学习的“学”，技能训练的“训”和教育实践的“教”三元整合的育人模式。该模式不仅体现在传统的“校地园”协同办学模式中，更体现在课程教学中，具体表现在理论学习中包含的“训与教”、技能训练中包含的“学与教”和教育教学实践中包含的“学与训”。

“学训教”一体培养模式以“学”为中心，以“训”为关键，以“教”为提升，建起突出产教融合、能力为重、五育并举、全面发展的人才培养模式，这也是高职学前教育人才培养模式改革与实践的探究。该模式的构成要素主要包括科学的人才培养目标、产学研结合的教学方式、技能导向的课程体系、多元务实的评价体系，分析了高职学前教育“学训教三位一体”的实践性内涵，重新定位了培养目标，重构了课程体系，加重实践能力的培养，改进了评估评价体系，体现在课程教学的全过程中，是三元整合背景下的幼儿园人才培养理论和实践结合的高架构表现。

1. 以“学”为中心

创新课堂教学模式与方法。该模式积极推行创造型课堂教学理念，课堂教学的目标就是培养高素质的创造性人才。为实现这一目标，教师在教学中充分发挥学生作为主体的创造性，在教学中积极推行创造性双主体课堂教学的原则：尊重学生的主体地位，发挥教师的主导作用，积极引导培养学生的创造性思维；结合课堂提出问题和课后解决问题作为组织教学的导向，大大提高学生学习的积极性与潜能，达到共享互动学习的目的。

重建课程结构，优化课程内容，多样化分层次培养。根据学生专业水平能力，进行教学教材的安排和重组，根据每个学生的个人条件、能力水平进行多元化的个性方向培养，以市场需求为导向，按照“厚口径、宽基础、多方向、强能力、高素质”的培养要求，科学合理设置课程，进行教材重组优化，充分展示新时代风貌、体现区域经济社会应用型幼儿教师人才培养特色。

课程考核方式的改革。坚持以学生为本，让学生学有所用，充分发挥每一位学生的个性和潜力，积极推行多元化多样化的考核改革，打破统一评分考核的局面。另外，根据平时学生在课堂的学习表现和最终期末考试的结合，得出该学生的期末评价总成绩。

2. 以“训”为关键

以幼儿教师教育教学技能的“训练”为核心，构建课堂与实践相结合的人才培养模式，通过技能实践锻炼，让学生树立教育教学的信心和培养良好的心理素质。教育教学技能是实践性的能力，通过学习实践，检验自己学习进度和能力水平，从而不断推进学习的进步。理论的正确与否必须在技能实践中得到检查和验证，使学生从实践——认识——再实践——再认识的循环中分析探索教育教学技能的规律，巩固所学知识和技能，转换为自身的素质和能力，通过大量的技能活动，开拓学生的视野，调动学习的积极性和创造性。

3. 以“教”为提升

随着普惠性幼儿园的实施，产生了许多专业化、规模化幼教机构，社会对幼教人才的需求强烈。未来的幼教人才不再只是单一的技能人才，将凸显多元化、复合型的人才特点，一方面，幼教人才的培养是专业精尖和大众普及的培养；另一方面，师资培养方向兼有“师范性”特征。

教学实践与课外培养计划的结合，“突出应用”“强化能力”，通过积极推进教学实践，学生自身的教育教学技能、技巧通过实践将各种知识转换为自身的能力，把课堂所学知识和技能运用到课外实际教学中，提高学生教育教学的综合水平，落到实处，磨炼专业技能，全面地体现以用为本，突出实践能力的培养。

综上所述，基于“学、训、教”模式一体化的幼儿教师人才培养模式实现了以学生为中心，突出能力，强化应用，构建创新应用型幼教人才的培养模式，有效地解决了理论和实践的统一，大大地提升了人才的培养质量。

（三）“学训教”整体育人模式的特点

1. 目标突出“职业化”

“学训教一体”使院校人才培养目的更明确，紧密与岗位对接，体现出极强的职业性特征。按照《幼儿园教师专业标准》要求，根据当前市场需要培养德智体美全面发展的，富有创新精神和实践能力，能在园所岗位从事保教工作的应用型高级专门人才。“学训教一体”强调的“实践能力”的培养，实质是知识、技能和态度三位一体的素质结构，这一素质结构需要“校地园协同”，帮助学生在感知、体验中去建构。

2. 模式实现“合作化”

“学训教一体”幼儿园教师人才培养，强调学校教育与一切有益的社会活动相合作，是教育本质的体现。将学校的教学科研与用人单位的保教工作需要紧密地结合起来，强化实践教学及科研成果转化，注重学生实践能力及双师型教师的培养。

校园合作模式既是院校能否办出特色、办出活力的关键举措，是现代学前教育实行改革、走可持续发展之路的基石，又是学前教育工作和幼教师资队伍建设的客观需要，是院校发展的必然要求。实施校园合作，就应采用以学训教结合、双向参与、共赢互惠为基本内涵，以全方位、多层次、紧密型合作为特征的合作模式，是新形势下院校和幼儿园、早教机构发展的共同价值取向。对学校来说，通过合作积极争取实战部门参与教学计划的修订，邀请实战单位专家对教学计划和教学大纲进行论证，征求基层单位意见，以便教学计划更贴近人才培养的要求，确保计划的针对性，进一步深化教学体系改革。通过建立教师联系点制度使教师能及时收到来自一线实战部门大量生动、典型的案例资料，及时进行课题研究，使教学更加紧密地联系一线工作实际。

3. 教学方式实行“实训化”

“学训教一体”幼儿园教师人才培养要求教学方式体现多元整合，从教学内容到教学形式、教学资源等进行整合。院校要紧紧围绕培养教师职业素养高、保教工作能力强的应用型、复合型幼教人才的目标，合理编排贴近园所实际的教学内容，根据实际工作的需要开展教学，加强实践教学环节，将培养师德修养、责任意识及保教技能融入教学。教学方式只有真正实行“面向园所、服务园所、贴近园所、融入园所”，培养的人才具备较强的保教实践能力，才能得到普遍的认同和支持。

院校要突出利用行业教育资源，突出实践环节，努力达成人才培养的“四个共建”。一是和园所共建专业教学。通过聘请园所专家来学院担任专业教师，从事专业课程教学，指导专业技能课程的实训。二是和园所单位共建实习见习教学。通过聘请园所一线骨干指导学生实战顶岗，提升学生实战水平。三是和园所骨干共建课程。专业课教师团队加强与园所专家的交流，完成课程建设。四是与园所单位共建校外实践教学基地。院校除最大限度利用现有校内实训场所外，还要与园所单位共同打造实践教学基地，进一步开发、拓展实践教学基地的功能，使之成为学生见习、课程实习、综合实训和顶岗实习等实践教学活动的固定场所。为有效实施试点教育教学的“四个共建”，在教学实践中推行无缝对接的教与训综合实训模式。

4. 教师素质达到“双师化”

院校为园所培养的保教人才素质高低，在很大程度上取决于院校教师整体素质的好坏。“学训教一体”幼儿园教师培养对院校教师“双师化”提出了要求，要求教师不仅要掌握系统的专业知识，还要具备将知识转化为实践的能力，不仅能指导学生在校学习，也能指导学生在园实践。笔者认为“双师”素质的院校教师基本内涵有两点：一是认为教师既能从事理论教学，也能从事园所保教工作，二是认为教师既能担任教师，也能担任相应岗位的保教人员。

5. 学生管理坚持“精细化”

“学训教一体”幼儿园教师培养体现在对学生管理上，学生应能适应院校和园所的管理。师范生不同于别的专业，将来是面对人的教育，对孩子成长影响极大，学前教育专业师资面向更加幼小的孩子，除了家人，保教人员对孩子影响最大，一言一行都是孩子学习和模仿的对象。诺贝尔奖获得者卡皮察就说过：一生学到的最重要的东西是在幼儿园。“把自己的东西分一半给小伙伴们，不是自己的东西不要拿，东西要放整齐，吃饭前要洗手，做了错事要表示歉意。午饭后要休息，学习要多思考，要仔细观察大自然……”可见幼儿园老师对孩子做人做事的影响有多大了。

所以作为院校，必须要以高标准、严要求培养教育他们。不仅要巩固发挥他们已有的良好习惯与品德，更要不断强化他们作为幼儿教师的政治素质与职业素养，提高学生的个人修养。因此，围绕“重师德、强技能、抓实践”的育人思想，将强化“立德树人”的思想贯穿到教育教学管理始终。不仅在课堂加强素养教育，更要落实在日常生活中多层面、全方位精细化、规范化管理。在制度上，体现管理的严格，从服饰、发饰、语言、礼仪、课堂常规、作息制度就寝等每一个细节都有严格的规定；严格请销假制度，做到“凡出必请”，节假日在寝室设立自卫岗，以控制人员进出情况；开展学生自觉遵守、学生会干部检查、班级互查和教师、辅导员抽查等活动。坚持加强对学生精细化管理，有利于建立良好的学习、训练、生活秩序，确保了教育教学工作的顺利进行。

（四）“学训教”整体育人模式的探析

1. 专业理论课的“学训教”

这里的学前教育专业理论课程，包括理论性较强的学科，如《学前卫生学》《学前心理学》《学前教育学》和理论实践练习紧密的学科，如《幼儿园游戏与指导》《幼儿园教育活动设计与指导》《儿童行为观察与分析》等。传统的学前教育的专业理论课专注于课堂教学，注重理论性和学术性，与今天职教改革大趋势不符。

（1）学前教育专业理论课存在的问题。

学前教育理论课程及幼儿园游戏与指导主要包括《学前卫生学》《学前心理学》《学前教育学》《幼儿园课程》《幼儿园游戏与指导》《幼儿园活动设计与实践》《幼儿教师职业道德和法律法规》《儿童行为与观察》等，这些专业课程对学生将来从事学前教育工作的重要作用显而易见，但尴尬的是，根据笔者多年的观察发现，学生对学前教育专业理论课程的学习热情远不及舞蹈、声乐、美术等专业技能课程。学习目的不明确，方式方法单一，缺乏与幼儿园实际相联系，学生们平时学习随随便便、似懂非懂，考试前抽时间背背基本能应付，但考完即忘记。

专业理论课程具体问题表现在：第一，教学方法和程序单一。高职专业理论课教师大部分习惯于采用讲授法。教学过程大多按部就班，解释概念、罗列类别、阐述关系、说明特点、指出规律、总结意义……“满堂灌”是普遍存在的现象。这样单一的教学方法和呆板的程序无法不令学生感到枯燥、无趣。第二，理论指导实践的功能未能很好落实。部分教师没有把理论指导实践的功能很好地体现出来。课堂上以讲解书本知识为主，较少用相关的实例来解释理论或用理论来分析、解决实际问题的练习。例如，在教学“树立学前教育机构、家庭、社会一体的大教育观”的内容时，教师只注重让学生“知其然”及

“所以然”，基本上都是教材的内容，根本没有或极少使用教材以外现实中的案例来帮助阐释。第三，教师讲授过多，学生参与少或流于形式。整节课都是教师在讲授。在我们的教师看来，应该讲得越细越好，越多越好，要帮学生划重点、难点，提供答案和资料，这样才能体现教师的水平和责任心。学生被动接受，与学习内容并未形成有效的深度交融。①

（2）主要原因。

造成以上问题的原因主要有，第一，课程因素。教学理论陈旧，缺乏吸引力，理论课中的概念、理论对学生来说既空洞乏味，又难以理解，没有舞蹈、声乐、美术等学科形象生动、易理解、易操作。第二，学生因素。学生实践经验不足，对于幼儿的生理特点、心理特点，以及如何利用幼儿的生理、心理特点进行有针对性的观察感到陌生，他们不知道如何灵活运用这些理论知识来促进自己的工作，因此不愿学习。第三，教师因素。学前教育的专业理论课程教学模式，多年来还是以课堂教学为主，课堂教学填鸭式、满堂灌的现象非常普遍，教师在教学中一味地照本宣科，教学单一，甚至死板，课堂无吸引力，所以造成教师讲得筋疲力尽，学生听得迷迷糊糊的现状。

就教学而言，任何脱离实践的单纯的理论说教，难免枯燥乏味，不仅难以引起学生的兴趣，调动学生的热情，而且也难以给学生留下深刻的印象。理论来源于实践，实践永远是理论的源头活水，理论之树只有植根实践才能常青。可以这样说，任何理论的讲授即便再生动，如若不能与实践对接，如若不能让学生感触，就只会让学生拒而远之。现实中，我们一些老师之所以感慨理论知识难教，埋怨学生对理论不感兴趣，不是因为理论本身难教难学，很重要的一个原因是没有找到适合理论教学的科学正确方法。可以这样说，很多时候正是因为理论与实践完全分离脱节，只是就理论讲理论，注定这种教学方法无法赢得学生。

（3）解决办法：“学训教”一体化教学。

首先，重构教材，拓展教育资源。针对教材理论性强，内容枯燥、乏味等问题，教师要有清晰的认识：尊重教材，但不唯教材，善于重构教材。考虑幼儿园和学生实际重构教材，如，针对学生面临教师资格证国考、学前教育专业能力比赛等，选择相应的内容添加到教材中，针对当前幼儿园保教实际合理增删教材内容，增强教材实用性。另外，教师要加强平时素材的积累工作，当

---

① 孟戡. 高职学前教育专业理论课堂教学存在问题及改进策略 [J]. 教育学术月刊，2010 (09)：107—108.

前，信息技术高度发达，除了通常意义的教材，教师还应紧密联系园所实际，收集各类文字、图片、视频、微课、网站等资源，建立自己的素材库，以补充教材的不足。

其次，转变观念，以学生为中心。对于我们从事一线教学的老师而言，当面对学生对自己的理论讲授不感兴趣、学习热情不高时，不妨问问自己有没有尊重学生的主体地位，不妨多多检讨和反省自己在理论与实践相结合上做得好不好？只要我们能够尊重学生的主体地位，将自己的理论讲授与学生的实践体验有机地融合在一起，就一定可以收到如愿以偿的教学效果。

面对新时代见多识广、学习途径多样，但实践能力不足的学生，教师应转变观念，教师要尊重学生的主体地位，改变传统的教学模式和方法，密切结合幼儿园实际，增强教育的有效性和时效性，提高教育质量。如：学前教育专业理论课程《学前心理学》中“幼儿思维特点”，课堂上不仅要让学生了解教材知识，还可以调动学生积极性，引导学生结合图片、案例等资源分析幼儿思维特点，课下学以致用，学生通过观察、个别跟踪调查、幼儿园观摩活动等，通过活生生的幼儿活动进一步了解幼儿思维特点，并针对幼儿思维特点和思维方式设计微活动入园体验。如此，课上课下、校内校外，在亲身学习和实践后，有效帮助学生掌握这一知识点。

最后，产出导向，注重实践经验。实践出真知，“学训教”强调理论学习与实践的联系，美国教育家苏娜丹戴克曾说：告诉我，我会忘记，做给我看，我会记住，让我参加，我就会完全理解。这就是说，任何事情只有让人亲身实践，才能形成深切体会，才能获得真知学问。就理论知识层面而言，它来源于实践，是对实践的归纳总结，往往具有概括性强、抽象度高的特点，一般不太容易理解和消化。但即便理论知识再深奥、再抽象，总是能够在实践土壤中找到鲜活的标本和素材。只要我们用好实践这一鲜活生动的教材，给学生提供亲身体验的机会，就能让他们形成深刻认知，留下难以忘怀的印象。

实践的意义在教学中随处可见。例如帮助学生掌握幼儿阅读活动中自主阅读和师生共同阅读的方式，教师课堂上语言讲解是很苍白的，而如果让学生观摩幼儿园阅读活动，则很轻松就明白了这两种阅读方式的特点和不同。再如，《幼儿游戏与指导》中“建构游戏指导”，课堂上通过教材内容讲解和观摩幼儿园建构游戏活动视频，学生轻松了解了建构游戏的指导要点，再组织学生在游戏室自由建构和模拟开展幼儿园建构活动，帮助学生掌握构造的技能和设计、实施幼儿园建构活动技能，最后，入园观摩幼儿园教师开展的活动，或亲自实施建构游戏活动。这样，通过“学训教”一体化教学，学生掌握了“建构游戏指导”这一知识点，专业知识、职业能力、合作能力便得到了有效提升。

2. 专业技能课的“学训教”

专业技能课在这里指音、体、舞、美、信息技术等技能学科，学前教育专业技能学科学习以产出为导向，学生掌握这些技能是为将来开展幼儿园保教活动做准备的，因此，学前教育专业技能学科学习应凸显其专业性和职业性。但现实中学前教育专业技能课学习存在诸多问题。

（1）学前教育专业技能课存在的问题。

第一，学科孤立，与学前教育脱节。所学艺术课程与幼儿园实际课程有所脱节。长期以来，学前教育专业学生艺术技能培养，常用四个字表达，即“弹唱画跳”，综合起来即是“钢琴、音乐、美术、舞蹈”四类。教师虽然比较重视艺术教育，但过分强调专业技能而忽视与幼儿园艺术教育的结合，造成学科孤立、割裂，学无所用。一些毕业生会弹一些钢琴小曲却不会儿歌弹唱；会针线刺绣却做不出一套像样的玩教具；会一些舞蹈组合却不能根据音乐风格特点创编简单的律动。

第二，时间仓促，学习效果不理想。三年制起点的专科学生，虽说都是从普通高中毕业生中招生的，文化素质比中招生高，但在艺术技能方面却属于起步迟，起点低。因此两年半的时间要掌握乐理与视唱练耳，钢琴基础，声乐舞蹈，绘画手工制作等技能技巧，并要学会如何去向幼儿表达让其接受，显然时间是很仓促的。

第三，重技能训练，轻综合素养提升。艺术课程教学一味关注学生艺术技能学习，不注意学生综合素质、创造性培养。如跟着舞蹈视频学习、照着范画作画等。

（2）主要原因。

第一，课程过于注重专业技能的培养，忽视与幼儿园艺术教育相结合。其二，在教学过程中，一味关注学生的技能学习，通过反复地训练来完成教学，不利于培养学生的创造性。除此之外，目标定位不准确，内容设置不合理，教师教学方法单一也是导致问题的因素。

第二，学生自身存在的问题。一是部分学生无心学习或处于迷茫之中，如一些学生不会及时关注幼教的相关新闻、政策，不明确自己的所需。二是部分学生只重视艺术技能的学习，忽视学前儿童艺术教育的基本知识与原理。三是部分学生受自身创造性和思维限制，不管在美术上还是舞蹈音乐的创编上只会一味地模仿复制粘贴，很少会去创新。四是学生的“迁移能力”不强。对学过的、了解的幼儿特点不会运用到实际上来，只会一味地跟着老师走，教什么学什么，不会从中汲取适合自己和适合幼儿园的，总的而言就是不会学，不会主动学。

第三，教师问题。绝大多数从事艺术学科教学的教师，多数为艺术院校相关专业的毕业生，具备较高的艺术水平和很强的专业功底，但不懂学前教育专业理论和实践。作为学前教育专业的教师来讲，仅有艺术学科技能是远远不够的，还应了解学前教育专业的基本理论和实践情况，掌握幼儿园艺术教育有关知识和技能。

（3）解决办法。

第一，明确目标定位。教师把准艺术教育的大方向，我们才可以引导学生朝着目的地一步步前行。学前艺术教育与专门的艺术教育目的不同，专门的艺术教育以表演为目的，关注舞蹈技巧，学前艺术教育的目的是为今后幼儿园艺术教学的，应对接将来的幼儿园教师岗位。学前艺术教育在充分发挥艺术教育的审美功能，激励学生想象、创造，发展学生个性的基础上，将艺术教育与学前师范教育相结合，指导学生了解幼儿艺术能力发展和艺术学习的特点，在艺术学习与实践中形成从事幼儿艺术教学的基本能力，即以实现学生艺术能力、幼儿艺术教学能力与人文素养的整合发展为根本目标。

第二，加强师资建设。在学前期安排技能课教师到示范幼儿园进行短期行业工作体验，让专业课教师对幼儿园工作情况有比较深入的了解，懂得如何开展学前幼儿教育实践，树立明确的教育目标，平时注意增强学前教育知识的储备，增强教师的教学能力，在今后技能课教学中，有能力对学生做出针对性、实用性的指导，避免出现教学和实践脱节，培养出符合社会需求的幼儿园一线教师和管理者。

第三，改进授课内容。从以往的技术技能训练为主增加对学生的综合素质、创造能力、个性培养。如，幼儿歌曲演唱教学中，教师不仅要关注学生演唱和表演的技能技巧，还应引导学生了解作品背景、欣赏作品内容，思考如何在幼儿园使用该作品。幼儿舞蹈课程亦如此，不过分强调舞蹈基本功训练和舞蹈动作整齐划一的标准化学习，但要丰富学生对舞蹈作品的理解，引导学生了解幼儿舞蹈学习特点，并结合幼儿园实际创造性表达作品，让学生通过舞蹈学习不仅提高自身舞蹈表演技能，同时获得幼儿园舞蹈教学的技能，还能增加认识，发展想象力和创造力。

第四，“学训教”一体化教学。丰富相关艺术理论知识和文化，避免单纯的艺术技能练习。加强与幼儿园艺术教育联系，提高学生艺术教育的保教意识和能力，让学生明白学前艺术教育的主要目的。去幼儿园见习、实习，加强与幼儿园实践联系，在实习过程中学生能清楚地看到幼儿艺术学习的特点，感知幼儿园中艺术的具体运用，感受艺术在幼儿园的作用，有利于学生回校后知道学什么，怎么学。

3. 实践教学中的“学训教”

(1) 学前教育专业实践教学存在的问题。

第一，实践教学资源不足。近年来我国很多高校都开设了学前教育专业，但实践基地少，特别是跟岗实习期间，大批量学生集中实习，对园所数量和质量要求高，幼儿园难以满足学生实习需要。

指导教师数量和质量不能满足学生实践需要。特别是顶岗实习期间，学生过于分散，指导教师的数量远远不够，无法有效指导学生实习。一些学校甚至派出非学前教育专业的教师指导实习，往往指导不到位，在实习过程中不能解决学生难题，满足学生学习需要。

第二，实践教学课程设置不科学。一些院校不重视学生实践教学，没有完善的实践教学课程，学生表示很茫然，不知道看什么？做什么？另外，在实习中，即便院校对幼儿园保教活动有一定要求，但实际上，实习园所因为种种原因，不一定按照院校要求提供学生学习和观摩内容，随意性很大。如五月份学生实习，幼儿园各班正在忙着准备“六一”活动，往往不能为学生展示高质量的保教活动。

第三，实践教学评价不合理。能否对学生实践教学进行合理的评价，对于学生实践教学能力的提升也具有重要影响，但当前，大部分高校学前教育专业对学生实践教学的评价都缺乏合理性，学生实习成绩高得离谱，特别是顶岗实习成绩，98 分、99 分，甚至 100 分。一方面，学生实践教学评价主体较少，大都是由一个指导教师进行评价，所做的评价具有指导教师个人很大的主观性；另一方面，评价的内容也较为单一，重点是进行学生教姿教态的评价，对于学生的教学内容要求不高。

(2) 学前教育专业学生实践教学问题成因分析。

当前我国高校学前教育专业学生实践教学水平较低，具体来说，主要由以下原因造成：首先，高校中缺乏学生实践教学的条件。由于高校缺乏对学前教育专业学生实践教学的重视，在这方面的投入不多，使得学生在开展实践教学时，缺乏完善充足的设施和场所，也缺乏具有专业能力的教师对学生的实践教学进行正确的指导和评价。其次，高校缺乏正确的人才培养目标。当前很多开设学前教育专业的高校，由于缺乏对社会实际情况和需要的了解，在制定学前教育专业人才培养目标时，缺乏合理性，培养目标中缺乏对学生实践教学能力的要求。再次，高校缺乏完善的学生实践教学管理制度。当前很多高校在培养人才的过程中所采取的措施与要达到的目标出现了偏差，规章制度重点是进行课堂教学的管理以及对学生在纪律方面的严格要求，在学生实践教学方面的制度不够完善，如实习内容和要求，实习评价标准等不完善。

（3）解决学前教育专业学生实践教学能力提升的策略。

第一，明确实践教学的重要性。为我国幼儿教育的发展提供更多高质量的教师，必须重视提升学前教育专业的教学质量，明确实践教学的重要性。高校应该根据社会的需要，树立正确的人才培养目标，完善学前教育专业学生实践教学相关的管理制度，为开展实践教学能力提供良好的制度保障。

第二，加大投入力度，改善实习条件。完善校内实训室以及校外实践基地建设，保证建设配套齐全的校内实训室，除了传统的音乐、舞蹈、美术实训室外，应增设与幼儿园工作相关的实训室，比如幼儿看护技能实训室、模拟开展幼儿园教育活动的实训室，凸显学前教育专业自身特色。校外组建近距离、环境好的校外实践基地，不仅保障学生基本教育实习任务，而且还能满足学生个性发展，校内实训与校外实践互为补充，各大高校应拓宽渠道，争取多方面力量筹集资金，改善学前教育实践条件，解决其物质难题。

提高教师教学水平，建设双师型教师队伍。提高教师教学水平，首先，要缓解教师供求问题，随着高校扩招，生源增多，高校应加大招聘力度，聘请高素质专业教师。再次，提高教师自身专业水平，学校应针对学前教育专业教师结构，聘请高学历研究生或者是博士，调整教师结构，引导教师共同提高自身水平。其次，注重教师科研能力培养，发展教师创新能力，共同探究学前教育专业前景，提高本校学前教育专业科研能力。此外，高校应注重开展各种培训交流活动，加强国内外教师间的教学交流和探讨，加强学校和学前教育专业以及相关行业的联系，鼓励教师贴近实际 。

建立多元化实践教学评价体系。将单一评价方式向多样化评价转型，丰富评价内容，不仅注重理论和技能成绩，还要注重将学生理论、技能运用与保教活动的实践能力列为评价内容。另外，评价主体要多元化，将教师、学生自己、小组成员作为评价的主体，引导教师转变一刀切的教学理念，促进师生关系和谐。

四、幼儿教师“学训教”整合培养改革

教育部《关于加强师范生教育实践的意见》指出：幼儿教师的培养要坚持将教育实践贯穿教师培养全过程，整体设计、分阶段安排教育实践的内容，精心组织体验与反思，促进理论与实践的深度融合。教师专业发展的国际研究表明，不少国家在教师教育课程设置、时间安排上将实践以及对实践经验的反思置于教师教育课程计划的核心。[①] 因此，幼儿园教师培养要坚持理论与实践相统一，充分发挥教师的主导性和学生的主体性，既考虑“学训教”的整体性，又要考虑三者的差异性。把幼儿教师培养从目标到过程都建立在实践基础之上，从机制体制、课程建设、教材研发、教学改革、实践基地建设等方面改革，以实践为目的实施整合培养，提升准幼儿教师的职业能力。

（一）幼儿教师“学训教”整合培养改革原则

1. 理论性与实践性统一

理论性与实践性统一是马克思主义的基本原则，有其深刻的认识论根源，这是由二者的辩证关系以及各自的性质和特点决定的。[②] 理论性和实践性两者是相互促进的关系，理论来源于实践，是对实践经验的总结、概括和提升。实践需要理论指导，实践只有在科学理论的指导下，才能向着正确的方向发展。因此只有通过理论性与实践性统一，才能够让学生在理解理论的基础上，实现从理论认同到思想认同再到价值认同的转换，在丰富多彩的实践教学中发挥学生的行动自觉，实现其能力与素质养成的目标。[③]

2021 年 4 月，教育部印发的《学前教育专业师范生教师职业能力标准（试行）》提出了四大能力，即师德践行能力、保育和教育实践能力、综合育人能力和自主发展能力。因此，在幼儿教师“学训教”整合培养过程中，必须坚持理论性与实践性统一。

---

① 张文军，钟启泉．教师教育课程改革的国际趋势［J］．教育发展研究，2012，32（10）：1－6.

② 好成．理论和实践相结合是马克思主义的基本原则［J］．中学政治课教学，1984（03）：35－37.

③ 蔡小葵．思想政治理论课理论性和实践性相统一的理论探析与实践要求［J］．思想理论教育导刊，2020（04）：141－145.

在“学”的过程中要提升学生运用理论进行实操的能力，使学生能够在实践中发现问题，且能够用所学理论知识解决问题。“训”不仅可以提升学生的技能水平，还能增强学生对理论知识的理解，在技能训练时要既关注实践性，又兼顾理论性。学前教育专业学生的“教”是建立在其具备扎实的理论知识和较强的教学技能基础之上的，理论知识为学生的教学实践提供价值导向与目标引领，教学技能直接影响教学实践的组织与实施。“学训教”三者在理论性与实践性方面各有侧重，同时三者是相互包含，你中有我、我中有你的关系，所以幼儿教师“学训教”整合培养需要做到理论性与实践性的统一。

2. 主体性与主导性统一

教育者与受教育者作为幼儿教师教育的两个基本要素，在幼儿教师教育活动中扮演着不同的角色，形成了不同的关系模式。围绕教育者与受教育者的角色定位，学术界形成了主客体论、主体间性论和主导主体论三种观点。主导主体论认为，在教育过程中，教育对象是主体，教育者发挥主导作用。主导主体论抛弃了主客体之争，从教育者与受教育者的角色和功能视角出发，为新时代幼儿教师教育提供了理论指引。①

“教师主导”是教学中的重要部分，教师主导是对教学过程中教师角色的一种阐述，是对教师与学生关系的一种回应。教师主导作用贯穿教学的始终。“学生主体”是教学的基本前提，教学的任务面向的对象为学生，即促进学生的成长与发展。学生作为教学中的主体，其学习是主体性的学习，是自我寻求的主动学习。同时教师的主导与学生的主体是密不可分的，教师是以学生主体地位为基础而起到主导作用，学生的心智仍处于发展变化中，所以其在学习实践的过程中需要教师的指导。② 幼儿教师“学训教”整合培养需要遵循以学生为主体，以教师为主导的教育理念，并在人才培养的过程中实现主体性与主导性的统一。

“学”的过程是学生主体在学习过程中有意识寻求在知识、技能、情感、价值观等方面的发展，以满足幼儿教师岗位的需要。但若没有教师的指导，学生的学习很可能会陷入盲目与迷茫的境地。“训”需要学生积极发挥主观能动性，主动争取并充分利用各种技能训练的机会，也离不开教师在技能训练中的

---

① 刘园园. 高校思政课“坚持主导性和主体性相统一”的多维审视 [J]. 教育理论与实践，2020，40 (27)：26-29.

② 王辉，陈淑清. 教师主导与学生主体的内涵与实践路径研究 [J]. 长春教育学院学报，2018，34 (12)：13-16.

合理安排与正确指导。“教”即学生综合运用所学知识与技能开展教学实践，这需要学生充分发挥主体性进行教学准备、教学展示以及教学反思，教师则要发挥主导性，合理安排学生的教学实践，并对实训中存在的问题给予恰当的指导。因此在幼儿教师“学训教”整合培养之中，既需要学生充分发挥自身积极性，认真进行理论学习、技能训练和教学实践，又需要教师落实主导责任，切实对学生的学习、技能训练和教学实践进行合理的安排与有效的指导，教师与学生之间密切联系、高效互动，实现主体性与主导性的统一。

3. 整体性与差异性统一

整体性指的是各个要素之间不是彼此孤立的，而是作为一个整体存在的；差异性则是说各个要素之间并不是完全相同的，要素间在结构、特征、作用等方面存在一定的差异。在事物的发展中，既要从整体的角度去把握问题，也不能忽视事物中各元素之间的差异，要合理利用其差异促进整体的更好发展。“学训教”一体整合幼儿教师人才培养也要处理好整体性与差异性之间的关系，实现两者的统一。

“学训教”三者具有差异性，它们的内涵、特点均不相同，在幼儿教师的培养中发挥着不同的作用。“学”是学生通过听、读、实践等途径获得知识的过程。学生可以在“学”中获取幼儿教师所应具备的理论知识。“训”是指按照人才培养目标对学生进行反复实践或训练的教学过程，学生可以通过“训”获得相应的教学技能，满足幼儿教师的专业技能要求。“教”则是指学生的教学实践，学前教育专业的学生只有通过教学实践才能够将所学理论与所掌握的教学技能相结合，真正具备开展幼儿教育的能力。“学训教”三者分别注重理论、技能和实操，在幼儿教师的培养中同等重要。

同时，“学训教”三者均属于“学训教”一体的培养模式，因此还要从整体上进行把握，关注三者间的联系。“学训教”三者是互相包含的。“学中有训，训中有学”，学生在知识、技能的学习中需要不断地进行练习，实现知识与技能的掌握，同时技能训练的过程，也是再次进行学习的过程；“训中有教，教中有训”，在技能的训练中，创设一定的教学情境，在情境中进行训练能够有效提升训练的效果，同时教学实践也可看作是很好的技能训练的机会；“学中有教，教中有学”，学生的学习是为了能够实际地开展幼儿教育，因此在学习中很重要的一部分内容便是教学实践，而在教学实践中学生会对所学知识与技能进行实践性反思，发现学习中的不足，重新开启新的学习。“学训教”三者彼此相互联系、相互促进，统一于幼儿教师人才培养这一整体。

（二）幼儿教师“学训教”整合培养改革思路

1. 创新幼儿教师人才培养体制机制

高校的核心使命是人才培养，面对飞速发展的现代科技和教育，高校应该在怎样的体制机制下改革创新，才能实现人才培养目标，这是值得每一位教育工作者关注和探究的问题。因为它关系到教学各项工作能否顺利、协调开展，教师从事教学工作的积极性和主动性能否得到发挥，教学效果、教学质量、人才培养目标能否实现。①

党的十八届三中全会指出，“创新高校人才培养机制，促进高校办出特色争创一流”。人才培养机制，是一种培养人才应遵循的相应规律。高校人才培养机制改革应当在探索多样化人才培养机制的基础上，紧密结合高校自身专业设置特点，充分体现自己的办学特色，探索形式多样的“产学研一体化”人才培养机制，大力加强与社会、企事业单位的联系与合作，加大订单式教育，从而提高人才培养的有效性，切实提高大学生的实践能力、创新精神和社会适应性。②

当前高职学前教育专业人才培养面临如下现实困境：社会对高职毕业生的认同感较低，学生成长成才信心受挫；教育实践安排欠科学，效果不理想，没有彰显高职教育类型特征；“双师型”教师偏少，难适应新时代人才培养需要。③

幼儿教师“学训教”整合培养体制机制创新。第一，要明确人才培养类型，科学把握目标定位。认真分析高等职业教育发展趋势，对接托幼一体化，突出“全人+特长”的育人理念，深化“五育并举”人才培养综合改革，确立培养“有理想信念、有道德情操、有扎实学识、有仁爱之心”的幼儿教师教育人才和具有实践能力、创新精神和社会适应性的应用型人才目标。

第二，要修订人才培养方案，适应行业市场所需。坚持专业与职业对接，课程与岗位对接，以地方托幼产业为依托，邀请行业、企业专家加入专业建设委员会，围绕地方经济社会发展需求，合理定位学前教育专业发展目标，形成

---

① 刘薇娜. 工科高校机械人才培养体制、机制优化研究［J］. 教育信息化论坛，2018（11）：3—4.

② 陈俊. 高等院校要准确把握十八届三中全会对教育改革的新要求［J］. 太原城市职业技术学院学报，2014（02）：64—65.

③ 曾新荣. 新时代高职学前教育专业人才培养研究［J］. 教育与职业，2021（06）：94—97.

特色专业群，修订人才培养方案。

第三，要加强教师队伍建设，提升人才培养能力。《国家职业教育改革实施方案》提出，“到2022年，职业院校‘双师型’教师（同时具备理论教学和实践教学能力的教师）占专业课教师总数超过一半，分专业建设一批国家级职业教育教师教学创新团队”。教育部财政部《关于实施中国特色高水平高职学校和专业建设计划的意见》（即“双高计划”）指出，以“四有”标准打造数量充足、专兼结合、结构合理的高水平“双师”队伍。促进双师型教师队伍建设，要按照“内部打造、外部引进、专兼结合”的思路，建立健全教师培养制度，加强教师梯队建设，着力打造一支专兼结合、素质过硬的“双师型”教师队伍。①

第四，要逐步完善各项制度，规范实践教学体系。要按照幼儿教师“学训教”整合培养要求，从制度建设入手，修订和完善有关课堂教学、实践教学、教学研究与改革等系列规章制度及质量检测体系，采取组织听课、经常检查、评教评学、综合考察、质量跟踪等方式方法进行质量检测、过程管理。

2. 改革幼儿教师人才培养课程体系

课程是教育的载体，是人才培养目标的具体化，课程结构影响着高校学前教育学生的素质结构与能力发展，课程水平影响和决定高校学前教育专业学生的素质水平。② 课程体系是实现人才培养目标最根本的途径，没有完善的课程体系是很难达到既定的人才培养目标。改革幼儿教师人才培养课程体系可以从以下三方面着手。

（1）理念是实践的先导，想要改革幼儿教师人才培养课程体系就需要转变教育理念。当前高校培养幼儿园教师的专业理念正逐步向教师教育过渡，但绝大多数院校的学前教育专业的课程体系和教育教学理念仍然比较传统，继续沿袭着学科化、理论化、学术化的倾向，从而导致出现课程体系滞后、课程结构不合理、教育理念僵化等问题。教学人员的知识结构仍然局限于教育学、心理学、教学法三门必修课程，局限于“老三门”之中而不愿意创新。一些高校的学前教育专业重理论、轻实践，有的不愿意实践，认为实践很麻烦，所以实践课程的比例在整个课程比例中的比重很低。学生还是和多年前的学生的学习模

---

① 曾新荣. 新时代高职学前教育专业人才培养研究［J］. 教育与职业，2021（06）：94－97.

② 梁钊华. 全实践教育理念下高师学前教育人才培养模式的新思考［J］. 玉林师范学院学报，2012，33（01）：125－129.

式一样，死记硬背，考试的时候就是一味地背笔记。一些高等院校学前教育专业教育师范性不强，学生的职业技能薄弱，他们的教师教育专业素养与其他专业学生相比没有突出的优势，同时忽视了教师职业信念和创新能力的培养。这些都直接导致学生专业技能和素养下降，与人才培养目标不衔接。①

早在2012年2月教育部印发的《幼儿园教师专业标准（试行）》就突出强调了四个基本理念："师德为先、幼儿为本、能力为重、终身学习。"其中，幼儿发展为本是其基本理念，所以课程体系的建构要具体体现幼儿发展为本的思想。结合教育部关于大力推进教师教育课程改革的意见，学前教育专业的课程设置应体现"厚基础、强能力、重融合"，掌握学前教育的基本理论、基础知识、实践操作技能，又强调特色培养和能力融合。

（2）学前教育的课程设置还要与幼儿教师这一岗位进行对接。要以学前教育专业岗位群的工作流程、环境、规范以及素质、能力、知识要求为导向，分析学前教育专业岗位群所需要学习的领域和内容，打破以知识传授为目的和特征的学科型课程体系，建立理论与实践相联系，以技能为导向的课程体系。②

（3）高职院校要以打造特色高水平专业群为契机，完善专业群平台课程建设。在深入企业岗位一线调研的基础上，以前瞻的眼光洞察行业发展趋势，将新理念、新规范、新技能等融入专业教学资源和教学过程，将企业的岗位职业标准纳入专业群的课程教学内容，按照职业标准制定相关课程的考核标准，实现课程内容与职业标准对接。③

因此，幼儿教师"学训教"整合培养，必须重构科学合理的课程体系，注重专业技能的培养发展，加大教育教学实践、实训课程的比例，延长教育见习、实习的时间，以增加课程的实用性和提高学生的教育实践能力。将学生的所学实际运用到"训"和"教"的过程之中。学生的"学"和"教"都要联系实习、实训，"学训教"三个环节都要联系幼儿教师的岗位需求。

3. 编写幼儿教师人才培养新型教材

2019年1月，《国家职业教育改革实施方案》提出了"三教"（教师、教材、教法）改革的任务，这是新时代职业教育改革发展的重中之重。在"三

---

① 包根胜. 基于新标准的专科层次学前教育专业实践导向全方位课程体系建构的思考［J］. 淮南师范学院学校，2015（03）：117－120.

② 胡秋云. 高职学前教育专业人才培养模式的改革与实践研究——以漳州城市职业学院为例［D］. 厦门：厦门大学，2013.

③ 曾新荣. 新时代高职学前教育专业人才培养研究［J］. 教育与职业，2021（06）：94－97.

教”改革中，教材是育人之纲，是改革的基础，是教师实施教学改革的重要载体和有效途径，是学生获得知识的工具与媒介，是连接教师、学生、课堂的桥梁与纽带。教材建设涉及教学内容、教学方法与手段、教学媒体等方面，既是对教学内容体系的重构，也是一套系统完整的教学解决方案，对教学改革具有重要的推动作用，是促进高水平人才培养的重要资源，直接影响到教学的效果与教育的质量。①

目前学前教育专业的教材存在的主要问题是偏重理论化，学理性较强，学生在知识的理解方面存在一定的困难，同时在进行技能训练和试讲试教中，多数现存教材难以发挥应有的作用，以致学生在“训”与“教”的过程中，缺少教材的支撑。同时现有教材书本式的呈现形式主要适用于教师的教学和学生的学习，不便于学生在实训中的运用，这就需要变革现有教材，编写基于信息化资源和行业标准的“职场化工作手册式”“新型活页式”“融媒体式”等新型的学前教育教材，使其兼具指导学生理论学习、技能训练和教育实践的三重功用。

编写幼儿教师人才培养新型教材，要注意以下几个问题。

第一，落实立德树人根本任务。教材编写坚持德育为先、育人为本、能力为重的指导思想，厚植爱国情怀，养成师德素养，培养社会需要的卓越幼儿园教师。

第二，坚持产出导向的教育理念。强化学生职业素养养成和专业技能积累，将专业精神、职业精神和创新精神融入教材内容。实施“双元”合作开发教材，吸收幼儿园一线教师、学前教育研究机构科研人员等深度参与教材编写，将行业发展的新要求、新特点、新理念、新规范纳入教材内容，反映典型岗位群职业能力要求。坚持需求导向，围绕深化教学改革和“互联网职业教育”发展需求，探索开发课程建设、教材编写、配套资源开发、信息技术应用统筹推进的新形态一体化教材；适应“1＋X”证书制度试点工作需要，将教师资格证、育婴师、幼儿照护等职业技能等级标准有关内容及要求有机融入教材内容，推进证书融通、课证融通，有效提升学生的职业能力。

第三，突出以学为主的体例结构。教材应通过有针对性的案例分析，将理论与实际紧密而明确地联系起来，引导学生把所学的理论迁移到未来的教育实践中，强化培养学生的教育实践能力。在内容安排上要体现出清晰的内在逻辑

① 高闰青．高职院校学前教育专业教材改革背景与编写思路［J］．中国高等教育，2020，(23)：60－62．

联系，对传统教材的繁、难、偏、旧内容进行修正，重构知识体系，突出基础性、实用性。教材还要尽可能反映当代国内外学前教育的最新研究成果，更加突出时代性和现实针对性。

第四，体现专业特色的教材内容。教材内容要按照国家最新教学标准的要求，统筹考虑学前教育专业人才培养中对学生素质、知识、能力的相关要求，着力推进以项目学习、案例分析、典型工作任务等为主的学习方式，根据教育类专业知识体系的逻辑性设计教材内容与结构，有力支撑人才培养目标和毕业要求的达成度，充分彰显新师范与新职教的时代性。①

4. 改革幼儿教师人才培养教学模式

教学模式是指依据一定的教学思想和教学理论而形成的，相对稳定的、系统化和理论化的教学活动的范型。教学模式是教学理论联系实际具体化，又是教学经验的一种系统的概括，教学模式直接关系到最终的学习成效。有研究者发现在我国大多数高职院校学前教育专业教学实践中，“传授—接受”这种传统的教学模式使用最广泛、影响最大，被用于系统知识、技能的传授和学习。而这种传统的教学模式以老师为中心、书本为中心和课堂为中心，往往容易形成老师单向灌输，作为认知主体的学生在整个教学过程中都始终处于被动地接受知识的地位，学生学习的主动性容易被忽视，甚至被压抑。

2018 年 4 月教育部印发的《教育信息化 2.0 行动计划》指出：没有信息化就没有现代化，教育信息化是教育现代化的基本内涵和显著特征，是“教育现代化 2035”的重点内容和重要标志。幼儿教师“学训教”整合培养必须采用现代化、信息化教学技术手段，全面建设智慧化校园教学及管理系统，加强数字化图书馆建设，推进图书馆建设与信息化教学资源深度融合，建立课堂与实训（验）室数字化教学，推动教师教学方法、学生学习方式的转变，实现“互联网+教育教学”现代教育发展模式，增强教学的有效性。

（1）在学前教育专业课程教学中，可以通过互联网+教育模式建立学习共同体。鼓励教师开发和使用 MOOC 课程，大力推进翻转课堂、网上交流等教学方式。依托“学习通”“智慧职教”等网络学习平台，推进自主、泛在、个性化应用。在师生互动交流过程中，教师可以与学生在线交流，通过微博、微信与网络平台等进行学前教育专业问题讨论。在网络模式教学过程中，教师可

---

① 高闰青. 高职院校学前教育专业教材改革背景与编写思路 [J]. 中国高等教育，2020，(23)：60—62.

以将各种资源集合起来，对课程教育内容进行提炼，使教学内容更加丰富，帮助学生解答各种疑难问题。

（2）在实践课程教学环节中，教师可以通过网络教育模式开展虚拟仿真、VR技术等实验实训操作技能环境，为学前教育专业学生实践学习提供活动场所，弥补高等院校实践教学缺陷。

（3）全覆盖开展专任教师信息化教学能力培训，提升教师互联网＋高职教育教学技术应用能力。完善现代教学质量监控与评价信息技术手段，科学开展质量管控与课堂教学评估，构建“学、训、教”一体化的专业教学生态，研制托幼一体化的“智慧＋”课程资源。

5. 完善幼儿教师人才培养实践基地

实践教学基地是理论联系实际的主要纽带，也是实现高等教育内涵式发展的重要突破口，学生需要通过实践教学基地内化知识、强化技能，实现由“学校人”向“社会人”的过渡。[①] 实践教学基地是办好学前教育重要的基石。同时，“实践教学基地是学生了解社会和接触生产实践的重要窗口，它不仅给学生提供实习的场所和参加社会实践活动的机会，融会贯通，激发创新意识，而且还为教师提供教学素材，也为专业课程知识补充和更新提供可能，丰富专业课程体系”。[②] 因此，作为培养学前教育专业学生实践能力的重要载体——实践教学基地的建设，尤其重要。

根据地理位置，实践教学基地一般分为校内、校外两种形式。校内实践基地是学生完成实践教学任务、培养实践能力并形成职业素养的主要场所，而校外实践基地使高职学生与职业技术岗位“零距离”接触，是校内实践基地的必要补充。

目前大多数高校学前教育专业实践教学基地面临以下困境：校内实训基地建设因资金缺乏、扩招等因素导致实训室统筹规划不系统、数量和种类不足；校外实践教学基地因园校合作不深入、缺乏“双师”指导教师等因素导致基地建设同质化、功能单一、缺乏全面性。严重制约学前教育专业人才培养质量的提升。

幼儿教师“学训教”整合培养需要不断丰富和扩大专业实践基地，加强校

---

① 王汉民. 学前教育专业实践教学基地内涵建设策略探究［J］. 贵州师范学院学报，2016（06）：52—55.

② 戴克林，龚兵丽. 应用技术型人才视野下新建地方高校实践教学基地建设与管理研究［J］. 实验技术与管理，2014（12）：199—202.

内外实践教学基地的管理，更加充分地发挥实践基地在培养学生专业实践能力等方面的独特作用。

第一，要成立校内实践基地管理中心。根据国家相关政策和学前教育专业发展需要科学规划、整体设计校内实践教学基地；完善校内实践教学基地管理办法，出台相关管理制度，明确教务处、二级学院、国有资产管理处等相关部门的职责，实施精细化管理，完善评价机制。

第二，协同建设长期稳定的校外教学实践基地。遴选一批办园水平高、有特色的、兼顾各种办园类型及园所位置实践教学基地群；出台教师下园挂职锻炼、聘请一线名园长和骨干教师兼课的“双导双兼”制度，打造“双师”师资队伍。

第三，实施共建共享实践教学基地，在幼儿园建立实践教学基地的同时，对幼儿园开放校内实训室，邀请小朋友到校参与教学活动，形成“园中校、校中园”格局，实现资源共建共享。

下　篇

改革实践

第一章 成渝地区幼儿教师培养模式改革调研

随着国家学前教育公平普惠政策的逐步推进，成渝地区的学前教育改革初见成效，普惠性幼儿园覆盖率持续增加，学前教育毛入园率得到提升，成渝地区基本解决“入园难、入园贵”的问题，学前教育从“幼有所育”向“幼有优育”转变，向高质量发展阶段稳步推进。作为“儿童的引路人”，幼儿教师的培养和发展成为提高学前教育质量的关键。本章主要介绍了新时代背景下成渝地区幼儿教师人才需求状况、当前幼儿教师培养模式以及学前教育专业学生的学习满意度，为探索新的幼儿教师培养模式提供思路。

一、成渝地区幼儿教师人才需求调研

学前教育均衡发展持续推进，幼儿教师需求量不断增加。学前教育是国民教育体系的重要组成部分，中共中央、国务院 2018 年下发的《关于学前教育深化改革规范发展的若干意见》中提出：“到 2020 年，全国学前三年毛入园率达到 85%，普惠性幼儿园覆盖率（公办园和普惠性民办园在园幼儿占比）达 80%。广覆盖、保基本、有质量的学前教育公共服务体系基本建成。”① 2020 年全国教育事业统计结果显示，2020 年全国共有幼儿园 29.17 万所，入园儿童 1791.40 万人，在园幼儿 4818.26 万人，其中普惠性幼儿园在园幼儿 4082.83 万人，普惠性幼儿园覆盖率达到 84.74%，幼儿园共有专任教师 291.34 万人，学前教育毛入学率 85.2%②，2018 年目标基本实现，但仍然有部分儿童未入园学习。此外，2021 年 5 月 31 日，为积极应对人口老龄化问题，中共中央政治局召开会议并指出，为进一步优化生育政策，实施一对夫妻

① http://www.gov.cn/xinwen/2018-11/15/content_5340776.htm.

② https://www.eol.cn/shuju/tongji/jysy/202103/t20210301_2079508.shtml.

可以生育三个子女政策。[①] 2021 年 6 月，《中共中央 国务院关于优化生育政策促进人口长期均衡发展的决定》就实施一对夫妻可以生育三个子女政策做了具体落实，包括：取消社会抚养费等制约措施、清理和废止相关处罚规定，配套实施积极生育支持措施，鼓励和支持有条件的幼儿园招收 2 至 3 岁幼儿等。学前儿童的增多必然导致社会对幼儿教师的需求量剧增，这就要求幼儿教师人才培养必须适应学前教育对象年龄前移等一系列新变化。

学前教育质量不尽人意，幼儿教师素质亟待提升。为了提高幼儿教师队伍的整体质量，教育部、国家发展改革委和财政部接连颁布了《关于深化教师教育改革的意见》（教师〔2012〕13 号）、《幼儿园教师专业标准（试行）》和《关于加强幼儿园教师队伍建设的意见》（教师〔2012〕11 号）等一系列文件。“十四五”规划中提出“完善普惠性学前教育……学前教育毛入园率提高到 90％以上”[②]，要想实现这一目标，师资队伍建设是关键，要“建设高素质专业化教师队伍”。

（一）成渝地区幼儿教师行业整体发展现状

1. 成渝地区幼儿园、教师数量及在园幼儿数量

查阅相关统计数据，从四川省成都市和重庆市最新统计数据来看，可得出以下两个结论。

第一，成都幼儿园、专任教师及在园幼儿数量对比重庆市相对较少。从地理面积上看，重庆地域相对成都较广，第七次人口普查数据显示，重庆市人口超过三千万，达 3205.4 万，成都人口超过两千万，为 2093.8 万，因此重庆市幼儿园、专任教师及在园幼儿数量相比成都较多属于正常现象。

第二，成渝地区幼儿教师数量不足，生师比较高。2019 年数据显示，成都市幼儿园的平均生师比为 14∶1，四川省整体平均师生比为 21∶1，重庆市幼儿园的平均生师比为 19∶1，幼儿园的生师比都呈现出不合理的状态，远远超过国家规定的 7∶1，见表 1。

---

① https://baike.baidu.com/item/中共中央、国务院关于优化生育政策促进人口长期均衡发展的决定/58047539?ft=aladdin

② https://baike.baidu.com/item/中华人民共和国国民经济和社会发展第十四个五年规划和2035年远景目标纲要/56266255?fromtitle=十四五规划&fromid=4322373&fr=aladdin#6_14

表 1　成渝地区幼儿园、教师数量及在园幼儿数量基本数据统计[①]

	幼儿园数量（个）			在园专任教师数量（人）			在园幼儿数量（人）		
年份	四川	成都	重庆	四川	成都	重庆	四川	成都	重庆
2017	13243	2366	5210	117052	36466	44327	2625168	543564	958667
2018	13396	2528	5607	122972	39198	47880	2608595	565180	963121
2019	13568	2630	5660	128724	42284	50522	2644188	603530	982526

2. 成渝地区幼儿教师学历水平、资格证书及专业要求和培训情况

为了了解成渝地区幼儿教师学历水平、资格证书及专业要求和培训情况，通过访谈的形式，随机访谈了成渝地区多所幼儿园园长。访谈结果显示，大部分幼儿园幼儿教师普遍具有专科及以上学历，幼儿教师本科学历者最多，其次是专科学历幼儿教师，具有研究生及以上或高中及以下学历的教师数量都较少，由此可见，绝大部分幼儿园对幼儿教师的学历要求是大专及以上，这也预示着本科学历将成为未来一段时期幼儿教师必须具备的学历水平。

在教师资格证书持有及专业要求方面，成渝地区各区县受访者表示，大部分在职幼儿教师具有幼儿教师资格证，教师资格证已成为幼儿教师入门必备的敲门砖之一，因此，教育行政管理部门和幼儿园应该不断鼓励幼儿教师提高自身专业性，持证上岗。此外，大部分受访者还表示幼儿园更倾向于招聘学前教育专业毕业生，幼儿教师专业对口程度高，这也表示以后的幼儿教师必定要走专业化、科学化育儿的道路。

此外，受访者表示，在幼儿教师专业发展方面，园内教研活动较多但外出培训活动较少，幼儿教师的培训频率普遍较低，乡镇幼儿园教师参加培训的频率比区县低，低等级园所教师参加培训频率比高等级园所教师低。教研活动与培训对幼儿教师的工作确实有帮助作用，国家、地方政府及幼儿园都应该不断加大对幼儿教师的教研活动和培训活动的组织力度，同时加大对民办幼儿园的培训，提高其应用性和操作性，从而提升幼儿教师的工作能力。

（二）成渝地区幼儿教师人才需求调研结果

为了进一步了解幼儿教师行业发展现状及幼儿教师人才需求状况，2021

① 《国家统计局》中国统计年鉴 http://www.stats.gov.cn/tjsj/ndsj/

年6—7月在四川、重庆展开调研活动，以成渝地区幼儿园园长、幼儿教师为调查对象，采用问卷调查、随机抽样的方式，确定了本次调研的150名调查对象。调查对象主要包括幼儿园园长及教师，受调查者年龄分布于19—50岁，以中青年教师为主，其中只有6名男性教师。受调查者学历包含大专、本科及研究生，以大专和本科学历为主，见表2。

表2 受调查者基本信息

年龄段	百分比	学历	百分比
20岁及以下	8.67%	中专及以下	0
21—30岁	58.66%	大专	43.33%
31—40岁	25.33%	本科	55.33%
41岁及以上	7.33%	研究生及以上	1.33%

本次调研所获得数据从幼儿教师数量及岗位需求、基本要求、专业知识、专业技能、专业理念与师德以及未来展望四个维度来进行分析。

1. 数量及岗位需求

（1）数量需求。

总体看来，近两年成渝地区幼儿园对幼儿教师有一定的数量需求。本次调研针对幼儿园教师数量需求设置相关问题“贵园近两年新招聘幼儿教师的数量是?”“贵园近两年新招聘应届毕业生，占招聘总人数的?”“贵园未来一年是否有招聘新幼儿教师的打算?”调查结果显示，成渝地区近两年幼儿园新招聘幼儿教师数量差异较大，具体调查结果如图1所示。

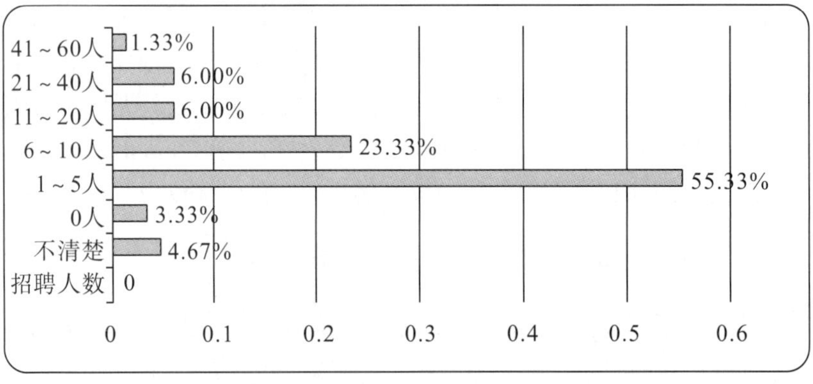

图1 近两年成渝地区幼儿园新招聘幼儿教师数量

如图 1 所示，除了 4.67%左右的受调查者反应不清楚、不知道其所在幼儿园近两年新教师招聘数量以外，近 55.3%的受调查者表示其所在幼儿园在过去两年中新招聘幼儿教师 1～5 人，23.33%的幼儿园新招聘幼儿教师 6～10 人，13.33%的幼儿园近两年新招聘幼儿教师数量在 11～60 人之间，仅有 3.66%的幼儿园近两年没有新招聘幼儿教师。

进一步了解成渝地区幼儿园近两年新招聘应届毕业生占招聘总人数的百分比可知，见表 3，成渝地区大多数幼儿园近两年新招聘应届毕业生在幼儿教师招聘总人数的 50%以下，大部分幼儿园招聘过程中还是会优先考虑具有更多经验的成熟型幼儿教师。

表 3　幼儿园近两年新招聘应届毕业生占总招聘人数的比重

幼儿园近两年新招聘应届毕业生占招聘总人数的百分比	小计	比例
1%～25%	90	60%
26%～50%	20	13.33%
51%～75%	15	10%
76%～100%	16	10.67%
0%	9	6%

为了了解幼儿园未来一年的招聘计划，本次调研设计了开放性填空题“贵园未来一年是否有招聘新幼儿教师的打算？（若无，填无即可）若有，拟招聘幼儿教师的数量为？”

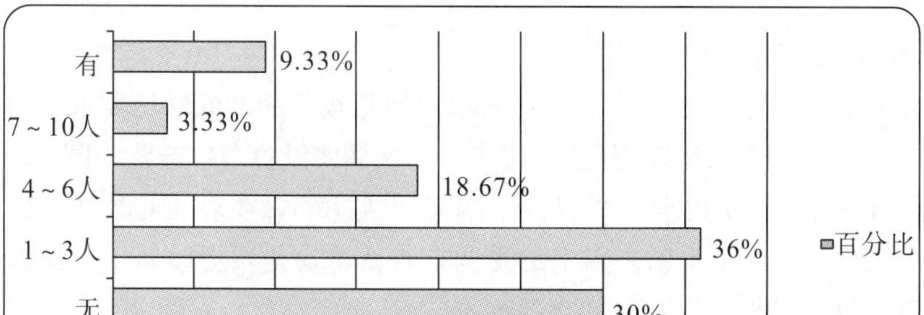

图 2　未来一年拟新招聘教师数量

如图 2 所示，除了 2%的受调查者不清楚未来一年所在幼儿园是否有招聘新幼儿教师的打算以外，30%的受调查者表示未来一年所在幼儿园无招聘新幼儿教师的打算，但 68%的调查者仍表示未来一年所在幼儿园有新招聘幼儿教师的打算，且 36%的幼儿园拟新招聘幼儿教师 1～3 人，18.67%的幼儿园拟新招聘幼儿教师 4～6 人，还有 3.33%的幼儿园拟招聘幼儿教师 7～10 人，调查结果显示幼儿园对幼儿教师数量的需求仍然较大。

（2）岗位需求。

从岗位需求来看，专职幼儿教师为幼儿园急需的专业人才。本次调研设置了单项选择“贵园急需的学前教育专业人才是?”见表 4，受调查者反映目前幼儿园急需学前教育专业人才以专职幼儿教师为主，其次是教辅人员（实习生）、卫生保健人员、行政人员（教研组长等中层干部），最后是保育员。

表 4　幼儿园急需学前教育专业人才

幼儿园急需的学前教育专业人才	小计	比例
保育员	5	3.33%
专职幼儿教师	96	64%
卫生保健人员	15	10%
行政人员（教研组长等中层干部）	7	4.67%
教辅人员（实习生）	12	8%
不需要	15	10%

2. 基本条件

（1）学历层次要求。

总体来看，“大专”是多数幼儿园招聘幼儿教师的最低学历要求。为了了解幼儿园对应届毕业生学历层次的要求，本次调研设置了单选题“贵园对幼儿教师的最低学历层次需求为?”调查结果显示见表 5，在对幼儿教师的最低学历层次的要求上，合计 92%以上的受调查者认为幼儿园更倾向于选择大专及以上学历幼儿教师。

表 5 幼儿园对幼儿教师的最低学历层次要求

选项	小计	比例
本科及以上学历	21	14%
大专学历	117	78%
中职学历	6	4%
中职以下学历	0	0%
学历不重要，能够胜任就好	6	4%

此外，如要招聘新的幼儿教师，50%的受调查者表示幼儿园将优先考虑本科及以上学历，合计 92.67%以上的幼儿园将优先考虑大专及以上学历，这与上述的调查结果一致，见表 6。

表 6 幼儿园新招幼儿教师优先考虑的学历层次

选项	小计	比例
本科及以上学历	75	50%
大专学历	64	42.67%
中职学历	0	0%
中职以下学历	0	0%
学历不重要，能够胜任就好	11	7.33%

（2）职业资格证书要求。

从入职条件看，幼儿教师至少应当具备职业资格证书。为了了解幼儿园对应届毕业生职业资格证书和专业能力证书要求，本次调研设置了多项选择“贵园对应届毕业生职业资格证书的要求?”调查结果显示，98.67%的幼儿园要求应届毕业生必须要有幼儿教师资格证书，其次幼儿园比较重视普通话证书，71.33%的幼儿园认为应届毕业生需要具备普通话证书。在这个信息极速发展的时代，22%的幼儿园希望应届毕业生能够掌握计算机技能，18%的幼儿园期望应届毕业生具有钢琴舞蹈等级证书，15.33%的幼儿园提出应届毕业生需要具备保育员证，3%的幼儿园希望应届毕业生能够具有育婴师证，近 5%的幼儿园可能还希望应届毕业生具有其他职业资格证书。但受调查者也指出，学前教育专业的学习也“不要广撒网，要学得精而深”，见表 7。

表 7 幼儿园对应届毕业生职业资格证书要求

职业资格证书	小计	比例
教师资格证书	148	98.67%
育婴师证	5	3.33%
保育员证	23	15.33%
普通话等级证书	107	71.33%
计算机技能等级证书	33	22%
钢琴舞蹈等级证书	27	18%
其他	7	4.67%

3. 专业知识、专业能力及专业理念与师德期望

（1）专业知识期望。

幼儿教师是“幼儿学习活动的支持者”，其专业知识受到较高期待。为了了解幼儿园对幼儿教师专业知识的期望，本次调研设置了多项选择“您认为幼儿教师应具备的学前教育专业知识?”92%的受调查者认为幼儿教师应具备幼儿保育与教育知识，89.33%的受调查者表示幼儿教师应具备幼儿发展知识，68.67%的受调查者认为幼儿教师应具备通识性知识，见表 8。

表 8 幼儿园对幼儿教师专业知识的期望

幼儿园对幼儿教师专业知识的期望	小计	比例
幼儿发展知识	134	89.33%
幼儿保育与教育知识	138	92%
通识性知识	103	68.67%
其他	7	4.67%

“幼儿发展知识”被认为是幼儿教师最缺乏的知识。为了了解当前幼儿教师专业知识掌握现状，本次调研设置了多项选择“您认为现在幼儿教师最缺乏的幼儿教育专业知识是?”根据实际情况，受调查者反映，当前幼儿教师最缺乏的是幼儿发展知识，其次是幼儿保育与教育知识，最后是通识性知识，见表 9。

表 9 幼儿教师最缺乏的专业知识

选项	小计	比例
A. 幼儿发展知识	99	66%
B. 幼儿保育与教育知识	90	60%
C. 通识性知识	74	49.33%
D. 其他	9	6%

（2）专业能力期望。

幼儿教师专业能力所受期待也较高。为了了解幼儿园对幼儿教师专业能力的期望，本次调研设置了多项选择“您认为幼儿教师需要具备的专业能力有?”80%以上的受调查者表示幼儿教师应具备游戏活动的支持与引导能力、一日生活的组织与保育能力、环境的创设与利用能力、沟通与合作的能力、反思与发展的能力、教育活动的计划与实施和激励与评价幼儿的能力，见表 10。

表 10 幼儿教师应具备的专业能力

幼儿教师应具备的专业能力	小计	比例
环境的创设与利用能力	126	84%
一日生活的组织与保育能力	131	87.33%
游戏活动的支持与引导能力	134	89.33%
教育活动的计划与实施能力	125	83.33%
激励与评价幼儿的能力	121	80.67%
沟通与合作的能力	126	84%
反思与发展的能力	126	84%
其他	5	3.33%

幼儿教师需不断提升自己以应对变化莫测的教育环境，这离不开反思与发展的能力。调查发现，“反思与发展的能力”被认为是幼儿教师最为缺乏的专业能力。为了了解当前幼儿教师专业能力掌握现状，本次调研设置了多项选择“您认为现在幼儿教师最缺乏的专业能力有?”根据实际情况，受调查者反映，当前幼儿教师最缺乏的专业能力依次是反思与发展的能力、游戏活动的支持与引导能力、教育活动的计划与实施能力、沟通与合作的能力、激励与评价幼儿的能力、环境的创设与利用能力和一日生活的组织与保育能力，见表 11。

表 11 当前幼儿教师最缺乏的专业能力

当前幼儿教师最缺乏的专业能力	小计	比例
环境的创设与利用能力	62	41.33%
一日生活的组织与保育能力	62	41.33%
游戏活动的支持与引导能力	79	52.67%
教育活动的计划与实施能力	76	50.67%
激励与评价幼儿的能力	68	45.33%
沟通与合作的能力	73	48.67%
反思与发展的能力	99	66%
其他	5	3.33%

(3) 专业理念与师德。

近年来，国家十分重视幼儿教师的专业理念与师德，这在调查结果中反映较为突出。在专业理念与师德方面，除“其他”选项外，各个选项的选择比例都在 90%以上，几乎均被认为是不可或缺的。为了了解幼儿园对幼儿教师专业理念与师德期望，本次调研设置了多项选择“您认为幼儿教师应具备的专业理念与师德有?”90%以上受调查者表示幼儿教师应关爱幼儿、尊重幼儿、信任幼儿、拥有积极的幼儿保育和教育的态度与行为、认识与理解幼儿教育，个人修养与行为符合幼儿教师行为规范，见表 12。

表 12 幼儿教师应具备的专业理念与师德

专业理念与师德	小计	比例
认识与理解幼儿教育	140	93.33%
关爱幼儿、尊重幼儿、信任幼儿	141	94%
拥有积极的幼儿保育和教育的态度与行为	141	94%
个人修养与行为符合幼儿教师行为规范	139	92.67%
其他	6	4%

“拥有积极的幼儿保育和教育的态度与行为”被认为是当前幼儿教师最缺乏的专业理念与师德。为了了解当前幼儿教师专业理念及师德现状，本次调研设置了多项选择“您认为现在幼儿教师最缺乏的专业理念与师德有?”调查结果显示 66.67%的受调查者认为当前幼儿教师缺乏积极的幼儿保育与教育的行为态度，60%的受调查者认为当前幼儿教师缺乏认识与理解幼儿教育，

47.33%的受调查者认为当前幼儿教师的个人修养与行为不符合幼儿教师行为规范，还有31.33%的受调查者认为当前幼儿教师难以做到关爱幼儿、尊重幼儿以及信任幼儿，见表13。

表13 当前幼儿教师最缺乏的专业理念与师德

选项	小计	比例
认识与理解幼儿教育	91	60.67%
关爱幼儿、尊重幼儿、信任幼儿	47	31.33%
拥有积极的幼儿保育和教育的态度与行为	100	66.67%
个人修养与行为符合幼儿教师行为规范	71	47.33%
其他	11	7.33%

（4）性别期望。

当前学前教育教师职业具有女性化特点，合理调整男女教师比例有助于优化幼儿教师队伍结构。调查发现，过半调查对象认为所在幼儿园需要男性幼儿教师，此外，多数调查对象认为男性幼儿教师在招聘中比女性幼儿教师更具优势。当前幼儿教师以女性为主，为了解幼儿园对男性幼儿教师的需求状态，本次调研设置了单项选择"贵园对男性幼儿教师的需求状态是?"调查结果显示，55.33%的受调查者认为当前所在幼儿园非常需要男性幼儿教师，仅6.67%的受调查者认为其所在幼儿园并不需要男性教师，见表14。

表14 幼儿园对男性幼儿教师的需求状态

所在幼儿园对男性幼儿教师的需要程度	小计	比例
非常需要	83	55.33%
一般需要	57	38%
并不需要	10	6.67%

为了了解招聘过程中幼儿园对幼儿教师是否存在性别期望，本次调研设置了单项选择"男性幼儿教师在贵园对招聘中相比女性幼儿教师是否更具优势?"调查结果显示，58.67%的受调查者认为在招聘过程中，男性幼儿教师更具优势，见表15。

表 15 男性幼儿教师在招聘过程中是否更具优势

男性幼儿教师在招聘中是否更具优势	小计	比例
是	88	58.67%
否	21	14%
不确定	41	27.33%

开放性题目“贵园对男性幼儿教师有什么其他要求”显示，大部分幼儿园对男性幼儿教师没有其他特殊要求，但普遍希望男性幼儿教师具有体育专长，例如擅长足球和篮球等，与此同时，幼儿园还希望男性幼儿教师阳刚、有朝气，并能够把阳刚之气融入幼儿园之中。

4. 未来展望

调研发现，受调查者多认为幼儿教师行业发展具有较大潜力。在新时代，“公平优质”的教育是人民共同的追求，学前教育既需要均衡发展，也需要高质量发展。为实现这一目标，国家颁布了一系列政策，包括经费保障、督导检查等，为幼儿教师的可持续发展奠定了基础。调查结果也印证了这一观点。42%受调查者认为幼儿教师行业非常有潜力，合计 78%的受调查者认为幼儿教师行业发展有潜力，对幼儿教师行业的发展寄予期望，见表 16。

表 16 幼儿教师行业的发展潜力

幼儿教师行业的发展潜力	小计	比例
非常有潜力	63	42%
比较有潜力	36	24%
有潜力	18	12%
一般	26	17.33%
没有发展的空间	7	4.67%

为了了解幼儿园教师在其他行业发展的可能，本次调研设置了开放性问题“您认为还有哪些行业、机构需要幼儿教师”，除了幼儿园以外，受调查者指出，早教机构、运动馆、孕婴店、医院、舞蹈培训机构、家庭教育指导中心、幼儿心理辅助中心、幼儿成长中心、摄影机构、游乐场、绘本馆和夏令营等都有幼儿教师需求。

（三）成渝地区幼儿教师人才需求情况分析

1. 数量及岗位需求

幼儿教师的市场需求较大。按国家相关政策规定，幼儿园平均师生比应为7∶1，而成都市幼儿园的平均师生比为14∶1，四川省整体平均师生比为21∶1，重庆市幼儿园的平均师生比为19∶1，幼儿园的师生比都呈现出不合理的状态，幼儿教师数量也远远不能满足学前教育事业发展的需要。通过成渝地区幼儿园近两年新招聘教师数量以及未来一年拟招聘教师数量可知，近两年成渝地区幼儿园新招聘幼儿教师较多，仅有3.33%的幼儿园近两年没有新招聘幼儿教师，且一半以上的受调查者表示其所在幼儿园未来一年都有新招聘幼儿教师的打算，幼儿教师市场需求较大，随着国家地方相关政策的出台，幼儿教育市场仍有极大的需求空间。

专职幼儿教师为幼儿园急需人才。在幼儿园现急需的学前教育专业人才调研结果中显示，幼儿园急缺岗位以专职幼儿教师为主，其次是教辅人员（实习生）、卫生保健人员、行政人员（教研组长等中层干部），最后是保育员，高校相关专业人才培养方案应考虑实际市场需求。值得注意的是，在近两年新招聘的幼儿教师中，受调研幼儿园园长及教师所在幼儿园招聘应届毕业生数量占总招聘人数的50%以下占多数，一方面，这表明幼儿园更倾向于招聘有经验的幼儿教师，因此，相关幼儿教师人才培养学校及专业应注意学生的实践能力，为学生创设实践培训的机会，积累经验；另一方面，也表明幼儿教师流动性大，因此才会在招聘过程中存在一大部分有经验的幼儿教师。

2. 基本条件

大专学历是幼儿教师入职的最低学历要求。在对幼儿教师的最低学历层次的要求上，92%以上受调查者表示幼儿园更倾向于选择大专及以上学历幼儿教师。在新教师的招聘过程中，50%的幼儿园将优先考虑本科及以上学历幼儿教师，这也意味着同等条件下，幼儿园更倾向于本科学前教育专业毕业生，这是中高职职业技能院校相关专业幼儿教师培养不可忽视的问题，一方面，中高职院校相关专业应优化人才培养方案，强化专业特色，取长补短，发挥学生专长，弥补学生学历短板；另一方面，应鼓励优秀学生提升学历水平。

幼儿教师资格证书是成为幼儿教师的关键证书。在对职业资格证书的要求上，98.67%的幼儿园要求学前教育专业应届毕业生必须要有幼儿教师资格证书，71.33%的幼儿园认为应届毕业生需要具备普通话等级证书，此外幼儿园还比较看中计算机技能证书以及舞蹈资格证书等。由此，各院校相关专业应充分渗透 1+X 证书理念，帮助学生掌握相关技能。

3．专业化水平

幼儿教师的专业知识、专业能力及专业理念与师德期望均受到较高期待。受调查者认为当前幼儿教师最缺乏的是幼儿发展知识，其次是幼儿保育与教育知识，最后是通识性知识，尤其缺乏反思与发展的能力、游戏活动的支持与引导、教育活动的计划与实施的能力，因此，相关专业人才培养方案应注重培养学生掌握幼儿保育与教育知识、幼儿发展知识和通识性知识三方面的知识，加强游戏活动与教育活动的指导与实践，帮助学生自我反思与评价，培养学生积极的态度与行为，帮助学生认识与了解幼儿及幼儿教育，促进学生专业发展。

高校相关专业应加强学生专业知识学习，建构科学合理的学前教育课程体系，既要重视理论讲授，也要重视技能训练。同时要注意幼儿园对幼儿教师的性别期望，大多数幼儿园急需男性幼儿教师，因此可建立学前教育专业男性幼师班，在课程设计上应该更注重符合男性的性别特征，例如增加体育、科学、计算机课程的课时量，调整舞蹈课程的教授内容以符合男性的身体和性别特征，突出培养阳光、自信、向上的新一代男性幼儿教师。

4．未来展望

虽然此次调研主要以成渝地区幼儿园园长及教师为调研对象，但幼儿教师的行业发展并不仅仅局限于幼儿园，不同的职业、行业也需要幼儿教师，除了幼儿园以外，早教机构、运动馆、孕婴店、医院、舞蹈培训机构、家庭教育指导中心、幼儿心理辅助中心、幼儿成长中心、摄影机构、游乐场绘本馆和夏令营等都有幼儿教师需求。幼儿教师人才培养应立足于学前教育的多岗需求，按照“首岗胜任、次岗适应、可持续发展”的原则培养学生一专多能的综合素质，使学生成为学前教育的综合性人才，以适应学生就业的多种可能，为学生提供更多的就业机会。

二、成渝地区幼儿教师培养模式现状调研

随着社会的不断进步与发展，我国学前教育事业也得到了大力地发展。作

为培养幼儿教师的学前教育专业得到了社会的广泛关注。高职院校是为社会培养优秀幼儿教师的重要阵地。幼儿教师培养模式被视为是高职院校从培养目标、课程设置、培养过程、评价与管理等方面，形成适合院校特色的人才培养实践范式。[①] 为了解成渝地区幼儿教师培养模式的现状，特对成渝地区幼儿教师培养模式进行调查研究。本研究的研究对象主要选取重庆幼儿师范高等专科学校和川南幼儿师范高等专科学校的教师和大一、大二、大三的学生，共发放问卷 600 份，回收 510 份。其中重庆幼儿师范高等专科学校学生占比 42.74%，川南幼儿师范高等专科学校学生占比 48.63%；教师占比 8.63%。

（一）成渝地区幼儿教师的培养目标

培养目标被视为是在一定的教育思想观念下，高校学前教育专业对学生的知识、能力和素质结构等方面提出的与学前教育专业相关的具体化的要求和标准。培养目标往往指引着学校培养学前教育专业人才的方向，他们应该具备怎样的专业能力和素养，是培养优秀幼儿教师的关键。在培养目标上，主要从培养目标定位和培养特色两个方面进行调研。

1. 目标定位

“高素质应用型人才”被认为是多数学校学前教育专业的培养目标定位。本研究通过采用“您所在学校设置的学前教育专业培养目标定位是什么”“您所在学校学前教育专业人才培养目标定位是否体现应用型特点”，试图探究成渝地区幼儿教师培养目标的定位情况。结果发现，成渝地区两所院校的学生选择高素质应用型人才的有 347 名，所占比例为 74.46%，选择复合型人才的有 77 名，所占比例为 16.52%，选择其他的有 39 名，所占比例为 8.37%，选择研究型人才的有 3 名，所占比例为 0.64%，具体信息如图 3 所示。由此可见，成渝地区绝大部分的学生认为所在学校学前教育专业的培养目标定位是高素质应用型人才。

在“培养目标是否体现出应用型特点”这一问题上，成渝地区两所院校的学生选择完全体现的有 243 名，所占比例为 52.25%，选择基本体现的有 208 名，所占比例为 44.64%，较少体现的有 9 名，所占比例为 1.93%，没有体现的有 6 名，所占比例为 1.29%。由此可见，成渝地区大多数学生认为培养目

① 赵志敏. 本科院校学前教育专业人才培养现状、问题及对策研究［D］. 天津：天津职业技术师范大学，2018.

标体现了应用型的特点。

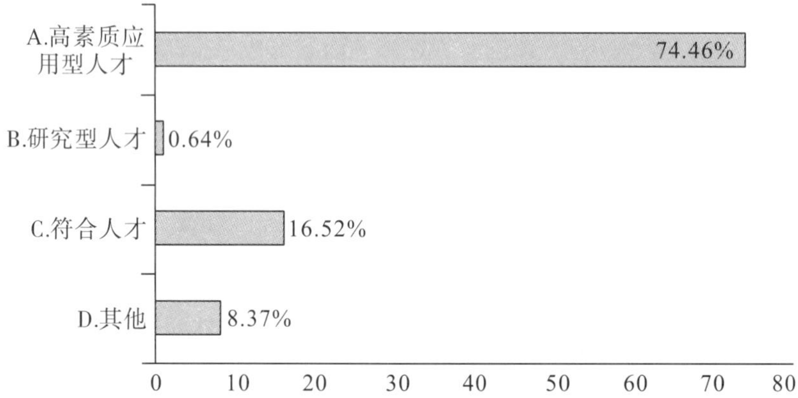

图 3　培养目标定位

2. 培养特色

调查发现，多数调查对象认为学校学前教育专业人才培养特色非常鲜明。本研究通过采用“您所在学校学前教育专业人才培养特色是否鲜明”来试图探究成渝地区两所院校幼儿教师培养特色情况。结果发现，选择非常鲜明的有335 名，所占比例为 71.89%，选择一般鲜明的有 124 名，所占比例为26.61%，选择不鲜明的有 7 名，所占比例为 1.5%，具体信息如图 4 所示。

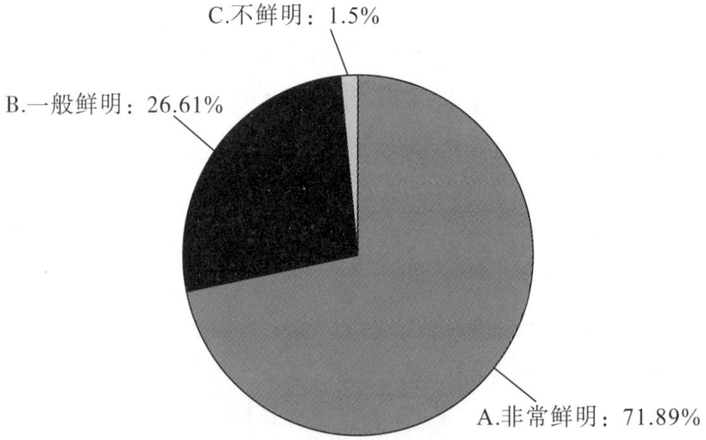

图 4　培养目标特色

在培养目标是否符合幼教行业教师专业化、实践性强等特点上，大部分学生认为非常符合。具体来看，成渝地区两所院校的学生选择非常符合的有 291

名，所占比例为 62.45％，选择比较符合的有 154 名，所占比例为 33.05％，选择一般符合的有 18 名，所占比例为 3.86％，选择不符合的有 3 名，所占比例为 0.64％。由此可见，成渝地区两所院校绝大部分的选择认为幼儿教师的培养目标是符合幼教行业教师专业化、实践性强等特点。

（二）成渝地区幼儿教师培养的课程设置

课程设置反映了幼儿教师培养重点专业是否突出、课时比例安排是否恰当，进而反映幼儿教师培养模式的成败。学前教育专业课程设置是否科学合理将对学前教育专业人才培养的质量产生直接的影响。课程设置主要体现在课程内容和课程结构两个方面。

1. 课程内容

绝大部分学生认为课程内容能满足实际需求。本研究采用“您所在学校学前教育专业课程内容是否满足实际需求”“您所在学校教授的学前教育专业课程内容与社会实践联系密切程度”“您认为学前教育专业课程内容中还需增加哪些知识”试图探究成渝地区幼儿教师培养课程内容情况。结果发现，在课程内容是否满足实际需求上，选择非常满足的有 258 名，所占比例为 55.36％，选择比较满足的有 173 名，所占比例为 37.12％，选择一般满足的有 30 名，所占比例为 6.44％，选择不满足的有 5 名，所占比例为 1.07％。具体信息如图 5 所示。由此可见，绝大部分学生认为课程内容是满足实际需求的。

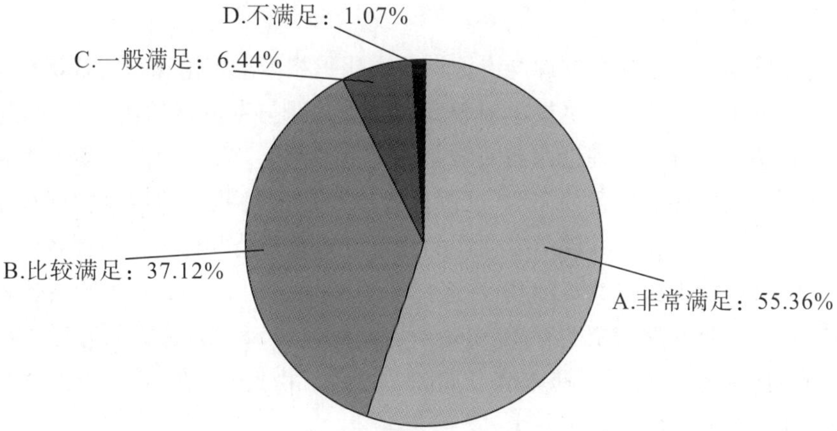

图 5　课程内容与实际需求

过半调查对象认为课程内容与社会实践联系密切。在课程内容联系社会实践密切程度方面，选择非常密切的有 247 名，所占比例为 53%，选择比较密切的有 176 名，所占比例为 37.77%，选择一般密切的有 38 名，所占比例为 8.15%，选择不密切的有 5 名，所占比例为 1.07%。在课程内容还需增加哪些知识方面上，排名前三的分别是选择增加公共课程与专业课程的结合度，提升综合素养同时服务专业知识学习有 367 名，所占比例为 78.76%，其次是选择与幼儿家长沟通技巧等知识有 333 名，所占比例为 71.46%，最后是与职业资格认证课程内容的衔接有 327 名，所占比例为 70.17%，具体信息如图 6 所示。

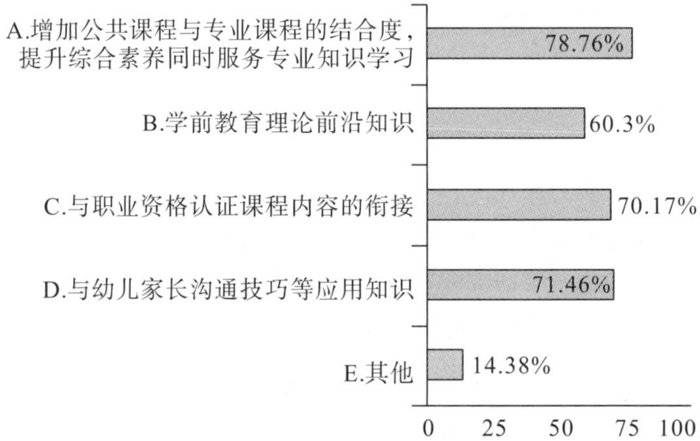

图 6　增加课程内容知识方面

2. 课程结构

过半学生认为学生公共课与专业课所占比重相当，理论课与实践课比重相当。本研究采用“您认为贵校学前教育专业公共课与专业课的比重如何”“您认为贵校学前教育专业理论课与实践课的比重如何”“您认为贵校学前教育专业必修课与选修课的比重如何”，试图探究成渝地区幼儿教师培养的课程结构状况。结果发现，在公共课与专业课的比重上，选择公共课与专业课各占一半的有 240 名，所占比例为 51.5%，选择专业课为主的有 171 名，所占比例为 36.7%，选择公共课为主的有 40 名，所占比例为 8.58%，选择不清楚的有 15 名，所占比例为 3.22%，具体信息如图 7 所示。由此可见，有一半的学生认为公共课与专业课两者各占一半。

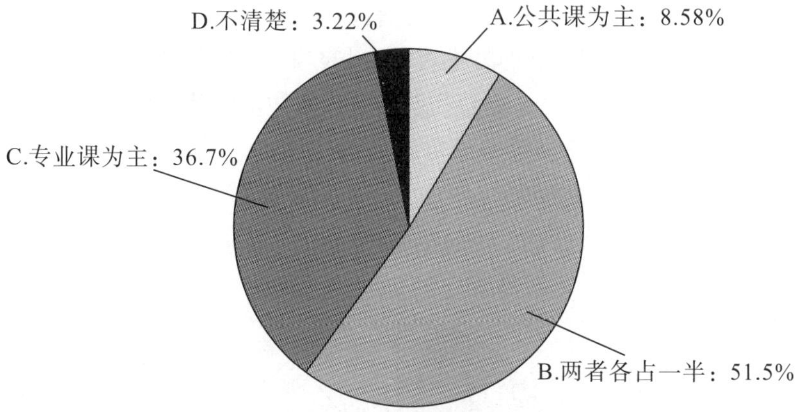

图 7 公共课与专业课的比重

在理论课与实践课的比重方面，选择理论课与实践课各占一半的有 307 名，所占比例为 65.88%，选择理论课比重大的有 96 名，所占比例为 20.6%，选择实践课比重大的有 51 名，所占比例为 10.94%，选择不清楚的有 12 名，所占比例为 2.58%。在必修课与选修课的比重方面，选择必修课比重大的有 236 名，所占比例为 50.64%，选择必修课与选修课比重各占一半的有 208 名，44.64%，选择不清楚的有 17 名所占比例为 3.65%，选择选修课比重大的有 5 名，所占比例为 1.07%。由此可见，绝大多数学生认为理论课与实践课各占一半，并且有一半的学生认为必修课的比重比较大。

（三）成渝地区幼儿教师的培养过程

高职院校要想长足发展必须建立在应用的基础之上，培养过程尤显重要，培养过程在此处是指幼儿教师培养目标得以实现的过程，是为了实现一定的幼儿教师培养目标而实施的一系列幼儿教师培养活动的过程，反映了幼儿教师培养的具体方式和方法。[①] 本研究主要从教学方式、师资队伍、实训实践等方面进行调研，试发现其存在的一些情况。

1. 教学方式

总体来看，教师的教学方式较为丰富且每一种方式在两所学校均有涉及。教师的教学方式丰富多样，具体包括满堂灌、纯理论讲授、情景模拟教学、小组研究讨论、案例分析教学法、项目教学、讲座报告等形式、微格教学等等。

① 张雷声. 马克思主义理论学科体系建构与建设研究 [M]. 北京：经济科学出版社，2011.

数据显示，两所学校教师采用最多的教学方式是案例分析教学法，占比85.19%，其次使用频率较高的教学方式是情景模拟教学和小组研究讨论，分别占比78.97%和77.9%，这亦是我们当下比较注重的几种教学方式。值得注意的是，满堂灌、纯理论讲授仍然占较大的比例，达47%，而微格教学用得较少，占24.25%，如图8所示。

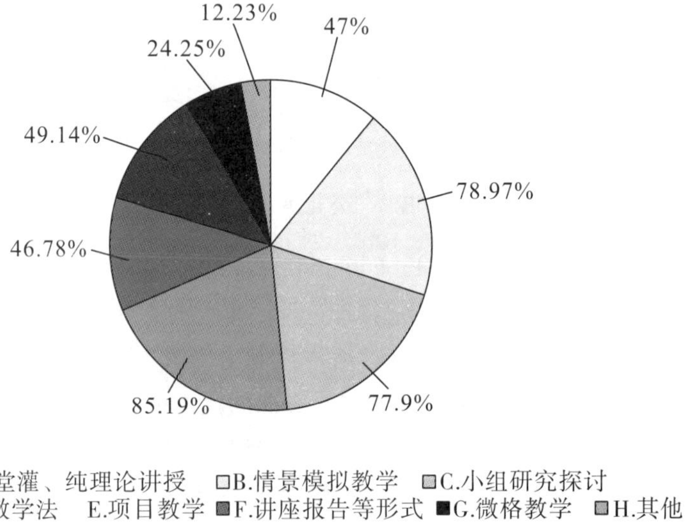

图8　本专业教师常用的教学方式

2. 师资队伍

此部分内容结合教师问卷进行分析，调查对象为川南幼儿师范高等专科学校和重庆幼儿师范高等专科学校的教师，其中川南幼儿师范高等专科学校的教师占比68.18%，重庆幼儿师范高等专科学校的教师占比31.82%。首先，关于“本专业理论型教师的分布情况”和“本专业实践型教师的分布情况”的调查结果显示如下：有52.27%的教师认为所在学校理论型教师很多，有50%认为实践型教师很多，两种比例均过半，可以大概了解到，调查对象们依照自己对理论型教师和实践型教师的理解，认可这两种类型的教师在学校均有较合理的存在。

其次，是对“本专业专任教师中的双师型教师分布情况”的调查结果，教师们认为学校双师型教师“非常多”的情况仅占9.09%，“很多”的情况占20.45%，“一般”为56.82%，“很少”为13.64%。可以看出，在教师们的心目中，真正的双师型教师占本专业专任教师的比例处于一个中等水平。而双师型教师的典型代表中，骨干教师的数量占主要，其次是校内专业带头人，最少的是校外专业带头人，如图 9，图 10，图 11，图 12 所示。

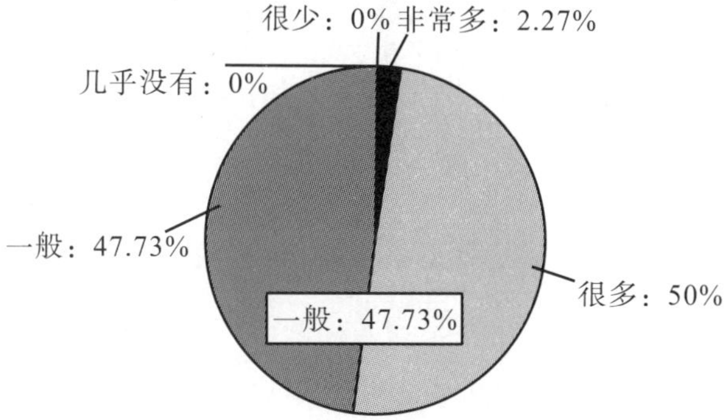

图 9　本专业理论型教师的分布情况

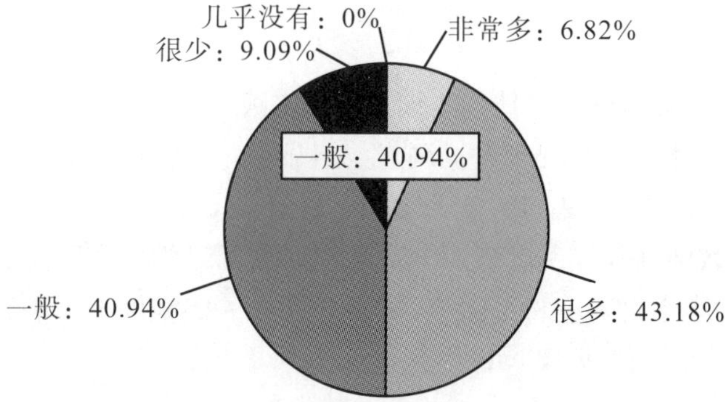

图 10　本专业实践型教师的分布情况

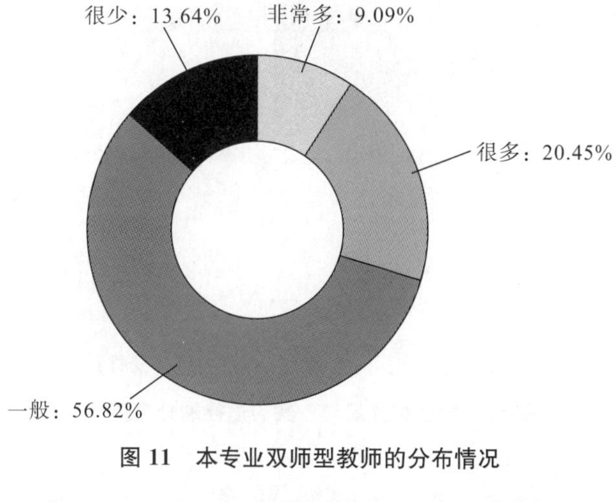

图 11　本专业双师型教师的分布情况

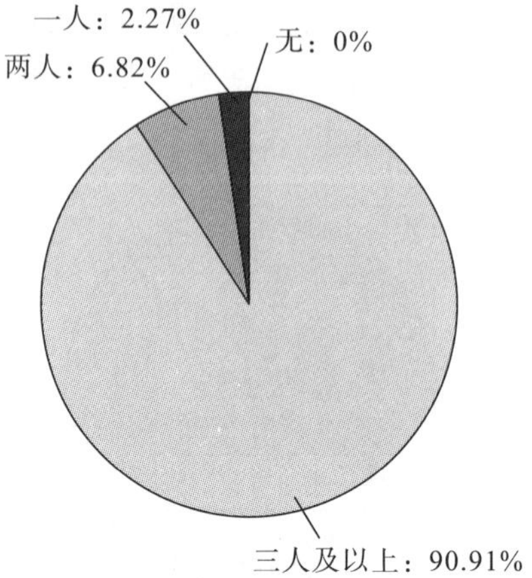

图 12　本专业双师型教师中骨干教师的数量

3. 实训实践

实训实践一般包括校内技能实训、活动实践，校外见习、实习及社会实践活动等。[①] 从学生实践情况来看，调查数据显示，学生校外见习、实习途径较为单一。学生的校外见习、实习途径主要是通过学校统一安排，占比 83.05%，而教师推荐仅占比 2.15%，可见，教师对学生实践前的指导存在一些不足。同时学生自我应聘占比 10.94%，这在一定程度上可能影响学生的自主实践能力，如图 13 所示。

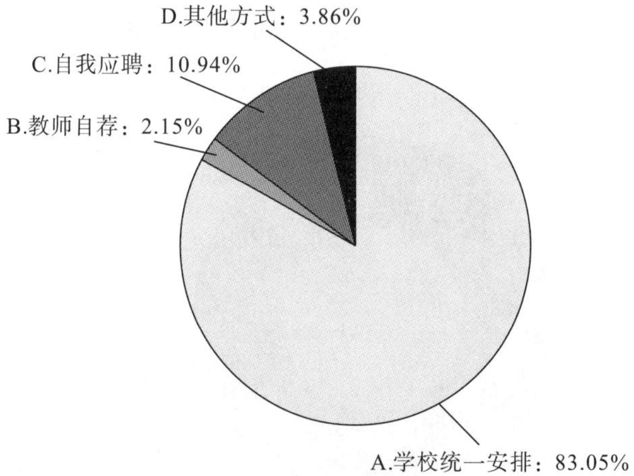

图 13　学生校外见习、实习途径的分布情况

① 曹鹤. 高校学前教育专业本科人才培养模式研究［D］. 沈阳：沈阳师范大学，2015.

从实践课程安排来看，有 36.36%的教师非常希望增加实践课程，有 40.91%的教师希望增加实践课程，有 20.45%的教师一般希望增加实践课程，只有 2.27%的教师不希望增加实践课程。可见，学校内的实践课程还有待增加，如图 14 所示。

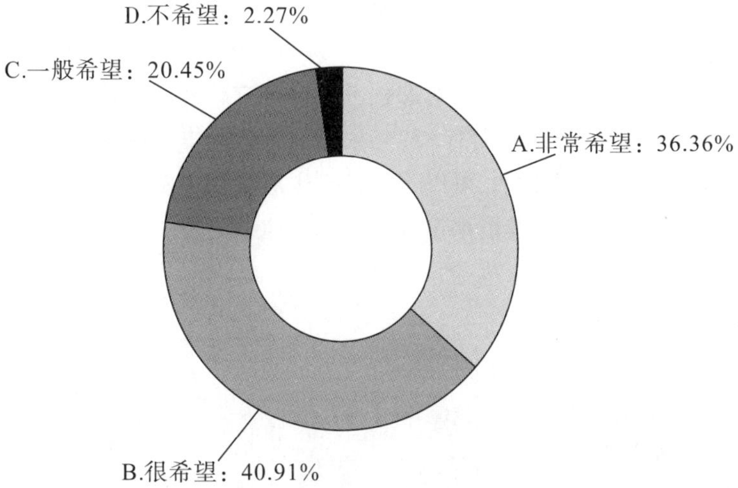

图 14　教师希望增加实践课程的比例分布

从教师的实践指导有效性来看，有 52.27%的调查对象认为本校教师实践指导的有效性较高，如图 15 所示。

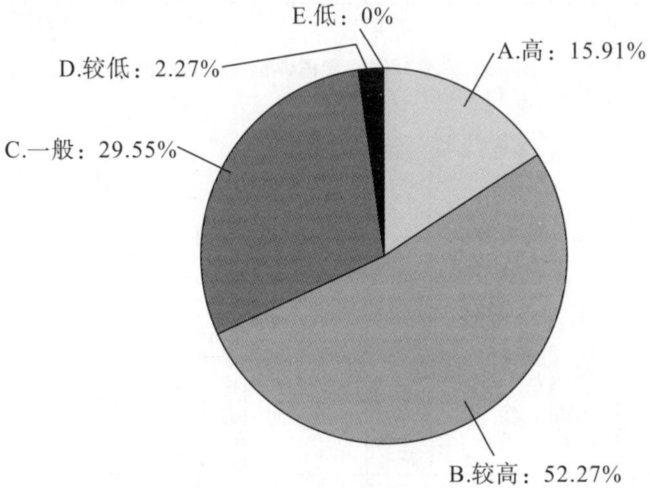

图 15　本校教师实践指导的有效性

（四）成渝地区幼儿教师培养的评价管理

1. 评价方式

对于“课程考核评价方式”的调查结果，学生与教师的选择重合度较高。学生选择“满意”的达 43.56%，教师为 56.82%，有 20.39% 的学生和 20.45%的教师选择了“一般”，对课程考核评价方式表示“很满意”的学生有 34.55%，教师有 22.73%，而有 95.45%的教师认为本专业的课程考核评价方式基本能反映学生真实水平。可以看出，学生对课程考核评价方式总体满意度有待提高，而教师对课程考核评价方式的选择应该更加关注学生的反馈，注意改进与提升，如图 16，图 17，图 18 所示。

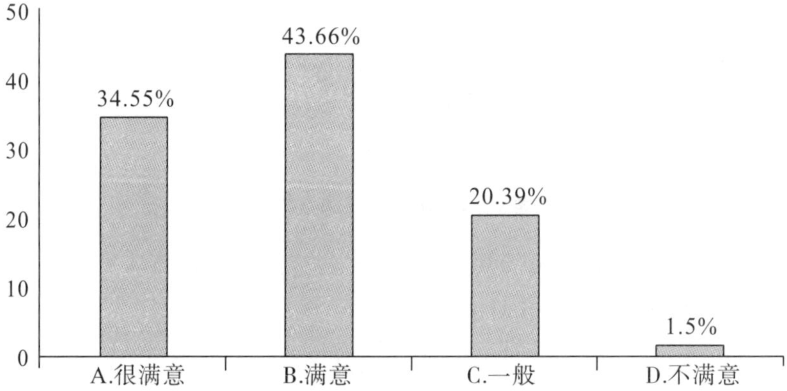

图 16 学生对课程考核评价方式的满意度

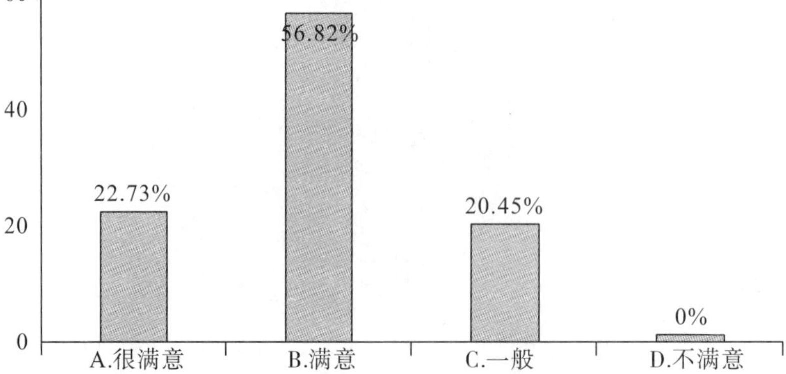

图 17 教师对课程考核评价方式的满意度

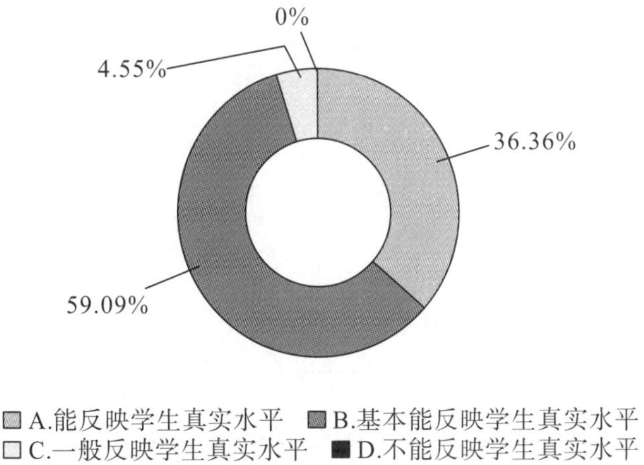

图 18 本专业课程考核评价方式的效果

关于“学校课程考核的最终成绩由哪些内容组成”问题，各选项均较多被选择，如图 19 所示。可见，已有的课程考核评价方式较被广泛地采用。

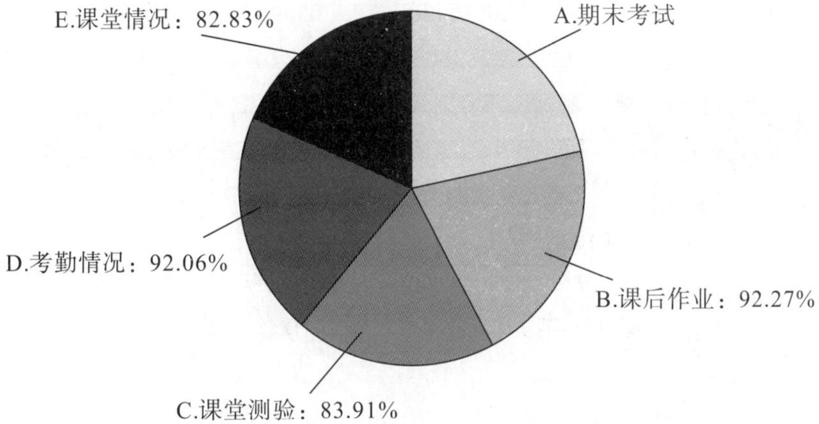

图 19 学校课程考试最终成绩的组成部分

而从“课程考核方式存在哪些问题”的回答来看，则主要反映了考核的方式较为单一，只重视分数，忽略学习过程等问题。具体表现为大多课程考核方式还是依赖于笔试，内容主要是知识性记忆，占比为 64.38%，如图 20 所示。

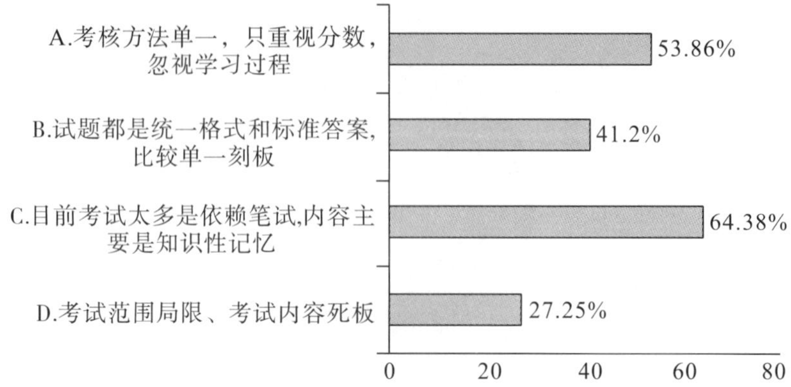

图 20　课程考核方式存在的问题

在“本专业人才培养评价考核存在哪些问题”的回答中，有 61.36%的教师认为评价主体单一，有 54.55%的教师认为考核方式流于形式，部分环节缺乏，有 50%的教师认为分段性评价设计缺乏，如图 21 所示。

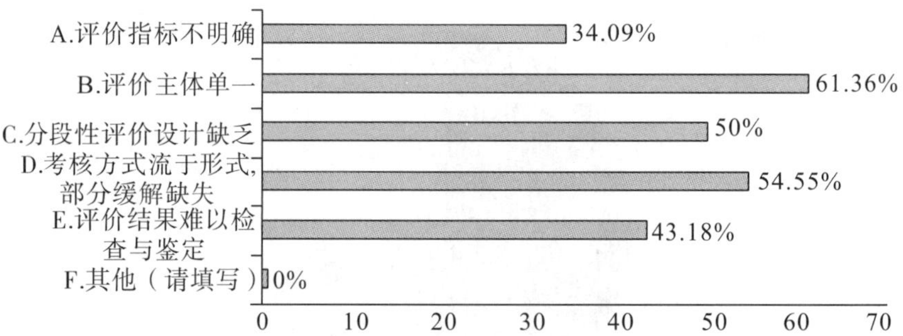

图 21　本专业人才培养评价考核存在的问题

2. 管理政策

在管理方面，问卷采用了开放式问题，从回答的情况来看，专任教师对这一块内容较为模糊，包括幼儿教师培养的校企合作情况、幼儿教师培养评价标准及幼儿教师培养管理的职教特色等等，从相关资料也可以看出，在幼儿教师培养管理方面还存在一些空白和不规范情况，这些都有待相关人员进一步的完善和推进，并可以让更多专任教师参与其中。

三、成渝地区学前教育专业学生满意度调研

为进一步了解学前教育专业学生的培养情况，更好地定位幼儿教师人才培养模式，此次调研以问卷调查的方式收集学前教育专业学生对专业满意的程度和水平，从四川、重庆两个地域着手，探寻该专业学生对专业的培养目标、课程设置、见习实习和教学方法改革等方面的反馈信息，同时对比 2017 年的调研情况，并以此为基础对问题进行分析和解读，进而为改革幼儿教师人才培养模式提供一定的借鉴和帮助。

（一）调查对象

参与此次调研的学生共计 837 人，其中 528 人来自川南幼儿师范高等专科学校，309 人来自重庆幼儿师范高等专科学校，学生中 629 人为在校生，208 人已经毕业，所有学生中有男生 92 人，女生 745 人，如图 11 所示。

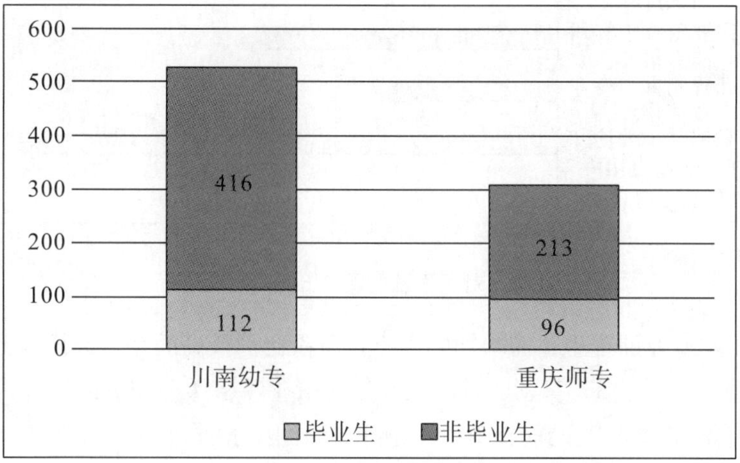

图 22 调研对象分布

（二）调查结果

1. 课程设置

多数学生对学校学前教育专业所开设的课程的满意度较高。28.11%的学

生认为非常满意，56.22%的学生表示比较满意，15.21%的学生表示一般，没有不满的学生，说明学生对专业所开设的课程整体上偏于满意，但是还有调整的空间，见表17。

表17 学生对学校学前教育专业所开设的课程的满意度

满意度	非常满意	比较满意	一般	比较不满意	非常不满意
百分比（%）	28.11	56.22	15.21	0.46	0

对于专科教育来说，在“对课程设置需突出的内容意见”上，49.77%的学生认为应侧重理论知识和实践能力培养。其后分别是27.19%的学生认为侧重于实践能力培养，15.67%的学生认为侧重专业技能讲授，6.45%的学生认为应侧重理论知识讲授。另外还有个别学生认为都很重要，各方面要平衡，同时，也有学生提出男生的培养可以侧重于体智能，这也对今后我校的人才培养提供了有益的启示，理论和实践不能厚此薄彼，男生和女生的培养，在追求共性的基础上，因个性施教，如图23所示。

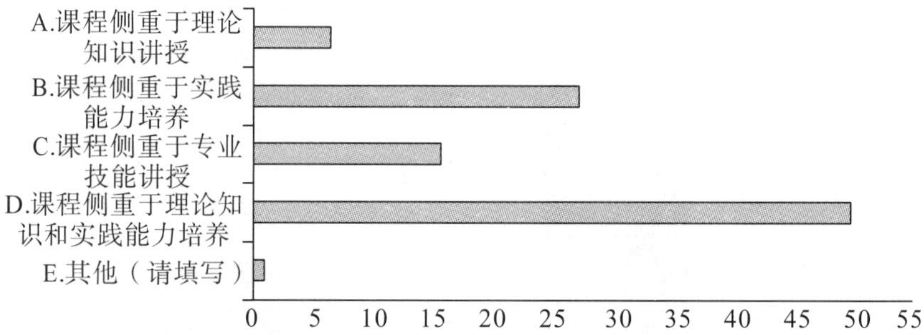

图23 对课程设置需突出的内容意见

关于本专业课程中还需增加的内容，所占比例最高的是与家长沟通技巧等应用知识，占到了85.71%。后面依次是与职业资格认证相关的课程内容、保育知识、学前教育理论前沿知识，所占的比例分别为56.22%、53.46%和40.55%。此外，还有7.37%的学生认为应增加蒙氏教学、奥尔夫音乐、职业规划、幼儿行为分析、体智能课程、课堂纪律管理与幼儿沟通知识等方面的知识，如图24所示。

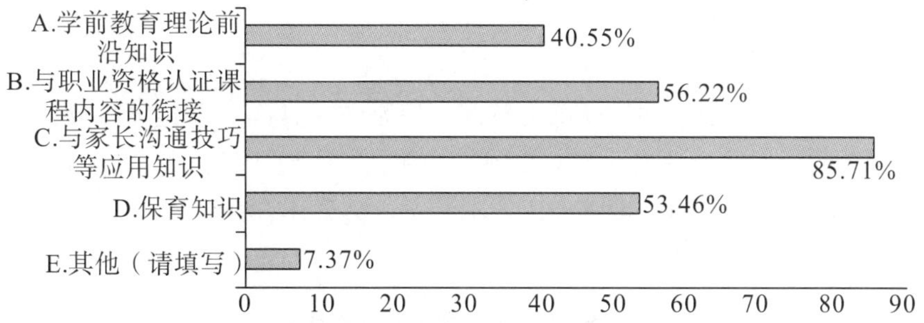

图 24　对课程设置还需增加内容的意见

2. 教学方式与方法

学生喜欢的课堂教学方式中，排在前五位的依次是情景模拟教学、案例分析教学、小组研究讨论、微格教学，所占的比例分别是 90.78%、82.95%、45.62%、45.16%。说明学生喜欢的教学方式都是与幼儿园实践联系紧密、参与程度较高、小组合作密切、效果反馈及时的方式，而不同于传统的课堂讲授，如图 25 所示。

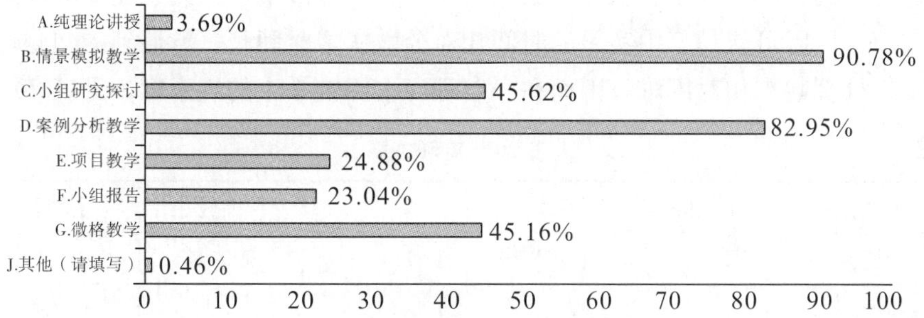

图 25　喜欢的课堂教学方式

学生对学校学前教育专业任课教师教学方法的满意度较高。其中，18.9%的学生表示非常满意，60.37%的学生表示比较满意，18.43%的学生表示一般，但也有极少数的学生表示比较不满意或非常不满意，虽然说所占的比例较小，但也从侧面反映出教师的教学方法仍需改进，必须正视这个问题，见表 18。

表 18　对教师教学方法的满意度

满意度	非常满意	比较满意	一般	比较不满意	非常不满意
百分比（%）	18.9	60.37	18.43	1.38	0.29

3. 实训实践

学生对学校实训条件的满意度较高，但是“非常满意”选项百分比较低。仅10.6%的学生认为非常满意，53.92%的学生认为比较满意，29.49%的学生感到一般，4.15%的学生感到比较不满意，甚至还有极少数学生感到非常不满意，见表19。

表19　对学校实训条件的满意度

满意度	非常满意	比较满意	一般	比较不满意	非常不满意
百分比（%）	10.6	53.92	29.49	4.15	1.84

调查发现，学生对分散实习的满意度要略高于集中实习。关于学校开展的集中教育实习的效果，22.12%的学生认为对将来的工作帮助很大，43.23%的学生认为帮助较大，27.19%的学生认为一般，约有7.37%的学生认为帮助较小或帮助很小；关于开展的分散教育实习的作用，26.73%的学生认为帮助很大，47.47%的学生认为帮助较大，23.04%的学生认为一般，也有极少数的学生认为帮助较小或很小。从这组数据看，学生对分散实习的满意度要略高于集中实习，原因可能是集中实习的时间相对分散实习时间长，所遇到的问题可能较多，处理起来相对困难，因而在一定程度上影响学生的满意度，见表20。

表20　实习效果

作用	帮助很大	帮助较大	一般	帮助较小	帮助很小
集中实习	22.12%	43.23%	27.19%	5.53%	1.84%
分散实习	26.73%	47.47%	23.04%	2.3%	0.46%

参与实践机会太少是见习存在的主要问题。具体来看，对于见实习存在的问题，约有65.9%的学生认为参与实践机会太少，52.07%的学生认为时间较短，42.86%的学生认为场所单一，34.56%的学生认为形式单一。可以看出，目前学前教育专业的见习、实习存在的问题仍然较多，其中机会少、时间短表现得最为突出。对比之前的调研情况，在2017年的调研中，70.51%的学生认为参与实践机会少，69.87%认为时间较短，52.56%认为形式单一，45.51%认为场所单一，今年的情况略有好转，但存在的问题仍然相同、仍然很突出，如图26所示。

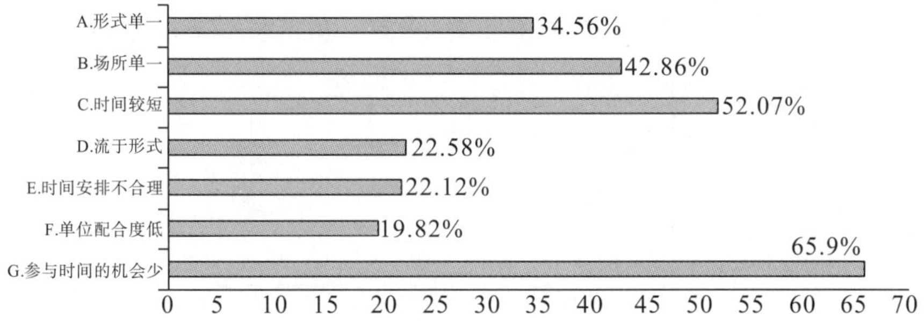

图 26 2021 年调研见实习存在问题

幼儿园和毕业生都更加支持开展一个月的见习。除最后一学期的毕业顶岗实习外，对安排见习、实习的意见，45.16%的学生认为第二学期开始每学期安排一个月的见习，25.81%的学生认为第二学期开始每学期安排二周的见习，17.05%的学生认为第二学期开始每学期安排三周的见习，8.76%的学生认为第二学期开始每学期安排一周的见习。在这个问题上，幼儿园园长、教师的观点与学生的观点大体相似，他们对第二学期开始每学期安排一个月的见习的支持率同样也最高，占 53.85%，其次同样是第二学期开始每学期安排二周的见习，所占的比例 21.79%，其余选项略有不同，说明对于师范类学校学前教育专业的见习与实习，无论是幼儿园还是毕业生都较为支持第二学期开始每学期安排一个月或者两周的见习，如图 27，图 28 所示。

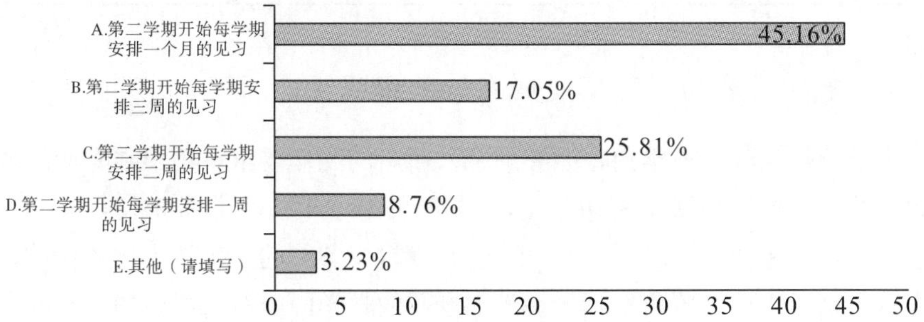

图 27 学生对见、实习改革的意见

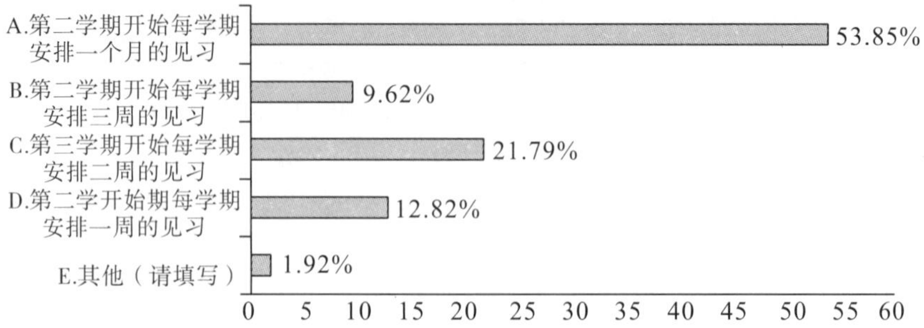

图 28 教师对见、实习改革的意见

4. 培养目标与幼儿教育需要的符合程度

学生认为人才培养上与幼儿教育的需要符合度较高。其中，31.34%的学生认为非常符合，58.53%的人认为比较符合，8.75%的人认为一般，1.38 的人认为比较不符合，从整体上看，学生认为本专业的人才培养与幼儿教育需要的符合程度是较高的，这与幼儿园园长、教师的意见在总体上是一致的，只是具体的内容有所不同，见表 21。

表 21 学生认为我校毕业生与幼儿园用人需求的符合程度

符合度	完全符合	比较符合	一般	比较不符合	完全不符合
百分比（%）	31.34	58.53	8.75	1.38	0

5. 教学内容与教育实践联系的紧密程度

大部分学生认为教学内容能够满足入职后的工作要求。关于本专业的教学内容与幼儿园的实践联系密切程度，14.75%的学生认为非常密切，55.3%的学生认为比较密切，27.19%的学生认为一般，2.3%的学生认为比较松散，甚至还有个别学生认为脱离实际。关于本专业的教学内容对入职后的工作要求的满足程度，13.82%的学生认为完全满足，61.75%的学生认为比较满足，20.74%的学生认为一般，另外还有 3.69%的学生认为比较不满足，总体上来说，大部分学生认为教学内容能够满足入职后的工作要求，但是认为比较不满足的占的比例也不低。因此，在今后的教学中，一定要密切关注幼儿园的教育实际和工作要求，将其融入专业的课程教学中，提高教学内容的实践性与有效性，见表 22，表 23。

表 22 本专业的教学内容与幼儿园的实践联系密切程度

密切程度	非常密切	比较密切	一般	比较松散	脱离实际
百分比（%）	14.75	55.3	27.19	2.3	0.46

表 23 本专业的教学内容与幼儿园工作要求的满足程度

满足程度	非常满足	比较满足	一般	比较不满足	非常不满足
百分比（%）	13.82	61.75	20.74	3.69	0

6. 学生的专业素质

学生认为在工作中更重要的素质的前三位的是专业知识、专业技能、专业能力和专业道德，所占的比例分别是 82.03%、81.57%、81.11%、81.11%；而园长、教师比较看中的素质排在前三的依次是扎实的专业知识与技能、吃苦耐劳的精神、环境创设及教玩具制作，这和学生的观点也是基本吻合的，因为吃苦耐劳的精神属于专业道德，而环境创设及教玩具制作属于专业能力，如图 29 所示。

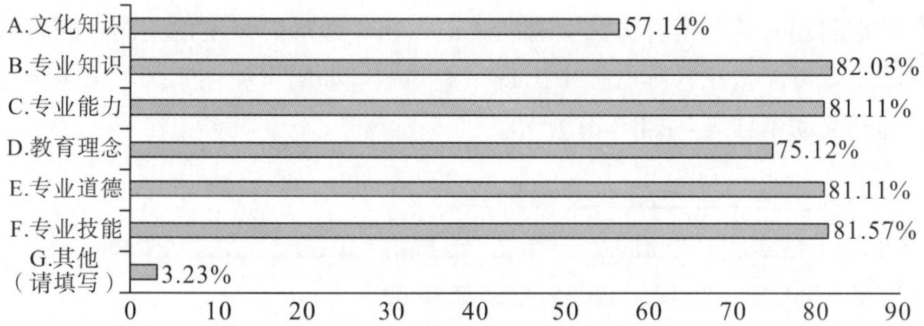

图 29 学生认为幼儿园的能力素质要求

在刚进入幼儿园工作时比较欠缺的素质问题上，学生认为比较欠缺的素质，调查发现，学生刚入幼儿园时比较欠缺的素质中排在第一位的是班级管理能力，其次是教学能力，然后是环境创设能力和教育理念。说明在平时的学校教学中，虽然开设了“幼儿园管理”这一门必修课，但是对于班级管理的实训不够，导致学生缺乏实际的班级管理能力，因此，对幼儿园班级管理的内容的重视程度还有待提高，如图 30 所示。

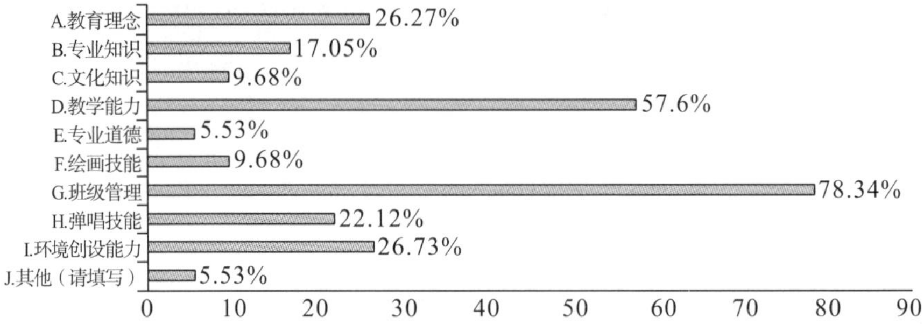

图 30 学生刚入幼儿园时比较欠缺的素质

刚实习时，学生遇到的入职不适应排在前三位的依次是角色转换、人际关系和工作任务，其中角色转换困难在所有适应问题中表现得最为突出。主要是由于缺乏实践机会和经验，突然要从一个学生的身份转化成教师身份，心理上有一定的压力，同时转换也需要一个较长的过程，因而转换困难。而教师、园长认为，刚入职的我校毕业生在幼儿园工作适应性表现，最大的不适应是教学活动，这其实是角色转换困难的一种具体表现，以前都是教师主导，现在学生要来主导幼儿，在教学活动中也就难以适应。人际交往的不适应也是共同的问题，学生刚从学校走入社会，与幼儿园已有教师最大的区别就是经验不足，导致在处理问题时的态度和方法会有所不同，由于经历、角度的不同，同时因为环境陌生，可能会在人际交往中出现一些问题，如同事关系紧张、家园沟通不畅、师幼互动不佳等，如图 31 所示。

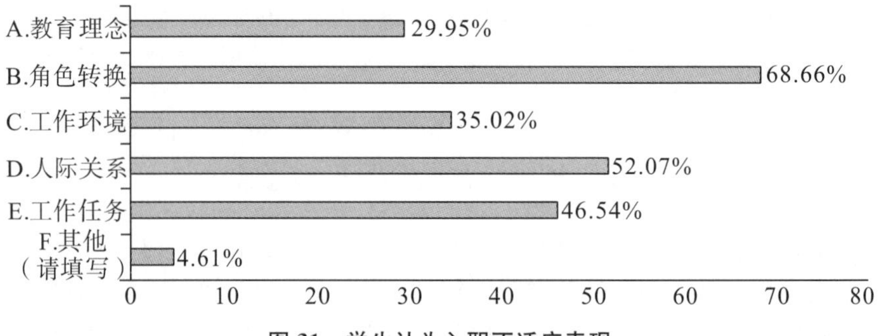

图 31 学生认为入职不适应表现

7. 学生的从教意愿

学生对实习后继续从事学前教育工作的意愿，非常愿意的占 16.31%，比较愿意的占 45.62%，一般或视情况而定的占 31.8%，比较不愿意的占 4.15%，非常不愿意的占 2.3%。由此看出，本专业学生愿意继续从事学前教育事业占了61.75%，相比2017年的调研数据54.66%已经略有提高，表示非常不愿意或比较不愿意，今年仅有6.45%，相比2017年调研的14.75%，比例有所下降。但是，表示一般或视情况而定的学生，之前是30.77%，在这一问题上与之前的情况相比较，两组数据惊人地相似，均占到了30%以上，说明有近1/3的学生对继续从事学前教育事业的意愿表示摇摆不定，仍有部分学生对学前教育行业的认同度不高，见表24。

表24 实习后继续从事学前教育工作的意愿

愿意程度	非常愿意	比较愿意	视情况而定	比较不愿意	非常不愿意
2018年（%）	16.31	45.62	31.8	4.15	2.3
2017年（%）	21.79	32.69	30.77	11.54	3.21

8. 教学改革认可度

调查发现，大部分调查对象对于学校的教学改革较为认可。如果把五大领域教法教学与专业技能教学结合起来，在专业技能教学中渗透教法，例如：把艺术教法同钢琴、声乐、美术教学结合起来，对这种做法的效果的看法，认为这种改革很好的学生占73.27%，认为二者分开教学比较好的学生占15.67%，有8.76%学生持消极态度，认为这样很难做到，仅有2.3%的学生认为是很传统的做法。对于同一个问题，认为这种改革很好的园长、教师占到了91.03%。因而，我们可以推断出，绝大部分园长、教师、学生支持五大领域教法教学与专业技能教学结合起来，对这样的教学改革措施认同度较高，如图32所示。

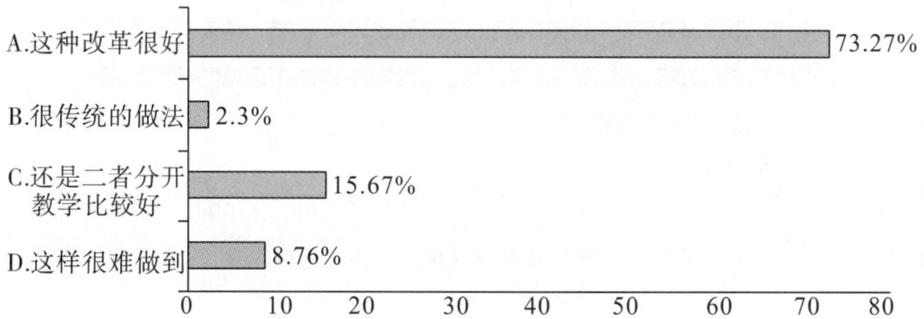

图32 学生对整合教学的态度

9. 优势与不足

川南幼儿师专的学生认为该校毕业生最大的优势是职业技能高，其次是踏实勤勉，然后是任课教师敬业，还有理论学习也较为扎实。其不足主要是缺乏实践经验，锻炼机会少，职业规划不清晰。与园长、教师的观点大体一致，同样也认为该校学生最大的优势是专业技能比较突出，说明川南幼儿师专学前教育专业的学生专业技能是得到了幼儿园和学生自己的一致认可的。但是，专业精神方面，园长与教师认为学生最大的不足是吃苦耐劳的精神不够，而学生认为是自身的优势之一，在这一问题有截然相反的观点，一方面，说明幼儿园对员工专业精神一如既往地要求高；另一方面，也反映出部分学生的专业精神的教育还有待加强，因此必须重视学生专业师德、理念、精神的教育，如图 33、图 34 所示。

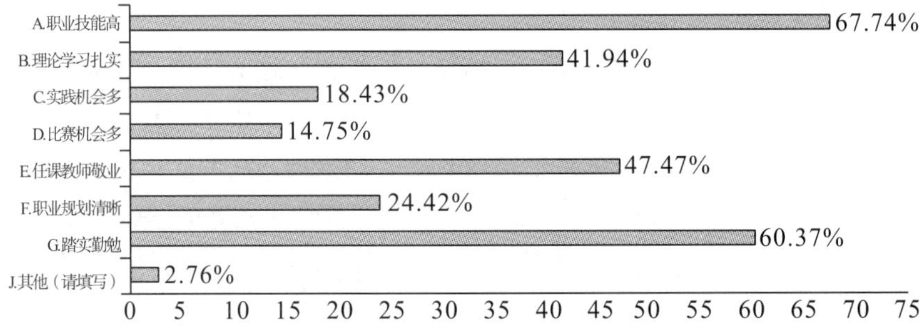

图 33 川南幼儿师专学生认为毕业生的优势

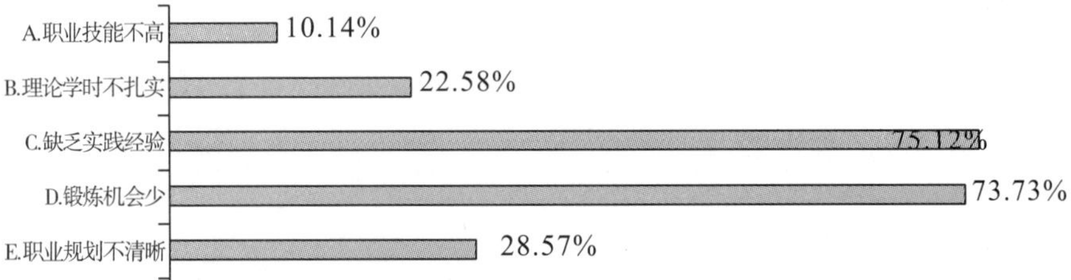

图 34 川南幼儿师专学生认为毕业生的不足

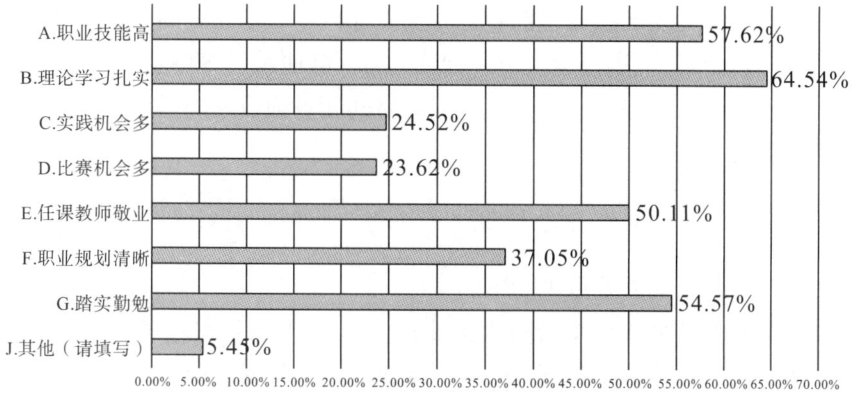

图 35 重庆幼儿师专学生认为毕业生的优势

重庆幼儿师专的学生认为该校毕业生最大的优势是理论学习扎实，其次是职业技能高，然后是踏实勤勉，与川南幼儿师专的学生相比有一定的区别，表明不同的培养模式下，学生的发展情况有较大区别，如图 35 所示。

四、成渝地区幼儿教师培养模式现状调研结论

（一）幼儿教师需求与行业发展

1. 幼儿教师需求量较多

成渝地区幼儿教师师资数量不足。2019 年数据显示，成都市幼儿园的平均师生比为 14∶1，四川省整体平均师生比为 21∶1，重庆市幼儿园的平均师生比为 19∶1，幼儿园的生师比都呈现不合理的状态，远远超过国家规定的 7∶1。

关于过去两年招聘教师的数量，近 55.3%的幼儿园在过去两年中新招聘幼儿教师 1～5 人，23.33%的幼儿园新招聘幼儿教师 6～10 人，13.33%的幼儿园近两年新招聘幼儿教师数量在 11～60 人之间，仅有 3.33%的幼儿园近两年没有新招聘幼儿教师。而关于未来一年拟新招聘教师的数量，68%的调查者表示未来一年所在幼儿园有新招聘幼儿教师的打算，且 36%的幼儿园拟新招聘幼儿教师 1～3 人，18.67%的幼儿教师拟新招聘幼儿教师 4～6 人，还有 3.33%的幼儿园拟招聘幼儿教师 7～10 人。

同时，目前幼儿园急需学前教育专业人才以专职幼儿教师为主，其次是教辅人员（实习生）、卫生保健人员、行政人员（教研组长等中层干部），最后是保育员。由此可见，当前成渝地区幼儿园对幼儿教师数量的需求较大，幼儿教师供给存在很大缺口。

2. 幼儿教师素质要求较高

（1）学历要求大专及以上。

在对幼儿教师的最低学历层次的要求上，合计 92%以上的受调查者认为幼儿园更倾向于选择大专及以上学历。如果要招新幼儿教师，50%的受调查者表示幼儿园将优先考虑本科及以上学历，合计 92.67%以上的幼儿园将优先考虑大专及以上学历，这与上述的调查结果一致。由此可见，绝大部分幼儿园对学前教育专业毕业生的学历要求是大专及以上，且具有本科学历将成为未来一段时期幼儿教师必须具备的学历水平。

（2）证书要求至少具有教师资格证。

调查结果显示，98.67%的幼儿园要求应届毕业生必须要有幼儿教师资格证书，其次幼儿园比较重视普通话证书，71.33%的幼儿园认为应届毕业生需要具备普通话证书。在这个信息极速发展的时代，22%的幼儿园希望应届毕业生掌握计算机技能。18%的幼儿园期望应届毕业生具有钢琴舞蹈等级证书。15.33%的幼儿园提出应届毕业生需要具备保育员证。3%的幼儿园希望应届毕业生能够具有育婴师证。近 5%的幼儿园可能还希望应届毕业生具有其他职业资格证书。但受调查幼儿园园长及教师也指出，学前教育专业的学习也“不要广撒网，要学得精而深”，由调研结果可知，教师资格证已成为学前教育行业入门必备的条件，同时对职业相关的职业技能等级证书也有需求。因此，高校相关专业应全面贯彻“1+X”证书制度，帮助学生增强综合能力，提高职业竞争力。

（3）专业知识、能力、素养要求较高。

对专业知识的期望，92%的幼儿园园长及教师认为幼儿教师应具备幼儿保育与教育知识，89.33%的受调查者表示幼儿教师应具备幼儿发展知识，68.67%的受调查者认为幼儿教师应具备通识性知识。同时，受调查的幼儿园园长及教师反映，当前幼儿教师最缺乏的是幼儿发展知识，其次是幼儿保育与教育知识，最后是通识性知识。说明这三类知识既是教师最应具备的，又是比较缺乏的。

对专业能力的期望，80%以上的幼儿园园长及幼儿教师表示幼儿教师应具备游戏活动的支持与引导的能力、一日生活的组织与保育能力、环境的创设与利用能力、沟通与合作的能力、反思与发展的能力、教育活动的计划与实施和激励与评价幼儿的能力。而园长和教师也反映，当前幼儿教师最缺乏的专业能力是反思与发展的能力，其次是游戏活动的支持与引导、教育活动的计划与实施。可见，幼儿园对教师的专业能力整体要求较高，但是教师最缺乏的是反思与发展的能力。

对专业素养的期望，90%以上幼儿园园长及幼儿教师表示幼儿教师应关爱幼儿、尊重幼儿、信任幼儿，拥有积极的幼儿保育和教育的态度与行为、认识与理解幼儿教育，个人修养与行为符合幼儿教师行为规范。而关于最缺乏的专业素养，排在前三位的依次是积极的幼儿保育与教育的行为态度、认识与理解幼儿教育、个人修养与行为不符合幼儿教师行为规范。

（二）幼儿教师培养模式的问题

1. 培养目标还需优化

关于培养目标，此次调研发现，绝大部分的学生认为所在学校学前教育专业的培养目标是高素质应用型人才，说明高职院校对学前教育专业人才的要求更突出应用性。但是还是有部分学生认为自己所在学校学前教育专业的培养目标定位是复合型人才、研究型人才或者其他。当前，在新时代成渝地区双城经济圈建设背景下，幼儿教师人才培养目标还应深化“五育并举”，强调全面发展。因此，当前幼儿教师人才培养目标还需继续优化。

2. 课程设置有待完善

关于专业课程内容是否满足实际需求，55.36%的学生选择非常满足，37.12%的学生选择比较满足。在课程内容联系社会实践密切程度方面，选择非常密切的学生所占比例为53%，选择比较密切的学生所占比例为37.77%。在课程内容还需增加哪些知识方面上，排名前三的分别是选择增加公共课程与专业课程的结合度，提升综合素养同时服务专业知识学习，其次是选择与幼儿家长沟通技巧等知识，最后是与职业资格认证课程内容的衔接。可见，目前学前教育专业的课程内容能够满足实际需要，联系社会实践也比较密切，但是还需增加很多内容。

3. 培养过程急需调整

（1）教学方式创新不足。

满堂灌、纯理论讲授仍然占较大的比例，教学方式更多利用传统的讲授法，给予学生主动探索与亲身实践的机会较少，同时，校内现有条件难以创设真实的教学情景，学生的问题解决与运用能力的提高受到极大限制。学生比较喜欢情景模拟教学、小组研究讨论和微格教学等，但是在实际的教学过程中，这些教学方式运用不够，创新不足，学生主体性没有得到突出。

（2）师资水平有待提高。

虽然高职院校的“双师型”教师增长迅速，但是双师型教师所占比例较低，其比例远低于国家评估标准的50%，即便达到了，也存在部分“双师型”教师实践指导和操作教学能力较弱的情况。实践能力较强的“双师型”教师主要集中在专业带头人和骨干教师这样的中坚力量之中，而目前超半数的院校校内专业带头人仅为一人，而有两人或者三人的院校数量较少。而对校外专业带头人调查情况则更为严峻，绝大多数院校没有校外专业带头人。

（3）实训实践亟须完善。

虽然很多学校的学前教育专业在不断地改革实践实训，但是还存在很多问题，亟须完善。主要表现为学生校外见习、实习途径较为单一，学生的校外见习、实习途径主要是通过学校统一安排，而通过教师推荐、自我应聘的方式参与见习、实习的学生较少，在一定程度上会影响学生的自主实践能力。大部分教师还希望增加实践类的课程。

4. 评价管理有待优化

评价标准较为单一刻板，具体表现为大多课程考核方式还是依赖于笔试，内容主要是知识性记忆，同时只重视分数，忽略学习过程。评价主体单一，不够多元，主要还是由教师作为评价主体，很少以学生个人、小组等为评价主体。评价内容较为片面，教师多专注对学生专业知识和专业技能的考核，部分学校越来越重视专业情感与专业态度的评价。评价时间的持续性不足，分阶段评价缺乏，不能反映学生学习过程的动态性。

在幼儿教师培养管理方面还存在一些不规范情况，比如没有体现出职业教育的特色等，从而使教师、学生发展缺乏活力。

（三）学前教育专业学生满意度

学生对专业所开设的课程整体上偏于满意，但是还有调整提升的空间。对学校学前教育专业任课教师教学方法的满意度，表示非常满意和比较满意共占约80%，还有极少数的学生表示比较不满意或非常不满意，从侧面反映出教师的教学方法仍需改进。对学校实训条件的满意度，约有65%的学生感到非常满意或者比较满意，29.49%的学生感到一般，4.15%的学生感到比较不满意，甚至还有极少数学生感到非常不满意，虽然学校为学生的实践实训提供了丰富的校内外实训资源，但是其利用机会、程度还有待提高，利用的形式还有待改进，这是少数学生感到不满意的原因所在。

关于实践实训，应增加实训时间和机会，为学生提供丰富的实践场所，避免单一；要及时与实习生沟通，了解其真实想法，帮助其解决实习困难；推荐好的实习单位，避免学生因实习单位选择不当而转行；学校应加快建立附属幼儿园，让本校学生有更多的机会接触幼儿，了解幼儿；改进完善实习鉴定表填写方式方法。

关于课程设置，选修课应该有关于公招面试方面的内容，这样应届毕业生在参加公招面试的时候不会显得那么慌张失措。增加蒙氏课程、家长沟通技巧等。课程缺乏应对孩子日常行为或问题的内容，如：哭、不自己吃饭、不午睡等，面临这些问题时学生总显得手足无措。课程设置可以与最新的学前教育发展理论相融合。幼儿园都是用的整合教程，可以在后期把五大领域整合起来进行教授。职业规划相关的课程一定要引起足够的重视。

关于教育教学，职业认同感低，多注重学生专业精神的培养，避免出现已经实习了还不能接受自己职业的情况。多进行案例分析和情景模拟，丰富教学形式与手段，充分利用新媒体资源，提高学生参与度。学生间模拟教学效果较差，和幼儿实际的反应有很大差距，学校应提供更多幼儿园的真实活动场景。美术方面多侧重于儿童画和简笔画，而不是学生的毕业作品。教学中更应该注重五大领域教法，五大领域可进行整合教学。给学生试讲留足时间和空间，尽量不要只安排期末试讲。充分利用微格教室资源，及时反馈试讲信息，提升教学技能技巧。此外，还应该在教学中加入国学的成分，教会学生能够初步组织好一堂国学课。

第二章　幼儿教师培养模式改革的主要举措

2021 年 4 月召开的全国职业教育大会强调，加快构建现代职业教育体系，培养更多高素质技术技能人才，优化职业教育类型定位。当前，我国职业教育正致力于构建“纵向贯通、横向融通”的教育体系，向高质量发展阶段稳步迈进。川南幼专自 2014 年升格专科办学以来，自 2012 年重庆幼专在重庆市三峡师范学校基础上建立以来，经过近几年来的建设发展，两校从逐步规范办学走上了内涵建设高质量发展新阶段。国家大力发展学前教育和成渝地区双城经济圈建设的战略，为两校创新实施成渝地区双城经济圈“托幼一体化”人才培养改革和《成渝地区双城经济圈建设背景下“校地园协同 学训教一体”幼儿教师人才培养模式研究》项目奠定了坚实基础。两校基于幼儿教师人才培养模式研究，在改革的协同背景研究、观念转变与共识凝聚、人才培养协同机制体制创新等各项共建共享、协同互助工作中开展了卓有成效的实践探索。

一、幼儿教师培养模式改革的背景与条件

2021 年 5 月 31 日，中共中央政治局审议《关于优化生育政策促进人口长期均衡发展的决定》，“实施一对夫妻可以生育三个子女政策”。成渝地区双城经济圈建设所需幼教人才支撑和智力支持需求大、职业发展前景广阔，相关一体化协同已筑牢基础，实施幼儿教师人才培养模式改革协同发展的条件已成熟。

（一）改革的外部要求

幼儿教师教育面临新的发展机遇。《国家职业教育改革实施方案》《中共中央 国务院关于全面深化新时代教师队伍建设改革的意见》《关于实施卓越教师培养计划 2.0 的意见》《职业教育提质优培优行计划（2020—2023 年）》等文

件的出台，四川省教育厅和重庆市教委《推动成渝地区双城经济圈建设教育协同发展框架协议》中协同推进学前教育发展的重点任务推进等，对幼儿师范教育提供了明确的政策支持和指引。国家加大对中西部学前教育的建设和支持力度，为成渝地区双城经济圈建设背景下幼儿教师人才一体化协同培养带来良好契机。

区域发展战略提供了幼教协同新契机。当前国家正实施乡村振兴、长江经济带、成渝地区双城经济圈战略。2016 年 4 月公布了《国务院关于成渝城市群发展规划的批复》《成渝城市群发展规划》提出把重庆市的 27 个区（县）以及开州、云阳的部分地区以及四川省的 15 个市列入规划范围，明确重庆、成都国家中心城市的辐射引领作用，健全创新型现代产业支撑体系。2016 年 9 月，《长江经济带发展规划纲要》正式印发，确立了“一轴、两翼、三极、多点”的发展新格局，将重庆作为“一轴”的三大核心城市之一，把成渝城市群列入“三极”之中，旨在积极推进新型城镇化和创新驱动产业升级。① 成渝地区双城经济圈面积 18.5 万平方公里，2019 年常住人口 9600 万人，地区生产总值近 6.3 万亿元，是西部高质量发展的重要增长极，经济要发展，教育要先行，而学前教育则是基础中的基础。川南幼专是在这样一个经济总量和人口体量的特大区域里具有标志性和代表性的幼儿师范高等专科学校，重庆幼专作为重庆市唯一一所幼儿师范高等专科学校，两校是位于成渝地区双城经济圈核心区域和战略腹地仅有的两所幼儿师范高等专科学校。

社会需求为人才培养提供新动力。《十四五规划》明确提出“增强生育政策包容性”“发展普惠托育体系”，普及学前三年教育已经成为《中国教育现代化 2035》的目标之一，高端学前教育人才的需求会越来越大。随着国家“生育政策”的放开，幼儿教师缺口越来越大，且学前教育专业背景、高学历教师占比较低；面对“人口老龄化”“低生育率”等社会现象和问题，“托幼一体化”已成为学前教育发展的必然趋势。

（二）改革的内部条件

1. 川南幼教事业发展呈现良好势头

学校悠久的办学历史、深厚幼教底蕴、良好的社会声誉为改革提供了坚实

① 中华人民共和国中央人民政府. 国务院关于成渝城市群发展规划的批复[EB/OL].(2016-04-12)[2021-07-17]. http://www.gov.cn/zhengce/content/2016-04/15/content_5064431.htm.

基础。川南幼专自 1986 年创办幼师以来，幼儿教师教育特色鲜明，社会知名度不断扩大，社会美誉度不断提升。特别是 2014 年升格为专科学校后，学校扎根川南大地办大学，服务治蜀兴川新战略，立足川南，服务四川，辐射全国，充分发挥川南幼教专业品牌优势，师资队伍不断壮大，综合办学实力稳步提升，人才培养、科学研究、社会服务、文化传承创新的大学功能充分彰显。学校办学质量稳步提升，专业和课程建设、教育教学和科学研究取得良好进展，毕业生就业率保持较高水平，服务区域经济社会发展，特别是幼教事业发展能力持续增强，人才培养工作评估顺利通过，扩建工程建设稳步推进，办学规模逐步扩大，发展空间进一步拓展，拥有了适应现代幼儿教师教育培训的良好办学条件。学校是成渝地区双城经济圈职业院校学前教育发展联盟理事长单位、成渝地区双城经济圈教师教育协同创新发展联盟副理事长单位、成渝地区双城经济圈职业院校学前教育教师培训基地、省级职业院校教师培养培训基地、川南幼师教育培训基地、内江市幼儿教师培训中心。先后荣获“全国文明单位”“国家级语言文字规范化示范学校”“全国青少年文明礼仪教育示范基地”“全国校园文化先进单位”等荣誉称号。

区域促进幼教发展的政策为学校发展提供重大机遇。内江作为成渝发展主轴重要节点城市和成渝特大城市功能配套服务中心，正全面融入成渝地区双城经济圈建设、成渝毗邻地区教育融合发展改革、川南渝西发展试验区建设等区域发展规划，致力于建设教育强市、文化强市的新内江，正不断加大幼儿教育制度创新、政策供给、投入力度等。内江市《十四五规划》指出，深化职普融通、产教融合、校企合作，促进高等教育内涵式发展，推进市内高校与内江市校共生、融合发展。明确支持川南幼儿师范高等专科学校提高办学层次，争取省级高水平专业群建设，依托学前教育、早期教育等专业争创省级示范产教融合实训基地，将川南幼师教育培训基地打造成国家级幼教培训中心，支持川南幼专幼教园区建设。同时，川南四市 2000 万人口的规模、3200 所幼儿园为学前教育高水平专业群建设提供了契机。学校所处的隆昌市正全力打造“中国西部幼教名城”，积极推进幼教园区和早幼教研学基地建设，力争在 2025 年建成西部一流、全国知名的幼教名校。这些，为学校站在新的历史起点上谋求新发展提供了重大机遇和广阔平台。

2. 重庆幼专加快学校发展步伐

学校继承传统，开拓创新，积极开展幼教人才培养改革。学校坚持培育幼教英才，研究幼教科学，服务幼教事业，追求卓越发展，探索“校地园协同、学训教一体”，以坚定的教师职业思想为引领，严格锻造教师职业技能基本功，积淀形成“三种素质、五种能力、十五项基本功”人才培养质量体系。举办有10个师范专业，培育师资及管理人才。坚持“为幼”，以学前教育为特色骨干专业，培育早期教育、婴幼儿托育服务与管理等支撑专业，致力于服务三峡库区乡村学前教育和托育事业振兴。坚持“服老”，积极响应国务院对老年康养事业发展的新规划，开设“智慧康养”专业群，致力培养服务城乡老年护理、老年康复、康养管理人才。坚持“向农”，服务乡村振兴，服务基层一线，服务“一老（老年人）一小（婴幼儿）”。

学校在幼儿教师培养过程中承担多重责任。承担建设国家级学前教育“双师型”教师培养培训基地、重庆市学前教育教师培训培养基地、重庆市学前教育公费师范生定向培养基地、重庆市幼儿园园长二级培训基地、重庆市学前儿童家庭教育研究中心、重庆三峡学前教育职业教育集团。学校是中国学前教育研究会会员单位、成渝地区双城经济圈学前教育联盟会长单位、重庆市高等教育学会学前教师教育专委会会长单位、重庆市教育管理干部培训机构、重庆市美育改革实验学校、重庆市教师教育先进单位、重庆市语言文字规范化示范校。

独特的区位优势、区域发展战略和内外部条件的成熟，为大力推进成渝地区双城经济圈幼儿教师教育一体化发展打下了坚实基础。两校科学谋划，签订战略合作协议，共同发起成立了成渝地区双城经济圈职业院校学前教育发展联盟，带动大足区、荣昌区等渝西地区幼教事业的发展，推动川渝地区学前教育创新、协同、一体发展。共同打造在长江教育创新带、中西部乃至全国具有影响力的学前教师教育协同创新示范区。

二、培养模式改革的观念转变与共识凝聚

随着我国经济和社会发展，高等教育的思想和观念正在发生重大而深刻的变化。尤其是近几年来，高等职业教育作为与普通高等教育对应的类型教育得以快速发展，已成为我国高等教育的一个重要组成部分。我国现代化建设事业，不仅需要数以千万计的科学家、理论家和从事高新技术研究的专家学者，更需要数以亿计的掌握当代科技知识的高素质劳动者和技术人才。因而，在发展高职教育方面，我们要努力挖掘、继承和发扬我国高等教育长期发展中形成的正确的、行之有效的教育思想和观念，积极吸收、大胆借鉴世界先进的教育

思想和观念，并在此基础上，解放思想，积极探索，勇于创新，用符合时代发展要求的新的教育思想和观念指导教学改革实践。①

（一）深刻认识幼儿教师教育内涵

深刻理解新时代幼儿教师教育赋予的内涵。按照“姓高、名师、属职”的基本特征，对照《学前教育专业认证标准》《幼儿园教师专业标准（试行）》，进一步加强现代高职学前教育理论学习和规律研究，主动对接中国特色高水平专业群建设计划。创新实施对儿童的保育和教育，创新实施成渝地区双城经济圈“托幼一体化”人才培养研究。进一步突出幼儿教师教育的“师范性”，强化专业教育的“专业性”和学前教育师范生的“职业性”，坚持社会主义办学方向，落实好立德树人根本任务，推动内涵发展、特色发展、高质量发展。

（二）深刻认识人才培养目标定位

以学前教育专业认证标准的核心理念——以学生为中心的教育观、产出导向的培养观、持续改进的质量观为标准。按照教育部《学前教育专业师范生教师职业能力标准（试行）》，从师德践行能力、保育和教育实践能力、综合育人能力、自主发展能力等四大方面培养学前教育专业师范生的能力。以高质量幼儿教师人才培养为中心，狠抓内涵建设、强化办学特色，深化“五育并举”人才培养综合改革，建设“五育并举”人才培养体系建设。突出德智体美劳全面发展，同时具备职业岗位所需专门技能的人才培养育人理念，着力培养师德为先、儿童为本、能力为重、终身学习，具有强烈的社会责任感、创新精神和实践能力，服务城乡，下得去、留得住、干得好、有发展的卓越幼教师资。

（三）精准实施“一体化”协同模式

人才培养模式是在一定的教育思想或教育观念指导下对培养目标、质量规格、培养过程、培养方法、教育管理体制等教育变量的系统组合，是制定教学方案或 教育计划的基本依据。② 以“一体化”协同模式为抓手，以内外部条件和区域社会发展需求为导向，以创新实施成渝地区双城经济圈“托幼一体化”人才培养为目标，整合成渝地区幼教师资培养的各种资源，从人才培养规格、

---

① 王前新. 转变观念 突出高职教育特色 深化改革——在学院第一次教学工作会议上的讲话摘要［J］. 荆门职业技术学院学报，1998，(04)：84－89.

② 谢培松. 小学教师教育改革引论［M］. 哈尔滨：黑龙江教育出版社，2007.

课程设置体系、知识能力与素养要求、多元教学流程与路径、人才培养质量标准实现等方面做好一体化协同培养的科学化、系统化设计与实践探索。

三、幼儿教师培养的协同机制体制创新

特定条件下的幼教人才培养，需要迎合国家政策，明确发展方向。在打造专业教师团队的同时，完善教学管理，优化教学改革理念，完成现代化高校教育发展改革的转型计划与目标。尤其是在协同创新发展改革环境下，优化人才培养方案过程，构建完善的课程体系，能够在有效迎合学生未来发展需求的同时，强化学生的专业技术能力与创新发展意识，进而为社会与国家培养出具有核心竞争力的综合性、创新性、专业性技术人才。① 为切实落实本人才培养模式研究与实践，项目前期重点围绕幼儿教师培养的一体化协同发展所需条件，创新工作开展的机制体制，为实践探索打下了良好基础。

（一）机制创新

1.“校地园”协同的教学条件建设机制

第一，共建幼教集团。共同建设涵盖成渝地区教育行政部门、本专科院校、中职学校、幼儿园、企事业单位共同参与的幼教集团。合作开发各类幼教集团教育产品、共同拓展市场、推广产品。共同建设同类职业教育集团和特色职业教育园区。

第二，协同幼教专业招生与就业。建立川渝生源基地，生源数据分析共享。协同建立“一带一路”实习就业基地，信息互通。共同努力做好援藏以及服务川渝民族地区发展工作，扩大输出比例。共同制定就业质量分析报告，促进毕业生更高质量就业。

第三，协同建设成渝地区学前教育大数据中心。以学前教育大数据中心为合作载体，促进两校在数据平台建设方面的合作与交流，分享学前教育数据标准的研制经验，共享成渝两地的学前教育大数据信息，增进数据的应用研究与科研创新，助力成渝地区智慧幼教的建设任务。

---

① 陈志权. 地方高校校企协同创新人才培养机制研究［J］. 美与时代（城市版），2018（03）：108－109.

第四，共同开展幼儿园园长（教师）职后培训。采用“互联网+混合式培训模式”共享共建平台，共建共享“模块构建、学科自主”的培训课程标准、校内外培训专家资源库和培训实践基地，努力构建幼儿教师的培训知识体系，提升幼儿园园长的管理能力和幼儿教师的理论素养。

2．“教学做”一体化的教学与科研机制

一体化教学与科研机制的建立主要包括三方面，一是整体制定学前教师教育各专业人才培养方案。优化课程体系、改革教学方法、强化实践教学、搭建创新平台及改革评价方法等。共建共享在线开放课程、课程标准、专业标准、专业教学资源库、虚拟仿真实训项目、校外实训基地。建立学分互认、交换生制度。二是联合申报课题、科研平台。共建学报特色专栏，互聘评审专家（含学报审稿专家）。以重大科研项目为牵引，以管理体制、组织模式、资源配置共享等为着力点，共同打造跨学科、跨平台、跨单位、跨团队的科研组织，形成人才、信息资源、项目经费等方面的协同共用以及成果共享与风险分担的机制，实现创新发展。三是促进产教融合。共同开展人才需求预测，促进校企合作对接，建设产学联合、基地联盟、培养联动的实践教学组织体系和培养平台共建、教学计划共商、指导队伍共组、实践过程共管、教学质量共推的实践教学实施机制。

3．建立引育幼教师资高层次人才机制

围绕升本建院人才需要，协同完成幼教人才队伍建设的顶层规划，推进人才体系建设、出台各类人才政策、精准引进幼教高层次人才、落实青年教师发展培育保障体系、挖掘潜在人才等。共建共享专家工作室、共建共享高层次人才工作站、协同建构人才工作目标责任制、共建人才工作专员队伍、完善人才分层培养制度，建立相关专业干部互派挂职、专业教师互派交流机制。

（二）体制创新

首先，建立专项工作组。在成渝地区双城经济圈学前教师教育协同创新工作领导小组的领导下，组建由幼教专业所在系部负责人任组长，相关专业带头人为副组长，专业教研室主任和相关教学管理人员为成员的协同工作组，负责统筹、审议、决定和协商幼儿教师教育协同创新中的专业规划、政策、改革、项目等事项。分别在两校设立成渝地区双城经济圈学前教师教育协同创新办公室联络处，设在相关系部，负责日常工作协调和具体推动落实。

其次，健全工作机制。定期召开联络处或其他共建平台运行工作会议，发布交流两省市学前教师教育工作的各种信息，就双方合作成效、问题与改进进行交流研讨，并对新的合作项目进行专题研究，共同对外宣传发布创新协调发展典型经验。

再次，明确实施步骤。按照“一年起步、两年见效、三年推广”的总体工作思路，按照川渝两地学前教师教育协同创新中长期规划和年度计划。2020年会商制定合作计划，筹建组织联络机构，完善体制机制，拟定具体实施方案，启动实施部分合作项目；2021 年全面启动相关行动计划和各类项目，助推川渝两地学前教师教育协同创新的体制机制基本健全；2022 年全面建成在中西部乃至全国具有影响力的学前教师教育协同创新示范区，系统总结提炼和宣传推广学前教师教育协同创新工作经验，为区域学前教师教育一体化协同创新探索模式、提供示范。

最后，强化经费保障。根据成渝地区双城经济圈学前教师教育协同创新工作领导小组设立的协同创新行动计划专项经费和重大项目经费，积极申报教学成果和专业科研课题使本项目顺利实施。

四、幼儿教师培养模式改革实践及举措

创新高职人才培养模式，培养高职学生坚定的理想信念、健全的人格、健康的身心、良好的实践创新能力和社会适应能力，是时代赋予高职教育的特殊使命，也是高职教育一体化改革的重点和难点所在①。

随着 21 世纪初我国高等教育规模的迅速扩大，大量师范专科学校升格为本科院校。作为师范高等专科学校，肩负专科师范教育人才培养重任，是广大幼教师资和农村中小学教育师资培养的主力军。近年来，为适应新时代高专幼教发展需要，特别是进一步加快幼儿教师培养的专业特色发展，川南幼专围绕“全人+特长”育人理念和学前教育人才培养目标开展了人才培养模式改革研究，在幼教专业内涵发展和特色发展方面做了许多有效探索。重庆幼专坚守“励志、笃学、仁爱、敏行”育人理念，大力开展人才培养模式改革，获得了很多实践经验。这些实践探索和经验，为《成渝地区双城经济圈建设背景下

① 席海涛，吴新燕，王永红. 高职“双区协同、三全育人”人才培养模式改革的创新实践——以江苏信息职业技术学院为例 [J]. 物流技术，2021，40 (05)：155-160.

“校地园协同 学训教一体”幼儿教师人才培养模式研究》项目的实施提供了坚实的建设基础和发展条件。

（一）人才培养方案制（修）订

根据西南、川南地区行业企业调研情况，修订完善专业发展规划，开展专业结构调整。依托优势幼儿教师培养特色专业，逐步健全对接产业、动态调整、自我完善的专业建设发展机制。以高质量人才培养为中心，坚持走内涵式发展道路，完善产教融合、协同育人机制，各专业科学设计人才培养目标，优化课程体系，改革教学内容，更新教学方法与手段，增强实践教学环节，强化教学过程管理，形成科学合理、特色鲜明的人才培养体系，创新人才培养模式，构建教学标准体系，健全教学质量管理和保障制度，以增强学生就业、创业能力为核心，加强思想道德、人文素养教育和技术技能培养，全面提高人才培养质量。

“校地园协同，学训教一体”人才培养模式总体框架初步形成。为充分发挥政府、社会等外在环境要素在人才培养中的资源配置、协调决策、科研服务等功能，通过责任共担、利益共享，与地方政府和基层教育单位建立长期巩固的伙伴合作关系，探索出“共享培养资源、共拟培养规划、共商培养内容、共建实训基地、共育教学团队、共管实践运行”的协同培养机制，形成了“优势互补、合作共赢”的“校地园”协同培养卓越基层教育一线幼儿教师的长效机制。深入成渝两地各市区县幼儿园、农村小学、教委、教育局、教育科研机构开展广泛的人才培养调研，初步形成了“校地园协同，学训教一体”的人才培养模式总体框架。

（二）课程建设

做好幼教专业集群课程顶层设计。创新课程体系建设标准，建立以合格课程为基础、优质课程为重点、精品课程为示范和特色的课程体系。按照“课程设置基于工作岗位、课程内容基于工作任务、课程教学基于教学做一体化”的课程建设思路，构建了公共基础课程、专业课程、实践教学课程加素质拓展课程的“3+1”课程模块：即通识课程模块、专业基础课程模块、专业技能课程模块和实践教学课程模块，其中通识课程分通识必修课和公共选修课，专业教育课程分专业必修课和专业选修课。根据专业特点，各专业构建了基于培养学生职业道德素养、专业核心能力和岗位综合实践能力为一体的专业课程体系。

夯实学前教育专业课程建设基础。以行业岗位为需求面向，以综合素质养成为核心，不断完善课程体系。课程设置积极融入基础教育课程改革与发展，依据《幼儿园教师专业标准》，各专业带头人、骨干教师、企业专家对接教师岗位需求，共同研制人才培养方案，通过分析归纳教师岗位职业能力，构建了“一年级培养专业基础技能→二年级培养教育教学技能→三年级培养教学综合应用技能+三年持续提升教师职业素养”的渐进式“三级一贯通”模块课程体系。打造了三大课程平台——通识教育课程平台、专业基础课程平台、专业教育课程平台；依托三大课程平台，构建了五大课程模块——通识教育课程、专业基础课程、专业主干课程、教师教育课程、实践教学课程。精心设置专业核心课程，灵活建构专业方向课程，为学生夯实基础、强化能力、发展个性提供了强有力的支撑。

全面推进“课程思政”。在教学过程中始终将“培养什么人、怎样培养人、为谁培养人”作为教学的着眼点和着力点，把立德树人贯穿到教学工作的各领域、各环节，加强守好一段渠、种好责任田，使各类课程与思想政治理论课同向同行，形成协同效应；使素质教育具体化，积极推进课程思政建设。实现共同构建全员、全过程、全方位育人大思政教育格局。用好课堂教学这个主渠道，发挥课堂作用，提高学生思想道德，各类课程与思想政治理论课同向同行，形成协同效应。

以“双高”为目标，本着“共建共享”的原则，引导广大教师树立精品意识。组织培训学习、创新教学理念、健全金课建设制度，开设专项经费，组建课程团队，引进三方科技公司，聚焦线上线下，辅助开发课程，聚力打造校级“金课”。实施《精品课程建设实施办法》，开展全员课程建设与信息化教学培训。以教学名师工作室为着力点，以团队打造优质在线开放课程建设，幼教专业开展了《幼儿园园本玩具设计与开发》《幼儿园教育活动设计与指导》《婴幼儿活动设计与组织》等校级在线课程试点，打造《语言活动指导》等3门校级精品在线开放课程。开展了专业主干课程中1～2门“课程思政”试点后全面推进“课程思政”改革，修订各专业人才培养方案、课程大纲，将立德树人目标作为制定培养方案、设置课程的主要依据。优化课程设置，完善教学设计，在构建课程体系和制定各门课程达成目标中强化育人导向，在所有课程、各个教学阶段融入思想政治教育元素。

（三）教材教法

1. 教材管理与开发

川南幼专严格执行学校相关管理办法，加强对教材选用工作的制度化、科学化管理，保证选用教材的质量。突出职业教育的特点和可操作性，以教材建设为“三教改革”的突破口，推动专业与课程建设。坚持所有教材编写必报的原则，坚持依据教材建设规划以及专业或课程教学标准，服务教育教学改革和人才培养。规范化开展教材选用，积极开展校本教材、规划教材和合作院校教材编写工作。近年来，编写和修订各类教材 20 余门，为切实推进成渝地区双城经济圈建设教育协同发展，继续开展学前教育一系与重庆幼专合编《幼儿园游戏活动指导》规划教材 1 本；与实践教学基地幼儿园合编《幼儿园教育活动案例集》《幼儿园游戏集》《幼儿园文学作品选集》教材 3 本；推进与重庆幼专、广西幼专合编《学前教育专业认识实习》《学前教育专业跟岗实习》《学前教育专业顶岗实习》教材 3 本。

重庆幼专紧贴行业发展，共同开发课程教材，围绕职业能力的培养，落实“岗位导向”的目标，科学规划校园共同开发课程，邀请幼儿园、小学、行业企业人员、行业人员深度参与“专业技能”“应用技能”类课程教材、讲义等教学资源开发，参与理论和实践课程教学及教学改革。目前各系部与幼儿园、小学、行业企业共同合作的课程有 25 门，共同开发教材、讲义 12 种。开展校企合作开发教程、提高课程教学质量。重点建设基于移动学习平台的软件技术专业优质教学资源库、云（服务）平台系统等。早期教育专业与重庆市万州东方爱婴早教机构合作，共同开发了基于岗位能力的《婴幼儿活动设计与组织》《0-3 岁婴幼儿护理与急救》等课程，其中开发的讲义《0-3 岁儿童保健与营养》在学校使用过程中具有很强的针对性和实用性，受到师生及行业的广泛好评。与学前教育专业双基地建设单位——中汉教育集团共同完成课程开发 1 门——《幼儿园活动设计与组织》。

2. 教法变革与创新

川南幼专创新和常态化开展“三建设”“两促进”“一保障”（强化专业、课程、课堂建设；结合学校每月宣传主题开展“以赛促教、以赛促学”活动；学校督导常规检查、教务处每日教学巡查与每周简讯通报、系部检查、学生信息员队伍信息反馈的四级联动教学质量监控、评价与保障体系一体化）的教学内涵建设改革。进一步健全和完善各项教学管理制度，实施学校《教学工作规程》，促进教师养成良好的工作规范，系统化、科学化抓好教学纪律和教学秩序，规范教学过程管理，树立严谨的教风和学风，提高课堂教学效果。革新教育教学方法，大力推进“三教改革”与“课堂革命”。开展课堂教学改革，革新教学内容，构建“思政课程+课程思政”大格局，推进教学方式方法和学习方式方法变革。广泛开展启发式、讨论式、参与式和项目化教学改革，加强学生创新能力培养；适应“互联网+职业教育”发展需求，运用现代信息技术改进教学方式方法，广泛应用线上线下混合教学，促进自主、多元、个性化学习。推进考核方式改革，在注重基础理论知识考核的同时，加强专业技能、创新创业能力的考核，将学生开展创新创业、志愿公益等活动认定为课堂学习，纳入学分管理。

川南幼专做实教学改革。以“质量提升行动计划”为抓手，实施《教学质量提升“四个一”行动计划》，以比赛促进教学、以活动带动学习氛围，开展了教学质量提升大讨论，组织实施教学质量提升工作系列研讨会，开展教师教学能力提升系列活动（全员教师说课、推门进课堂、新进教师转正课、教学名师示范课等）等一系列举措，将教学工作做牢、做实。以深化“五育并举”人才培养综合改革为中心，建设“五育并举”人才培养体系，推进“培根铸魂、一专多能、强身健体、立美育人、劳动幸福”五大行动计划，打造一批彰显特色的精品项目。大力开展特色课程研究，做好了男性幼师班特色培养；与金苹果、上善咿呀、泰康等集团开展订单班人才培养；对口帮扶援建宜宾市兴文县马石沟村幼儿园、隆昌市前进村留守儿童之家，凉山州雷波县和盐源县支教与对口帮扶、凉山州“一村一幼”辅导员能力提升培训等教育教学扶贫帮扶；做好国家非物质文化遗产——资中中型杖头木偶特色课程开设与技艺传承，隆昌石牌坊文化校本课程及项目研究；积极开展中高职衔接五年制学前教育专业2+3和5年一贯制联合办学，全面提高人才培养质量。

重庆幼专创新教学方式手段，推进教法改革，构建教学做一体化。坚持“应用为本、理实一体”的教学方法改革，各专业按教学实际需要采用情景模拟教学、启发式教学、项目教学、案例教学等教学方法。采用“虚实结合”的方法，专业课程均在多媒体教室、微格教室、实训室等进行教学，全面实施幼儿园、小学仿真实训教学，推行教、学、做一体化。实施“双元评价、以考促学”的考评方式改革。实行“过程+结果、校内+校外、模块+整体、理论+实践”的多方位“双元评价”，调动学生学习兴趣，促进学生积极思考与实践，教学效果明显提升。以“问题意识、方法意识、学理意识、创新意识”的“四种意识”培养为抓手，加大探索创新性、实践应用性的教学内容比重，打造以“自主、合作、探究”为特征的教学课堂，有效地提高教学效率，提升学生的研究意识和反思能力。组织开展教研活动提质行动，举办公开教研活动比赛。发挥教学科研对教学和行业发展的指导作用。

（四）实践教学

川南幼专强化校内实验实训、校外实习实践的集中实践教学环节。构建包括岗前基础技能实验实训、专业技能实验实训、集中加分散实习、总结反思提升、毕业设计、顶岗实习六个环节的综合渐进式一体化实践教学体系；实行校系两级实践管理，建立学校实践教学管理中心与系部实践教学基地主任负责制，校外实习双指导教师制；改革实践教学评价方式，构建校内外指导教师、学生和实训基地多方参与的教学评价体系。狠抓实践教学与校内外实践资源条件建设。创新实践教学管理体制，创新实施实践教学管理中心各项制度，整合与优化校内外教学资源，充分发挥专业实验（训）室的效能，构建通用岗位能力与专业职业能力培养相结合、校内与校外相结合的实践教学体系。以专业教学为目标，新建、扩建实验（训）场地建设，包括实验（训）教学示范中心、学生专业能力实训平台、现有资源的扩充与整合。建立并完善实践教学网络平台，强化实践教学管理，实现顶岗实习监控信息化。进一步推进校企合作、校校合作、校园合作以及学校与行业等合作，实现校内外实践育人基地挂牌、搭建线上线下相结合的实践教学条件建设，校内专业实习实训基地 12 个。截至目前，川南幼专目前有实践教学基地 85 个，科研基地 31 个，就业基地 59 个，爱国主义教育基地 4 个，传统文化教育基地 2 个，法治教育基地 2 个，廉洁教育基地 1 个。共 7 类 184 个。从行业看，川南幼专除建立师范专业校外实习基地，还建立了非师范专业校外实习基地，为非师范专业学生提供校外实习条件，总体来看川南幼专实习基地丰富，今年各基地共接待实习学生 6919 人次，累计使用时间为 12633 天，接受半年顶岗实习学生 1588 人。学校累计派出指导教师和学生管理人员到基地指导 243 人次。

重庆幼专重视学生实践能力培养，不断完善实践教学体系。按照“全实践、分阶段、有层级”的思路实施全程全实践教学，建立三位一体的实践教学模式。该模式一是由“基础实践、专业实践、综合实践、创新实践”四个模块组成；二是强调多途径立体化实践育人，通过高校—地方政府—园校协同，突显“实践性理念”“实践性知识”“实践性能力”三位一体的“实践性人才”的培养。在实践教学过程中，以课程教学为引领，以第二课堂来强化，以竞赛活动来推动，以能力检测为杠杆，激发学生自主训练的积极性和主动性。为优化专业布局，完善职业教育和培训体系，以促进就业和适应产业发展需求为导向，整合校内实训资源，调整实训基地布局，现有校内 7 个实训基地。基于师范生“专业技能训练→教育教学技能训练→应用能力训练”需求，打造实训室“三合一”实践教学功能。完善实训室实践教学功能，拓展校外基地，校外实习基地总数达到 200 余家，基地分布区域覆盖重庆 38 个区县。通过与实习基地开展园校、校企合作，有效地提高了基地接待学生进行认识实习、跟岗实习、顶岗实习的人数，基地接待学生实习量增加 748 人，基地接受学生就业人数也比上学年增加 215 人。

（五）教学评价

1. 川南幼专关注质量诊断，形成多元评价体系

川南幼专贯彻教育部《高等职业院校内部质量保证体系诊断与改进指导方案》和省教育厅质量诊改实施方案、操作规程，主动实施学校《内部质量保证体系诊断与改进工作方案》，构建诊改体系基本架构、质量保证体系与工作机制，落实诊改项目和任务分解、常态监控和运行管理。加快教育质量诊断与改进的制度建设，加大教学质量监控力度。构建高质量的内部教学质量诊改与质量监控平台，全面开展诊断与改进工作。健全专业人才培养质量标准，使课程标准与行业标准相结合，知识标准与实践标准相融合，提高人才培养质量。强化教学过程管理，实施专业教学标准对标课堂教学，坚持教学督导、推门听课、思政课集体备课等制度，常态化开展双向考勤、学生教学信息员情况反馈，完善学生评教、同行评价、督导评课等课堂教学质量监控和评价机制。制度化、常态化地进行社会需求调研和毕业生跟踪调查，审慎地做好人才培养基本状态数据的采集填报和质量年度报告，指导专业的教学改革，提高教育教学质量。实施《课堂教学质量评价实施管理办法》《教师教学质量考核办法》《教学督导工作制度》等相关制度，形成由教学督导委员会成员、校内外督导专家、学生督导员等组成的多元教学质量监控队伍，对全校各专业开展日常督教、督学、督管；建立学校领导、中层干部听课、评课制度，各系部兼职督导员对教师的课堂教学进行现场指导，形成领导检查、学生评教、教师互评、督导指导与学生信息员反馈的多元教学质量监控机制。近三年，学校领导干部听课 2400 节，教学督导 1066 节，专任教师 13080 余节，其中到幼儿园小学听课 1750 余节。建立和完善校领导巡查、教务处定期检查、教学督导听课与反馈、

学生信息员反馈、公开课教学等多元教学质量评价机制；每周发布一期教学简讯；积极推进毕业生顶岗实习追踪调查、用人单位质量评价、第三方机构就业调查，基本形成学校和社会共同参与评价的教学质量反馈机制，变学校监控抓质量为教师主动提高质量。学校评教客体（教师）覆盖面85.14%，校领导参与评教比例100%，学生参与评教比例96.73%，同行参与评教比例85.14%，社会参与评教比例68.18%，评教机制正在不断完善。

2. 重庆幼专强化过程监控，落实质量提升措施

建设监控制度，完善质量保障体系。重庆幼专修订完善了《教学指导委员会章程》《教育教学督导管理办法》《听评课制度》《教师评学工作实施办法》《重庆幼儿师专内部质量保证体系诊断与改进工作实施方案》等一系列规章制度，为教育教学质量监控提供了制度保证。以专业条件保障和教学服务质量为主线，以促进专业的发展为落脚点，坚持“发展导向、自我保证，多维诊断、重在改进”工作方针，形成人才培养工作状态数据和第三方数据支撑。对专业发展基本条件、人才培养质量、标志性成果、适应社会需求、服务贡献等方面进行评价，构建学校自主专业质量诊断、专业团队整改完善、教学质量持续提升的工作机制，保证学校人才培养质量持续提高。建立了“三级五极八标”双向反馈教学质量内部监控保障体系。在此基础上，启动了教学质量诊改工作，加强了教学质量的监控与督导。实施教学前青年教师成长监控、开课计划监控、教学保障监控；教学中教学检查、随堂听课、学生信息反馈；教学后召开学生座谈会、教师代表大会、学生评教、教师评学等监控手段。逐步建立了基于教学管理全过程、全质量要素的“教学全过程质量监控体系”，促进了教学质量提高。学校成立督导工作领导小组，聘请具有丰富教学及管理经验的行业专家、退休教师、上级管理部门人员，由5名专兼职督导人员组成专职督导队伍。通过“严格督、科学导、热情帮”相结合、专项督导与常规督导相结合、抽查与全面检查相结合、静态和动态检查相结合的方法，对教务处、系部、教师的教学管理、教学实施开展常态化专项督导检查。借助教学督导、学生评教及用人单位评价等手段，加大反馈和调控力度，不断改进教学工作，促进教育教学质量的提升。实施教学常规检查、每月定期发布教学情况通报、撰写工作简报、组织参与各系部座谈会、学生座谈会，学生评教参与度达到84.24%，有效地保证了教学质量及人才培养的提高。

（六）师资队伍建设

1. 川南幼专强化师德师风建设

建立和完善党委统一领导、党政齐抓共管、系部具体落实、教师自我约束的领导体制和工作格局。创新人才引进方式，修订完善《人才引进暂行办法》，深入实施“甜城英才引进工程”。深入实施“硕博”“青蓝”工程计划。开展新教师“一帮一”活动，加大教师“走出去”力度。学校有计划地选派教师外出培训，了解学前教育专业的新动向，提升教学名师教学科研能力。引培并举，打造高素质双师型教师队伍。分期分批选派教师到幼儿园、中小学一线顶岗锻炼兼任专家。在小学幼儿园中选聘骨干教师、园长充实双师队伍，优化师资结构。围绕重点专业、精品课程和重点教学团队建设，以教授工作室、名师工作室、园长工作站、教研室为载体，组建科研创新团队，成立“双师型”教师创新工作室，构建教师能力提升学习共同体。着力建设一支技艺精湛、专兼结合、理论与实践相统一的幼教专业师资队伍。学校幼教专业集群依托川南幼教集团、成渝地区双城经济圈职业院校学前教育发展联盟，聘请教育部学前教育指导委员会成员、儿童教育知名专家鄢超云，青年油画家曾传兴，资中中型杖头木偶国家非遗传承人胡海等建立校内特聘教授工作室。组建专家团队，团队专任教师 258 人，高级职称比例达 32.2%，其中教授 10 人、副教授 73 人；硕士及以上学历教师占比 60.3%，专业带头人 6 人、教学名师 21 人，甜城英才 32 名，双师型教师 140 人，比例达 54.3%，创建学前教育教学创新团队和学前教育科研创新团队各一个，形成了一支职称、学历、年龄、学科结构合理、教学科研能力强的专业教学团队。

2. 重庆幼专打造卓越师资队伍

重庆幼专多重并举，固本培元，打造卓越师资队伍。学校坚持“外引内培”的策略，打出“以老带新”行动计划、青年教师成才工程、双师素质提升工程、卓越兼职教师计划、教师信息技术能力提升工程等组合拳，将教师培训培养贯穿于师资队伍建设的全过程。引进专家教授，建立专家工作室，进行一对一的培养中青骨干教师，促使教师成为某专业领域的专家，辐射带动其他教师发展。成立特色专家工作室，特聘知名专家教授，实施“六大工程”，打造“双岗位”“双教学”“双教研”的三双专任教师团队。依托园校合作理事会，引入幼儿园、一线教师担任兼职教师，打出“以老带新”行动计划、青年教师成才工程、双师素质提升工程、卓越兼职教师计划、教师信息技术能力提升工程等组合拳。紧扣学校“以学前教育为主，艺术教育为支撑”的办学方向，紧跟“姓师、向农、为幼、服老”的办学宗旨，培养既懂专业又懂教育的中青年骨干教师，取得了显著成效。学校制定并落实了《重庆幼儿师范高等专科学校引进高层次人才管理办法》《重庆幼儿师范高等专科学校师资队伍建设规划》等文件。师资建设经费逐年增加，2020 年达到 202.887 万元。2020—1021 学年有校内外专兼职教师 558 人，其中校内专任 280 人，占比 50.18%、校内兼课 71 人，占比 12.72%、校外兼职 202 人，占比 36.20%、校外兼课 5 人，占比 0.9%，对比 2019—2020 学年教师总人数增加 56 人。学校通过社会公开招聘与长期聘用 25 人扩充校内专任教师队伍；通过校外行业企业专家引进，担任校内外实习实训指导教师，充实校外兼职教师队伍，保障了实践课教师具有行业工作经历，建立了一支专兼结合的教师队伍。

人才培养模式改革与研究一直在路上，通过两校在上述内容中的创新、协同、整合和在实践中不断探索与发展，我们将以本模式研究与实践为抓手，成渝地区幼儿师资培养必将在专业人才培养、科学研究、师资队伍、校企合作、社会服务和对外交流等方面整体实力显著提升，成为成渝地区双城经济圈“托幼一体化”专业人才培养高地，打造出成渝地区乃至中国西部学前教育品牌。

第三章 幼儿教师培养模式改革案例

传统幼儿教师培养模式存在“简单协同、单向协同”困境，以及“重理论，轻实践”的问题。本项目在教育教学改革实践中，改革理念和举措都紧紧围绕“校地园”协同，“学训教”一体来进行，从课程架构、师资改革、学生教育信念、协同地区与幼儿园多方面资源开发入手，全方位构建幼儿教师培养体系。本章主要介绍其中成效显著的典型改革案例，这对后续的改革深入具有极高的参考意义。

一、幼儿教师类型化培养模式典型案例

幼儿教师培养需要紧跟社会发展现状及市场需求，按需供给才能更好发挥为社会育人的宗旨。因此，川南幼专在经过充分的调研探讨后，于 2017 年开始招收男生，设立专门的男幼师班。重庆幼专则结合“卓越教师培养计划”与地方经济发展状况，走出了一条具有重庆特色的专科层次学前教育公费师范生人才培养的新路子。这两个案例都是典型的按需育人，保证了“校地园”协同开展幼儿教师培养。

（一）典型案例 1：校地园协同，助力川南幼专特色男幼师培养

学前教育教师职业女性化、男幼师稀缺，教师队伍性别比例严重失衡。随着国家教育事业不断改革，男幼师的教育价值愈发被人们重视，幼儿园对男幼师的需求也愈加强烈。在这样的现实背景之下，作为川南地区的幼师摇篮，川南幼专积极思考怎样吸引和培养更多的男生从事幼儿教育事业。在充分进行行业调研、政策研究的基础之上，开设了特色男幼师班，助推男性幼儿教师的培养。

1. 特色男幼师班的创设背景

在以前的教育实践中，每年报考川南幼专学前教育专业的男生极少，授课形式是安插在女生班进行学习，学习的课程内容与女生相同，毕业时许多男生被女生“同化”，甚至性格上也出现一些女性化的特征，比如说话柔柔弱弱、跳出来的舞蹈没有阳刚之气等，没有凸显出作为男幼师的性别优势，用人单位的反响平平，有的用人单位签了男生后，还需要进行格外的培训，才能从事幼儿园体智能的教学工作。

2. 特色男幼师班的培养措施

在男幼师班的组建和培养过程中，川南幼专受到地方政府、幼儿园、幼教企业的大力支持和协助。

(1) 制定人才培养方案。

学校组织了专业团队到地方政府就业部门和幼儿园、亲子园等用人单位进行人才需求调研，收集了用人单位对毕业生满意度的反馈，并对我校毕业生进行了回访。在地方政府部门、幼儿园等用人单位的协同之下，制定了《川南幼儿师范高等专科学校男幼师班人才培养方案》。

(2) 开设特色课程。

在“以生为本，因性施教”的教育理念下，在符合《幼儿园教师专业标准》的基础上，课程体系设计突出男性特色，使他们在体育、科学、信息技术等方面有特长，具备勇敢、刚毅等个性特质。

在其专业人才培养的规格和要求上，除了具备与女幼师一样的专业知识、能力、素质外，明确要求男幼师要具有良好的身心素质，掌握科学锻炼身体的基本方法和技能，养成良好的体育锻炼习惯，具有健康的体魄和健全的心理素质。根据幼儿园对男幼师的职业能力需求，校内专业教师团队精心打造了《幼儿足球》《幼儿篮球》《幼儿武术》《幼儿操创编》等具有男性特色的专业主干课程，在选修课的安排上，也注重增加了《轮滑》《跆拳道》《幼儿感觉统合训练》等幼儿体智能训练课程。

在实训课程的安排上，男幼师班每学期都有去幼儿园的机会，1—4 学期每学期到幼儿园进行认识实习，第 5 学期有为期 1 个月的跟岗实习，最后一学期是全部时间都在幼儿园进行顶岗实习。这样的阶梯递进式实习安排，保证了男幼师一毕业到岗就能胜任幼儿园的体智能教学。

川南幼专邀请四川省小飞蛙教育团队参与男幼师班的课程建设，如开展

"男幼师的职业规划"，开展户外扩展活动等特色课程。培养学生勇于承担责任、默契配合、勇敢顽强的拼搏精神和刚毅果敢的男儿品质，以及团队精神和规则意识。增强了学生的职业认同感、职业自信心、职业自豪感。

3. 特色男幼师班的培养效果与展望

川南幼专学前教育一系从 2017 年 9 月创办了第一个高中起点特色男幼师班，共 68 人，之后每一届成立一个男幼师班。在 2019 年 12 月针对 2017 级毕业生的双选会上，男幼师班的签约率达到 90%以上，许多幼儿园、亲子园等用人单位慕名而来，都希望能招到男幼师从教。同时，根据用人单位的反馈信息，对男幼师班的毕业生满意度较高，男幼师的收入和受重视程度也较高，毕业生和家长对学校的教学质量也非常满意。

在学校、地方政府部门、幼儿园、亲子园、幼教企业的协同配合下，通过资源共享、优势互补等协同人才培养，川南幼专男幼师特色班现已在川渝片区的幼教行业中逐渐形成专业品牌，吸引了一些地方媒体的关注和宣传，越来越多的男生报考学前教育专业，越来越多的用人单位甚至提前到学校选聘男幼师。特色男幼师班有望成为"进口旺、出口畅"的川南幼专教育名片。

（二）典型案例 2：创建园校合作新模式，助推公费师范生培养

2007 年，我国颁布并实施《教育部直属师范大学师范生免费教育实施办法（试行）》，开始在 6 所教育部直属师范院校实施师范生免费培养。2018 年 3 月，教育部将"免费师范生"更名为"公费师范生"，对已实行了 11 年的《教育部直属师范大学师范生免费教育实施办法》做了相应调整，迎来了该实施办法的"升级版"，免费师范生正式进入"公费"培养时代。在教育部实行师范生公费教育的政策指导下，2014 年重庆市教育委员会发布《重庆市教育委员会重庆市人力资源和社会保障局重庆市机构编制委员会办公室重庆市财政局关于学前教育免费师范生定向培养工作的通知》（渝教师〔2014〕13 号），重庆市计划总共完成 1000 名学前教育公费师范生的定向培养，用时 5 年，平均每年招收 200 名左右。重庆幼儿师范高等专科学校是重庆市唯一一所培养学前教育公费师范生的高职院校，按照"择优录取、公费培养、考核招聘"的原则，为区县培养一批"师德好、业务精、留得住、有专长"的专科层次幼儿教师。

1. 案例产生的背景

为全面贯彻落实《重庆市人民政府办公厅关于贯彻落实乡村教师支持计划

（2015—2020年）的通知》（渝府办发〔2015〕148号）、《重庆市教育委员会等4部门关于加强幼儿园教师培养培训工作的通知》（渝教师发〔2016〕18号）精神，重庆幼儿师范高等专科学校作为公费师范生定向培养基地全力以赴、大胆创新、先行先试。

通过对毕业生跟踪调查发现，幼儿教师普遍存在“理想信念缺失”“实战能力薄弱”“成长后劲不足”等问题。针对这些问题，学校从人才培养目标、教育教学改革、师资队伍建设等方面出发，依托园校联盟，整合园校双方资源，深化校园合作，围绕“一个平台、两端对接、三位一体、多向并行”的工作思路，倾力打造“师德好、业务精、留得住、有专长”的未来教育家，为专科层次学前教育公费师范生人才培养给出了特色的“重庆方案”。

2. 具体举措

（1）搭建园校合作平台，建立健全合作机制。

①形成“多位一体”的园校联盟。学校秉承“人才共育、过程共管、责任共担、成果共享、利益共赢”的宗旨，紧贴政府和社会需求，以服务为宗旨、就业为指导，构建园校合作共同体，有效整合高校、科研部门与用人单位资源，全面提升学前教育公费师范生人才培养培训质量。本学年度，学校与地方区县教委和中职学校合作，协同100多所幼儿园、早教中心，以学校“园校合作理事会”为依托，形成重庆学前教育“园校联盟”的格局，实现教学、教研、社会服务职能一体化建设，打造园校深度合作、畅通运行的人才培养平台，建立在读学生与行业的纽带，将专业学习与行业实践相结合，强化实践能力培养，形成与社会需求对接的人才培养计划，探索实践育人的有效途径。

②建立开放共享的资源建设公众平台。为了保障园校沟通与资源共享，学校申请并建立了“重庆幼专园校联盟”微信公众平台，会员单位覆盖全市所有38个区县的近300所幼儿园和早教机构，每月4次定期向学生推送地方政策、用人信息，向园方介绍人才培养方案、推荐优秀人才以及优质课程资源，实现了由远距离到零距离服务的延伸。微信平台运行一年多，反响强烈。

③优化“园校一体化”的实践教学体系。依托“园校联盟”平台，遴选最优质的市示范幼儿园，专门建立“公费师范生实践教学基地”，实行“走园”教学、定向跟岗实习、优选顶岗实习，把互为衔接的专题见习、课题研习和教育实习，循序渐进地贯穿于专业学习，实施“浸润式”实践教学。通过与“公费师范生实践教学基地”联合开展“开学第一课”“职业信念教育”等专业活动，努力为公费师范生植入“理想、习惯、意志、激情”四大优秀教师基因，

促进公费师范生在“综合素质、精神面貌、专业情感、事业追求”等方面的职业素养全面提升

（2）两端对接，搭建公费师范人才培养“立交桥”。

公费师范生来源于对接中职学校，服务于定向幼儿园，出入口两端有效对接是培养优质公费师范生的关键。因此，在公费师范人才培养工作中，我们注重两端对接：前端对接中职生源校，确保生源质量。以“3+2”学前教育专业的中专阶段“突出基础性”的培养目标为依据，侧重幼儿园教师职业能力的考察，结合《幼儿园教师专业标准》，学校联合区教科所专家，优化高职转段职业技能测试方案和公费师范面试方案，控制中职学段的人才培养质量基本线；后端对接定向幼儿园，精准指向岗位要求，将行业需求作为人才培养的重要参考。

（3）三位一体，构建公费师范人才培养“共同体”。

学前公费师范生定向培养由市教委师范处亲自牵头，按照政府、行业、学校“三位一体”的要求，学校与对接区县教委、幼儿园构建起“共同规划、共构组织、共同建设、共同管理、共享成果、共担风险”的公费师范人才培养“共同体”，政府主导、市教委指导协调、区县教委大力支持、幼儿园密切配合、3+2对接中高职学校紧密衔接，坚持产学深度融合主线，全面提升学前公费师范生培养质量，形成学校学前公费师范生的人才培养工作多方协同的良性运行局面。

（4）多向并行，释放园校联盟强大“驱动力”。

依托园校联盟，实现园校人才资源共享，并以“分类管理、量身打造”为着力点，建设专兼结合的“双师素养”教学团队。一方面，校内教师按专业带头人、骨干教师、一般教师等分类培养；另一方面，聘请行业、幼儿园不同层次的专业人员作为“专家型”“授课型”“指导型”兼职教师，使基地园成为人才培养的另一个主体，形成人才培养“双主体”。在《幼儿园教育活动设计与实施》这门核心课程教学上由校内专任教师团队和幼儿园兼职教师团队共同实施教学，使学生有校内老师的培养，又有幼儿园“师傅”的引领，形成强有力的公费师范人才培养“双团队”。

3. 实施效果

在重庆市市教委的关怀和指导下，在各区县政府、多所幼儿园与学校合力形成的园校联盟的努力下，学校学前公费师范定向培养工作渐入佳境，截至2020年6月，2018级公费师范生全部达标毕业、顺利到岗，累计为各区县农

村幼儿园培养教师1006名。公费师范生在校期间幼儿教师资格证获取率100%，获得国家级奖项3项，省部级奖项14项，其中2019年、2020年连续两年获得“全国职业院校技能大赛学前教育专业教育技能赛项目团体一等奖”的优异成绩。公费师范生们毕业之后奔赴各个区县幼儿园，踏实进取，积基树本，内外兼修，在专业道路上迅速成长拔高，展示出过硬的基本功和优良的专业素养。如2018级公费师范生王一帆，教龄不足一年，却在2020年重庆市铜梁区幼儿园教师优质录像课比赛中获得一等奖。

二、幼儿教师培养课程教学与师资队伍改革典型案例

《国家职业教育改革实施方案》提出了“三教”（教师、教材、教法）改革的任务，其中教师是根本，教材是基础，教法是途径。在具体的改革中，教师队伍需要从结构上、理念上进行全方位地改革，不断地增强教师团队的专业化、先进化、科学化发展，打造具有创新力和生命力的教师团队。课程是教学实施的前提和基础，恰当的课程改革可以促进幼儿教师培养的高质高量，同时好的课程改革也能够延续文化生命，以文化人，促成幼师生职业道德和文化内涵的培育，孕育“有理想信念、有道德情操、有扎实学识、有仁爱之心的‘四有’好老师”。

（一）典型案例3：校地教育文化融合，开发石牌坊文化课程

川南幼专地处中国石牌坊之乡——隆昌，作为当地唯一一所高校，有责任和义务将隆昌的特色传统文化尤其是石牌坊文化进行传承和弘扬。隆昌石牌坊文化底蕴深厚，蕴含丰富的德政、勤政、廉政、仁政、慈孝、爱国、守信等理念，是中国传统文化的重要组成部分。

1. 隆昌石牌坊传统文化进课程的改革背景

在建党95周年庆祝大会的重要讲话中，习近平总书记指出：“文化自信，是更基础、更广泛、更深厚的自信。”在此明确提出了中国特色社会主义的“文化自信”。党的十九大报告中也指出：“文化是一个国家、一个民族的灵魂。文化兴国运兴，文化强民族强。”而在2018年的《教师教育振兴行动计划（2018—2022年）》中明确指出了“在师范生和在职教师中广泛开展中华优秀传统文化教育，注重通过中华优秀传统文化涵养师德，通过经典诵读、开设专

门课程、组织专题培训等形式，汲取文化精髓，传承中华师道。”加强高职院校学生的思想素质，必然要从优秀传统文化中汲取营养。

而在实际的教学中，大学幼师生中华优秀传统文化教育存在时代性不强、教育内容针对性不够、教学方法单一、学生传统文化知识素养单薄等问题，因此，需要结合学前教育专科学生的学习特点，另辟蹊径进行传统文化教育。川南幼专身处隆昌石牌坊传统文化环境中，将其纳入校园课程具有天然的优势。

2. 隆昌石牌坊传统文化进课程的改革措施

（1）校地共建石牌坊廉洁教育实践基地。

2017 年 4 月，隆昌市外事侨务旅游局与川南幼专共建廉洁教育实践基地，为全校师生搭建了廉洁教育平台，旨在对全校师生，特别是党员干部进行廉洁教育。通过参观隆昌德政堂、牛树梅官邸和德政坊、德政碑，聆听德政官员的德政事迹，牢固树立廉洁意识，传承优秀廉政文化。

（2）组建科研团队开展隆昌石牌坊传统文化研究。

2018 年 4 月，学校组建了隆昌市石牌坊传统文化研究团队，通过文献分析、实地调研、问卷调查、访谈等研究手段，深度挖掘了隆昌石牌坊文化中最适合幼儿教师职业的内容，并根据幼师生人才培养方案，将这些内容融入现行学前教育的专业课程中，再从教法、学法、考核方法上下真功夫，让学生真正地喜爱这一地方特色文化。

（3）改革幼师生大学传统文化课程。

在高校学前教育专业传统文化课程的教学中，受到许多挑战，如多元文化和多元价值观对传统文化的冲击、网络新媒体的导向对大学生民族传统文化认同的干扰、市场经济转型、功利化教育文化对传统文化的冲击等，造成部分大学生存在传统文化践行危机。有必要对传统文化课程的教学内容、教学方法、教学考核方式按照“学训教”的新模式进行改革，以期实现它的育人功能。

首先，教学内容的改革。幼师生的中华优秀传统文化教育内容既有中华优秀传统文化教育内容的普遍性，又有幼师生这一特殊对象自身的独特性。以往对幼师生中华优秀传统文化教育内容的选择仍停留在通识教育层面，教育内容仍然以爱国主义、伦理道德、思想观念教育为主，没有深入挖掘中华优秀传统文化教育对幼师生的深层内涵与重要价值。以《中华优秀传统文化教育指导纲要》为指导，以提高幼师生对中华优秀传统文化的自主学习和探究能力为重点，挖掘隆昌石牌坊文化中的石牌坊建筑特色、石牌坊碑文书法特色、石牌坊廉政教育、石牌坊“仁、孝、信”教育四大教学内容。而这些教学内容主要是通过《中华优秀传统文化》《大学语文》《思想道德修养与法律技术》《幼儿游戏设计与指导》《幼儿美术》《幼儿舞蹈创编》《幼儿玩教具制作》《书法》这些课程的教学来实现的。

其次，教学方法的改革。在以往的传统文化教学方法上是以教师的讲授为主的。根据“学训教”一体的教学改革思路，教学方法体现以学生为主体、教师为主导的教学主张。通过理论学习、课堂实训、操作练习等方法，课后举办幼师生石牌坊书画作品展、辩论会、艺术节、征文比赛、传统文化演出、参观石牌坊群和博物馆、校庆典礼上着汉服行汉礼等学生喜闻乐见的形式，提升学生传统文化的践行能力。

最后，课程考核方式的改革。以往的传统文化课程考核方式只有做试卷测试一种，这样的考核方式造成了学生的传统文化践行能力不足、传统文化创新力不足、继承性不强等问题。根据“学训教”一体的教学改革要求，结合幼师生的职业特色，改革后的传统文化课程考核方式更加多元、灵活。在进行系统教学后，学生将自己所学最后凝练成一个在幼儿园也可以使用的石牌坊元素作品，如石牌坊书法作品、石牌坊书签、石牌坊扇面画、石牌坊舞、石牌坊诗、石牌坊玩教具、石牌坊文化衫等，教师再对学生作品进行考核。这样的考核方式更具有针对性和深刻性。

3. 隆昌石牌坊传统文化进课程的改革成效与展望

营造了浓厚的传统文化育人氛围。首先，学校的标志性建筑“孔子访长弘”采用了古色古香的石牌坊建筑风格，学校的路灯、教学楼、艺术长廊、校史馆等硬件设施上都有石牌坊文化元素。把地方文化这一看不见的精神转化为具体的物质形态，彰显在校园的每一个角落，让身在其中的莘莘学子在潜移默化、耳濡目染中，感受隐形课程无所不在的熏陶。其次，开展了许多传统文化演出、校庆典礼上师生着汉服行汉礼、石牌坊文化书画展、石牌坊参观学习、讲石牌坊故事等一系列的实践活动，增强了幼师生对中华优秀传统文化的兴趣、增强了传承弘扬中华优秀传统文化的责任感和使命感。

增强了幼儿园和学生本土课程资源的开发意识与能力。学校科研团队和实习指导教师，利用学生实训契机，指导学生协助隆昌市莲峰幼儿园石牌坊主题环境建设，为学生和隆昌市幼儿园教师开展《开发本土资源，建构幼儿园游戏活动》等一系列石牌坊文化专题讲座，拓展了幼儿园教师和幼师生的文化视野、提升了他们开发本土文化课程资源的意识和能力。课程的改革是没有终点的，在今后的改革中，学校的科研团队将致力于针对幼师生的石牌坊传统文化教材编写以及探索更加新颖的传统文化教学路径。

（二）典型案例 4：校地园共同协作，打造教师教学创新团队

为深入学习贯彻习近平新时代中国特色社会主义思想和党的十九大精神，全面贯彻落实全国教育大会精神，按照《国家职业教育改革实施方案》决策部署，2019 年 6 月教育部印发了《全国职业院校教师教学创新团队建设方案》的通知，为服务“学历证书+若干职业技能等级证书”（简称 1+X 证书）制度试点，面向职业院校，聚焦战略性重点产业领域和民生紧缺领域专业，经过 3 年左右的培育和建设，打造 360 个满足职业教育教学和培训实际需要的高水平、结构化的国家级团队。深化产教融合、校企合作，推动学校与行业企业合作共建、共享人才、共用资源，形成命运共同体，支持企业深度参与教师能力建设和资源配置，建立学校优秀教师与产业导师相结合的“双师”结构团队。

1. 案例产生背景

国家三孩政策颁布，婴幼儿人数的急剧上升，“幼有所托”使得托育行业和学前教育的岗位刚需日益凸显。但“幼有优育”，又对学前教育的师资供给提出了适岗性、复合性、专业性等更高质量的要求。重庆幼儿师范高等专科学校地处三峡库区腹心地带，依托“成渝地区双城经济圈”和重庆“一区两群”的区位优势，顺应国家战略需要、行业需求喷发及区域协同发展的时代机遇，又面临优质学前师资培养和引领托育行业发展的时代挑战。学校应立足市内唯一幼儿师专的战略定位，充分传承百年师范的底蕴，以学前教育专业群立幼教之心，以群立“幼有所托 幼有优育”之命，服务乡村振兴和学前教育发展。

2021 年重庆幼儿师范高等专科学校以“立足实际、面向行业、回应国策”的决策思路，在早期教育专业、婴幼儿托育服务与管理专业校级教学团队的基础上，依托学前教育高水平专业群，提出 0—3 岁幼儿教师教学创新团队的构想。以学校“姓师、向农、为幼”的办学宗旨为引领，在“幼有所育”“幼有专育”上真做深挖，以“童蒙养正，崇德向善”为理念，以校地园协作共同体为基础，致力于建成一支“情怀有温度，专业有深度，迭代有速度”的 0—3 岁婴幼儿托育教师队伍。

2. 案例具体措施

（1）校企合作共建“双师”+“X 证书”教师队伍。

组建校企合作、专兼结合的“双师”+“X 证书”的 0—3 岁幼儿教师教

学创新团队。由托幼专业专任教师和行业专家共同组建教学团队，优化团队人员配备结构。进行师资互聘，定期安排托幼专业专任教师到早教机构进行行业实践，通过产学研结合以及校企合作多种形式的内涵建设。同时开展专项培训，如每年度开展不少于 2 次的团队成员创新能力提升培训、职业技能培训等，不断提升专兼职教师的“双师”素养和“X 证书”培训能力。

（2）打造校校、校企联盟搭建创新共同体。

与川南幼儿师范高等专科学校建立校校协作共同体，增强兄弟院校教学团队之间的人员交流，在师资互派、课题研究、资源共享等方面进行深度合作，推动成渝地区双城经济圈建设。与金宝贝、红黄蓝、东方爱婴、亲亲袋鼠等国际知名早教机构建立校企协作共同体，在团队建设、人才培养、教学改革、职业技能等级证书培训考核等方面协同创新。共建高水平教师发展中心或实习实训基地，在人员互聘、教师培训、技术创新、资源开发等方面开展全面深度合作、促进“双元”育人，切实提高复合型技术技能人才培养质量。根据早教行业发展趋势与动态，及时将新理念、新规范、新技能运用到教学中，促进关键技能改进与创新。

（3）对接行业产业，共建科学托育课程体系。

深入开展川渝同类院校和亲子早教机构、母婴育婴机构、托育机构、幼儿园、儿童保健机构等正在从事 0—3 岁婴幼托育的专业服务的企业调研，校企共同研究制定课证融通的“1＋X”人才培养方案，听取托育行业对学校人才培养规格及课程设置的建议。按照产教融合的课程标准制定方法和程序，有效对接母婴护理师、育婴师、母乳指导师、小儿推拿师、早教指导师、保育员等托育职业的职业标准、职业素养、职业能力的要求，从专业基础模块、专业拓展模块制定模块化课程方案。课程内容有机渗透职业技能大赛标准，与行业企业联合完成 6 门专业核心课程课程标准的开发制定，保持技能标准和课程内容的一致性。深挖模块化课程，按照医学、健康管理、运营管理、安全防护、幼儿照护、家庭养育、主题教育活动 7 个核心模块单元重构技能训练项目，开发专业教学资源库。

（4）学训教一体，创新“联席教学”。

团队教师紧密结合重庆幼儿师专深厚的红色文化底蕴推进“课程思政”实施，将课程思政实施情况作为教学团队教师听课、学生评教和教师考核的重要内容，力争实现全部课程思政“全覆盖”，团队全体教师育人效果“全覆盖”。团队教师在教学上实行跨学科的联席教学。一是在课堂中从教学目标的确定、教案的形成、课堂的具体实施及课程考核评估都由多学科教师共同完成，帮助学生建立对托育行业全面、系统的认识，学习到一体化的跨学科教学内容。二是在实习实训基地，充分利用现代化教学设备，由校内外教师联席指导学生实习实训环节，缩短中间时间，提高教学效率。团队教师明确职责，分工协作，参与专业建设全过程。

3. 案例效果与展望

通过3年的建设，能依据《国家职业教育改革实施方案》以及《全国职业院校教师教学创新团队建设方案》，结合本校、本专业发展实际，整合校内外托幼专业优质人才资源，分层次、有结构组建教师团队。能合作创新，从课程改革、教学创新、校企合作、院校协同等多途径进行，从师德建设、专业知识、社会服务多方面着手，培育创新型、复合型、发展性0—3岁幼儿教师。能依托托幼行业落脚到服务，基于高职院校本身的使命，引领区域内托幼行业发展。做好家长指导、社区服务、市场调研、政府沟通以及同类院校交流共享。能通过不同层次有针对性的培养，以校地园合作为平台，打造一个协同合作，专兼结合且年龄分布适宜的结构化，“双师+X证书”的0—3岁幼儿教师教学创新团队。

（三）典型案例5：“学训教”一体，构建实践教学新体系

为深入贯彻“学训教”一体的教育理念，提高幼儿教师培养的理实结合度，我校在幼儿教师培养中不断融入理论学习与实践实训相融合的教育思想，构建了从管理体制到教学大纲，从指导书到设施设备等一系列的实践教学体系，以更好地强化幼师学生专业实践技能训练。

1.“学训教”一体培养模式下实践教学体系提出的背景

在“学训教”一体培养模式下，建立川南幼儿师范高等专科学校学前教育专业实践教学体系，将学前教育专业实践的各个环节视为整体，在此基础上确定管理、目标、内容与评价四个维度构建全程化实践教学，按照科学有效的方式融入学生学习过程，培养学生的职业素养，使学生成为社会所需幼教人才。

2.“学训教”一体培养模式实践教学体系的具体措施

（1）建立管理体制。

制定实践教学制度，形成《实践教学管理中心建设管理办法》《实践教学管理中心及各实训基地运行管理配置》《实验实训教学规程》《实践教学管理规

范》等。

编制实践教学大纲，与课程标准合并制定或者单独编制，暂时不能制定实践教学大纲的课程或内容，由系部组织教师编制该门课程或内容的实践教学要求，包括实践顺序、周次、项目、课时、地点及主要仪器设备等。

配备实践教学指导书，为公开正式出版的实践教学指导书或专任教师编写、学校审定批准印刷的文稿或案例。如《隆昌石牌坊楹联启示录》《幼儿园特色活动案例集》《幼儿园实用科学小实验》《幼儿园科学玩具制作》《幼儿教师科学素养》《学前教育专业认识实习》《学前教育专业跟岗实习》《学前教育专业顶岗实习》等。

配置优良的实践教学条件。校内配有11间微格教室、517间独立琴房、9间舞蹈教室、12间音乐教室，建有专业实践教学室13个，如幼儿绘本馆、幼儿游戏室、幼儿行为观察室、幼儿卫生保健实训室等，每个实训室都有其特定的培训目标。另外，分别在成都、重庆、川南片区建立园长工作站4个，实现远程线上教学、实践实训以及校外实践教学基地105个。

（2）确定实践教学目标。

培养德、智、体、美、劳全面发展，能自觉践行新时代中国特色社会主义核心价值观和师德，幼教情怀深厚，专业基础扎实，关爱幼儿、才艺兼备、擅长保教和具有终身学习发展能力服务城乡学前教育领域的卓越幼儿教师。

（3）采用全方位实施途径。

配备实践教学专任教师和实训室管理人员。学前教育专业任课教师、实训管理员归相应教研室、实训基地，承担实训任务和管理。组织教师到幼儿园跟岗学习，了解幼儿教师工作制度，参与幼教机构学前教育各个环节。聘请幼儿教育专家或园长开展讲座，及时更新教师管理理念，了解幼儿教师应具备的能力，针对性制定教学目标和教学内容。选派青年教师加入园长工作站，加速青年教师专业成长。聘请优秀园长、教师担任学生实践实训指导教师，提高学生实践能力。

开展课程实践教学。利用校内实践基地，根据课程实践教学大纲，开展课堂实践教学，包括案例分析、课堂训练、模拟教学等，推进混合式教学，按照“学训教”一体的教学要求，以“学”为中心，以“训”为关键，以“教”为提升，建立突出产教融合、能力为重、五育并举、全面发展的人才培养模式。采用翻转课堂、项目教学、任务驱动等教法，帮助学生获得不同学科的职业技能。

组织常态化专业活动、早晚能训。开展与每学期课程一致，活动制度化、特色品牌化、成果多元化的系列专业活动和常态化的早晚能训，以及参加各级职业技能大赛，强化专业技能，提升职业素养。

设置教学助理岗位。设置校内实践岗位“教学助理”，选用师范技能有特长的高年级学生作为新生班的教学助理，参与教学辅导，协助专任教师提高学生教学技能水平。

开展三段递进实习模式。开展“职业认知、专业强化、岗位实践”三段递进实训模式，即认识实习、跟岗实习、顶岗实习及毕业设计等。一至六学期分别安排不等时间的实习，出版《认识实习》《跟岗实习》《顶岗实习》活页式教材，指导学生实习，通过体验实践到专业强化，最后通过岗位实践，建立稳定的职业信念，陶冶深厚的职业情感，形成娴熟的职业技能，完成实训目标。

组团服务社会。成立学生艺术团、志愿者团队，教师定期训练，让学生参与与专业相关的社会实践活动，如到福利院与幼儿相处、到农村幼儿园支教或者进行调研活动等。

（4）建立实践教学质量评价机制。

注重实践教学过程监督与评估，采用学生评教、教师自评、教学督导评教三位一体的监督评价体系，走访合作单位，了解学生评价和建议，形成专项报告交予教研室，及时进行人才培养方案和实践课程体系的改革，形成制定、实施、监督、改进的闭环管理模式，及时解决问题，为学生提供更好的实践平台。

3. “学训教”一体培养模式实践教学体系的实施效果

川南幼专经过几年的建设与发展，成效初显。学生多次取得国家级等各级职业技能大赛一等奖等优异成绩；教师资格证获取率高出同类院校 1～10 个不等的百分点。毕业生就业率高，就业质量好，深受用人单位好评。报到率逐年提高，毕业双选会呈现供不应求现象。

4. “学训教”一体培养模式实践教学体系的未来展望

在专业建设取得一定成绩的同时，我们也看到自身存在着亟待改进的不足：第一，实践教学的组织与管理需加强；第二，“互联网＋”教学能力需提高。我们将继续完善实践教学体系，加强组织与管理，增强学生实践教学能力；我们将不断加大培训和学习，推进信息技术与课程教学的有效融合。

三、校企合作共育幼儿教师典型案例

企业是幼儿教师培养的终点站，同时也是起点站，只有充分了解企业的需求，不断根据需求调整和完善幼儿教师培养相关举措，才能在教育教学的实际中实现园校互动，不仅引入幼儿园可利用资源，而且还应该协同设计课程、教师、实习实训等培养安排，做到真正的特色化订单化培养。

（一）典型案例 6：校企深度合作，共培优质人才

学前教育企业的发展更能体现市场经济发展对学前教育行业的要求，高校人才培养与企业的合作，更容易让学生接触到最前沿、最实际、最迫切的行业发展需求。

1. 金苹果直通班订单式幼师培养模式的创建背景

川南幼专一贯注重校企合作，特别是在教学、科研、实习实训、就业、创新创业等方面。校企合作不仅有利于用人单位选聘优秀毕业生，同时也为毕业生提供了就业平台，提高毕业生的实践能力。川南幼专始终坚持“以服务为宗旨，以就业为导向”的办学方针，根据市场发展需求和用人单位岗位需要，不断完善和改革教育模式，提高人才培养质量。

金苹果教育投资（集团）有限责任公司是一家涉及学前教育、中小学学历教育、文化出版、语言培训等领域投资及管理的集团化公司，在中国西部地区具有一定的品牌影响力及知名度。金苹果直通班是学校和企业本着“共建共享”合作原则、双方用心履行幼教义务、适应现代学前教育发展趋势的一次深度合作，是产教融合的有效形式，是学校合作办学走向校企深度融合的实质性的一步。

2. 金苹果直通班幼师培养模式的具体措施

金苹果直通班的组建工作。2018 年 3 月，金苹果教育集团与我校签订了定向培养人才协议。金苹果直通班的成立经历了三个步骤。第一步，金苹果订单班是由金苹果教育集团人力资源中心到学校针对大二下学期的学前教育专业学生进行企业宣讲，就企业文化、工作环境、业务内容、发展目标、领导人物、福利待遇、招聘的岗位和要求、晋升空间等相关信息进行详细介绍和说

明。第二步，在金苹果教育集团就职的我校优秀校友进行精彩演讲，就她们在金苹果教育集团的工作情况、成长经历以及选择金苹果教育集团的理由等与在校幼师生进行交流。第三步，具有意向的学生自愿申请、系部组织考核、企业进行面试，最终确定授课对象。

金苹果直通班订单式幼师培养模式的校企合作课程。金苹果订单班的学生主要利用周末开课，授课内容由金苹果教育集团和学校的师资团队根据金苹果教育集团对幼儿教师的岗位需求进行拟定，金苹果教育集团的教育教学理念是“以大气成就大器”，致力于培养能够参与世界竞争的孩子，培养孩子勤于思考、全面发展、坚持原则、懂得关爱、敢于尝试的品质和能力。因此，金苹果教育集团较为重视幼儿教师的国际化视野、外语能力、艺术技能等方面的专业素养。基于此，开设的特色课程有《英语口语强化》《新时代背景下的幼儿舞蹈创编》《幼儿教师的国际化视野》《金苹果企业文化》等。

3. 金苹果直通班订单式幼师培养模式的实施效果和未来展望

金苹果直通班的学生毕业后，根据自己的就业意愿，可以优先录取到金苹果幼教集团工作。据统计，第一届订单班约有五分之二左右的学生毕业后进入金苹果集团工作，通过用人单位的“毕业生用人单位走访反馈”了解到金苹果幼儿园对订单班的学生满意度很高，给出了“勤奋踏实、虚心好学、具有较高团队合作意识，善于钻研创新、一来就能上岗”的好评。同时，已在金苹果教育集团工作的毕业生也对直通班的课程满意度很高，他们认为利用周末的时间授课，帮助他们克服了惰性，增强了学习自律能力，课程内容丰富扎实，针对性很强，都是在工作岗位上用得着的东西。

川南幼专与金苹果教育集团携手创办的企业直通班幼师订单式培养模式，把校企合作做实、做强、做大、做深，实现了学生、学校、企业集团三方共赢，为振兴学前教育事业做出了各自的贡献。

（二）典型案例 7：实施校企双基地项目 合力共筑教育辉煌

为深入贯彻党的十九大精神，推进落实市委、市政府《重庆市科教兴市和人才强市行动计划（2018—2020 年）》，2018 年 8 月，中共重庆市委教育工委、重庆市教育委员会联合印发《重庆市科教兴市和人才强市行动计划（2018—2020 年）教育重点工作实施方案》。方案明确要求“为全面深化教育领域综合改革，补齐产教融合这个短板，做强一流教育资源这个弱项，抓素质教育促进人的全面发展，抓职业教育对接产业升级发展，抓高等教育驱动和服务创新发展，抓终身教育提升市民素质”。方案分为高水平大学建设行动、产教协同发展行动、全民素质提升行动 3 大行动板块，25 条重点任务及举措。其中明确建设“双基地”120 个、实训基地 300 个作为产教协同发展行动的重点任务，要求学校和合作企业通过探索引校进厂、引厂进校、前店后校等合作形式，共建生产性实训基地，推进学生实训与企业生产相结合、实习产品与市场需求相对接。校企双主体共同确定人才培养标准，制定人才培养方案，开发课程、教学资源和考核标准，共同建立双基地管理制度和工作机制，完善工作规程和考核评价标准，提升双基地安全管理水平，不断提高双基地使用效益和服务水平。

1. 案例产生的背景

重庆幼儿师范高等专科学校作为重庆市学前教育教师培训机构、重庆市教育管理干部培训机构、重庆市学前教育公费师范生定向培养基地，近年来发挥学前教育和艺术教育的优势，多次承担了学前教育国培项目和市培项目培训，为推动重庆市学前教育师资队伍的专业发展、服务地方社会经济发展做出了应有的贡献。北京中汉教育集团是一个专注于学前教育、艺术教育、学科辅导、亲子早教于一体的著名教育机构。集团凭借其先进的理论支撑、强大的科研优势、庞大的专家团队，着力创建三峡库区的高端教育、领航品牌，在重庆、成都等地拥有 30 多所品质幼儿园、早教中心、艺术培训学校和教育综合体，连锁化、集团化发展已具规模。

2018 年 12 月，重庆幼儿师专与北京中汉教育集团联合申报，获批重庆市高等职业教育双基地建设项目。结合学前专业的特点和社会对人才的需求，按照“学校主导、企业牵头、共建共管”的运行思路，通过加强学校与优势企业的紧密合作，积极探索出“双基地互动、工学结合”的专业建设模式。在实践过程中与企业共同实现人才培养“六个共同”，即“共同制定人才培养方案、共同打造专业教学团队、共同建设实习实训基地、共同开发教学资源、共同开发技术技能培训项目、共同推进就业工作”，全面提升双基地的综合服务能力。

2. 具体措施

(1) 积极探索“双基地互动、工学结合”的专业建设模式。

建立双基地长效运行机制。按照“学校主导、企业牵头、共建共管”的运行思路，建立“校长—董事长，系部主任、专业带头人—分公司负责人，教研室主任—项目部负责人，校内专任教师—企业工作人员”四级对接的紧密型校企合作立体运行机制。从规划到执行逐层精准对点、明确责任、分解任务、细化要求，打造畅通的全方位、多层次、立体化的校企互动关系，推动产教融合、校企合作向纵深发展.

按照“一个项目，一个团队，双边人员，三段推进”项目化工作机制。实行“项目—专项—方案”分级管理对应“项目负责人—专项负责人—项目团队”三级负责制推进项目工作，层层落实。专项负责人和团队成员需严格按照项目“计划—实施—验收”的三个阶段提供“方案—记录—成果”。对项目建设过程中做出突出贡献的团队和个人进行奖励，对没有按时完成和失职人员进行惩罚并追究责任。

（2）校企共建功能多样化、标准化的双基地。

以基地功能多样化为基本目标，学校充分发挥育人主体作用，引导企业参与校内实训基地建设，校内实训基地主要承担教学实训、专业技能培训、职业资格鉴定和社会服务等功能；校外实训基地原则上以企业为主体，学校充分发挥主导作用，企业辅助制定校外实训基地实训方案、培养标准等，同时辅助校外实训基地承担教学改革、科学研究、就业指导以及服务社会等功能。与北京中汉教育集团紧密合作，投资 30 余万元改建了学前教育专业项目实训室 16 间，校企合作共同出资 85 万元，共建幼儿园 AI+儿童智能化教育未来教室 2 间，实现虚拟仿真实验教学项目的数字化、生态化、智能化、可视化。

（3）共同培养一支高素质“双师型”教师队伍。

在“双基地”建设的过程中，突出“双师型”师资队伍建设。将到企业实践作为建设高素质专业化“双师型”教师队伍的有效途径。通过校企双方员工互聘机制和专业教师到双基地学习顶岗锻炼等形式，进一步强化专业带头人、骨干教师、专任教师、兼职教师的分类培养制度。

（4）校企共同开展技术技能培训，提升双基地的综合服务能力。

投资启动了双基地“传统文化”特色实训项目。双基地联合开展幼儿教师礼仪、茶礼茶艺等特色实训项目，全面提升技术技能人才培养质量。全系 3000 余名学生参与了基础课程学习，40 余名师生全程参与系列提升课程培训，并通过开展二级培训，以点带面，将特色实训项目渗透至各班级。在礼仪培训项目中，借助中汉教育集团的专业礼仪培训师，让学生通过观、学、思、练，帮助学生养成文明、规范的教师行为礼仪。在传统文化项目培训中，通过茶礼系列实训课程，通过基础课程+提升课程+结业考核，学生学习沏、赏、闻、饮、品，感受中华传统文化，了解茶文化历史内涵，交流茶诗、词、赋、文，提升个人素养；掌握幼儿园传统文化环创设计要领；学习开展传统文化特色教育活动，并通过培养高校师资，提升我校教师对素质拓展课程的指导能力，提升学前教育专业课程教学质量。

送训入校，联合开展体智能师资培训。双基地联合开展了学生职业技能培训——体智能师资培训，通过理论＋互动＋实操＋实践的方式，学生通过120课时的系列课程学习，提升体育活动指导技巧，开展体智能特色教育活动能力，提升学生组织与实施幼儿园大型运动活动、球类活动等方面的能力，培养合格幼儿体育教师；并通过培养高校师资，提升重庆幼专教师指导该门课程的能力，提升学前教育专业课程教学质量。

校企联合开展社会服务。在项目建设期间，校企双方强强联合，搭建重庆职业院校教师专业成长平台。通过企业、高校、参培教师三方合作，共同确定活动主题、活动形式、活动方案，并深入开展教学研究，探讨将传统文化中的美育融入幼儿园的有效方式。如：2019年11月，合作联合开展“国培计划”（2019）职业院校教师素质提高项目——源于传统文化，融入幼儿生活”主题活动，来自重庆各区县24名高校教师参与本次活动。校企共同开展系列爱国主义教育活动、“茶思红岩”党员师生社会服务、利用“双基地”项目平台，让党员师生积极参与到社会服务中来，发放宣传资料700余份，向家庭、社区群众宣传科学育儿。

3. 案例实施效果

双基地项目建设是学校在探索产学研结合的幼儿教师培养新路子，实现了单一的学校办学模式向校企联合办学模式转变，初步奠定了“行业指导、企业参与”的良好局面，校企合作成果丰硕。

建设期间，合作企业联合参与2018级、2019级、2020级人才培养方案调研、修订工作，完善制定《双导师实习制度》《校外指导教师指导手册》《顶岗实习教学标准》等多个标准。5名企业骨干教师与10名校内专业教师完成了《幼儿园班级管理》《幼儿园体智能活动》课程开发；《幼儿园班级管理》系列微课也获得校级一等奖1项、二等奖1项。聘请来自行业的骨干教师20多名承担校内实训课教学任务，共计1700课时，承担校内专业实践课《幼儿园语言教育指导》《家庭教育指导》等5门，共396课时。

截至2020年12月，学校下企业锻炼专任教师30余人次，累计900多天。校内认定8名“双师型”教师和多名“双师素质”教师。362名学生到合作企业开展了为期15天的认识实习和跟岗实习，完成跟岗带队教师手册12份，学生实习手册362份。校企共建成新建智慧实训室1间。双基地建设为学生感受真实幼儿园情境，强化专业实践技能提供了有力保障。双基地教师共同指导学生参加全国第九届“华文杯”学前教育师范生教学技能比赛获 5 个综合一等奖、4 个单项一等奖，参加“巴渝工匠”杯重庆市第十二届高职院校学生技能竞赛获团体第一名。

深化“引企入校”改革，建立双基地职业技能培训中心 1 个，联合开展“体智能师资”培训、“茶艺师”培训、1+X 幼儿照护职业等级证书培训、原创绘本培训等，培训学生 538 人，教师 4 人。开展社会服务 6 次，累计参与人数 500 余组家庭，2500 余人。

4. 未来展望

在双基地建设过程中，校企合作的深度和广度还可提升，进一步寻求更佳的双赢局面。企业骨干教师入校承担专业课程的质量有待提升。行业教师虽实践经验丰富，但对职前专业教学的框架、深度把握有差异，教学质量参差不齐。通过下一阶段加强行业教师上岗培训、联动教研和实践课程标准开发等策略能有效改善此种状况。专任教师参与基地园顶岗锻炼的深度不够，与兼职教师科研合作程度不深，还是停留在完成幼儿园日常保教工作，双方合作开展教科项目较少，在社会服务以及课程开发建设等方面没有充分发挥高校教师专业引领指导作用。

四、校地协同培育幼儿教师典型案例

为增强学校育人的地方适应性，落实我校“下得去、留得住、干得好”的农村幼儿教师培养定位，学校积极与地方各级管理部门沟通联系，结合当下农村留守儿童和农村地区教育水平亟待提高的情况，积极联合各部门力量，为农村留守儿童提供教育帮扶的同时，也为幼儿教师教育信念和专业能力塑造提供多元平台，切实践行“校地园”协同育人的人才培养理念，关心帮扶农村地区教育发展，促进幼师学生教育奉献意识培养。

（一）典型案例 8：服务社会重大需求，参与地方教育扶贫

高校对口帮扶精准扶贫是国家对高校扶贫工作提出的要求，也是学校育人的重要契机。教育扶贫不仅是经济扶贫，而且也是一种智力扶贫，通过对贫困地区的教育发展水平进行帮扶提高，从而为当地灌注可持续发展的生命力。与

此同时，作为未来的幼儿教师，深入贫困地区，了解贫困地区的社会经济文化状况，对培养其职业道德感和使命感有着极好的促进作业，这也是“校—地”协同培养在结合社会需求，促进育人时代性和崇高性方面的成功尝试。

1. 幼师学生参与地方教育扶贫改革的背景

学校于2015年底着手开展“留守儿童之家”教育扶贫项目，在经过前期的充分摸底调查后，川南幼专筹资20余万，援建了前进村“留守儿童之家”，包括教室、图书室、办公室各一间，开辟了500平方米的户外活动场地，并完善了室内外设施设备。为充分发挥“留守儿童之家”的教育实践基地功能，结合川南幼专幼师人才培养理念和方案，学校与当地村委对接联系后，响应教育扶贫的号召，组织幼师学生积极参与其中，利用自身所学为农村留守儿童提供教育教学服务。

我校为位于四川南部，幼师的人才培养服务主要立足川南片区，为落实“校地”协同育人，促进幼师学生社会责任感和职业信念培养，学校在深入了解地方教育发展的基础上，结合教育扶贫相关项目，积极引导和组织学生参与此类社会服务，提升其社会责任意识和专业实践水平。

2. 幼师学生参与地方教育扶贫改革的具体措施

(1) 农村“留守儿童之家”育幼儿教师吃苦耐劳之品。

为落实幼师学生深入农村基层，了解农村教育需求，实现帮扶的稳定性与发展性，学校进一步规范和完善了帮扶制度，每周六学前教育一系和学前教育二系都会各选派5～8名幼师专业学生志愿者到隆昌市云顶镇前进村“留守儿童之家”按计划为30余名留守儿童组织和开展活动，活动的形式多样，学生可以充分利用专业所学，设计和开展谈心谈话、作业辅导、经典诗文朗诵、特长培训、趣味游戏等多类型活动。每逢“六一”等大型节假日，志愿者们还会到“留守儿童之家”组织孩子们进行文艺汇演，开展趣味游戏活动，并结合自己了解到的情况，主动为需要的儿童送去玩具、学习用品等节日礼物。

(2)“四点半课堂”育幼儿教师爱心奉献之情。

2016年初，在了解到隆昌市金鹅街道的很多孩子下午放学早于监护人下班时间，存在监管真空这一情况后，我校与金鹅街道桂花园社区签订校社共建协议，打造社区幼儿“四点半课堂”，共同管理、帮助桂花园社区幼儿。学校以“青翼”志愿服务大队为主力，大力拓展志愿服务范围与形式，“四点半课堂”项目自2016年5月开始至今，千余名幼师学生志愿者每周一到周五，每天下午 16：00—18：00，为桂花园社区对放学后无处可去的幼儿提供义务课后辅导服务。为规范管理，促进可持续合作，社区配备了专门的志愿服务站点，配套设施完备，管理制度完善。

3. 幼师学生参与地方教育扶贫的实施效果

“留守儿童之家”项目活动具有周期性和持续性，每个周末都会有不同的幼师学生志愿者参与活动，这给当地的留守儿童带去了期待，同时也丰富了农村地区儿童的课余生活，让他们可以接触更多形式多样，内容丰富的精彩活动。目前，不仅是当地留守儿童参与到项目中来，非留守儿童和家长朋友们也都积极主动报名参加各项活动，为提高活动的价值和影响力，学校相关部门还适应需求的变化，增设家长学校，亲子课堂等项目，使扶贫必扶智真正落到实处，也增加了幼师学生对家长的了解，为其增强家长沟通能力提供锻炼的平台。“四点半课堂”不仅是暂时缺少监管幼儿的课后关爱中心，也成了我校学前教育、早期教育等专业学生的教育教学技能成长园地，在实践中锻炼和提高自己，真正做到“学训教”一体，项目启动至今社会反响良好。

“留守儿童之家”“四点半课堂”项目实施以来，幼师学生需要结合本专业的理论及技能知识点自行思考和设计相关活动，在有限的资源下高效率地组织相关活动。有更多机会深入观察和了解儿童的生活和学习，弥补了幼师学生对幼儿生活缺乏认识的不足，利于培养幼儿教师的“四心”——爱心、细心、耐心和信心，强化学生的幼儿教师职业道德。幼师学生还可以各取所长组织和开展相关活动，探索适合自己的幼儿教师发展之路，逐步形成有差异有特色有生命力的幼儿教师专业能力。很多学生从小没有农村生活的经验，在活动的开展过程中，他们逐渐认识到农村留守儿童对知识的渴望，由此体会到了自己职业的价值。也有一些同学在活动的组织过程中经历了“期待—沮丧—不放弃”的心路历程。这些体会和经验都成了造就他们职业认同感增强，使命担当勇气的增加，吃苦耐劳不言弃的精神勃发，对幼儿教师的职业信念塑造的肥沃土壤。

4. 幼师学生参与地方教育扶贫的未来展望

扶贫是为广大落后农村地区服务，同时也是学校育人的重要平台。幼师学生参与教育扶贫还可以培养他们对社会的关爱和责任心，增强其为党的教育事业奉献终身的使命感，这也是“校—地”协同育人，共谋教育促发展的重要措施。在全民已实现脱贫的今天，乡村振兴的枪声已然打响，学校也将继续贯彻幼师生参与乡村振兴，在提高农村儿童受教育水平，丰富广大农民朋友的业余生活奉献自己的力量，将幼师生的培养与农村地区的需求结合起来，更深入地践行“校—地”协同育人理念，强化幼师专业认同，夯实学生的教育实践技能。

（二）典型案例 9：推进产教融合，构建校地企协同发展命运共同体

为贯彻落实党的十九大精神，根据《国家职业教育改革实施方案的通知》（国发〔2019〕4 号）要求，通过探索“校地园”协同改革发展新模式，推进产教融合，构建校地企协同发展命运共同体，打造政产学研用示范项目，助力幼教事业高质量发展。

1. 案例产生的背景

随着学前教育事业的发展，幼儿教师培养逐渐由量的普及向质的提升发生转变。《国家中长期教育改革和发展规划纲要（2010—2020 年）》针对发展职业教育，提出“建立健全政府主导、行业指导、企业参与的办学机制，制定促进校企合作办学法规，促进校企合作制度化”，推动职业教育适应经济发展方式转变和产业结构调整要求。2019 年，国务院印发了《国家职业教育改革实施方案》，方案中明确指出：要促进产教融合，加强深度合作；坚持知行合一，工学结合，推动高校和行业企业形成命运共同体。在国家政策的指引下，产教融合、合作共建“校地企”共同体，协同培养幼儿教师已成为必然趋势。

2. 具体措施

2020 年 10 月 26 日川南幼专与内江市高新区、四川瀚晟同汇建设有限公司首次对接了内江科创城幼教产业项目合作事宜。2021 年 1 月，签订了“校地企”三方合作协议，共同打造内江市科创城幼教产业园。幼教早教产学研基地规划设计 1150 平方米，24 个班，采取普惠性+营利性模式教学。

首先，建立沟通、协调、保障机制。校地企三方对幼教产业园建设与人才培养高度重视，定期听取项目组汇报，成立专班推动落实节点工作。三方分别为幼教产业园提供了专门的管理制度，从政策、经费、人员等方面为合作提供了有效保障。

其次，跨行业协同创新。幼教产业园涉及学校、政府、企业多领域跨界合作，通过统筹协调，以培养卓越幼师为目标，以人才培养方案为依据，以培训项目为纽带，开展具体项目教学工作。实现校地园协同是高校转化科技成果的

有效平台，高校提供的智力支撑和人才保障是地方政府推动高质量发展，推动科技创新的必要环节，幼儿园卓越幼师培养，需要政府经费保障，培训实施需要高校协同。幼儿教师“校地园”协同培养就是凝聚力量，参与各方共建共享，从而形成关系紧密的合作共同体。

再次，强化过程管理。学校和企业建立“专业化师资+市场化运营”校企合作模式，推动幼教产业创新发展。学校提供可靠的师资力量，具有教案教程设计的丰富经验，教具设计制作综合能力，带动平台聚焦；企业进行资本整合及品牌推广，构建市场化产教融合平台，形成规模化、集团化发展模式，双方各自发挥优势，融会贯通，最终实现共赢。

3. 实施效果与问题反思

（1）建立健全机制，助推“校地企”协同发展。

组建幼教集团破除办学体制障碍，推进区域学前教育均衡发展。集团化办学能有效解决教育体制机制的障碍，促进教育链、人才链与产业链、创新链有机衔接。形成政府统筹管理、行业企业积极举办、社会深度参与的多元办学格局。幼教集团具有资源共享、优势互补、合作育人、共同发展的优势，推进了区域学前教育均衡发展，促进了学前教育深化改革、实现了产教深度融合、为深化校地企合作、促进资源共享，打通幼教人才多样化成长渠道提供了制度保障。

共建实践教学基地破除教学体制障碍，提高幼儿教师培养质量。校地园共建实践教学基地破除了教学体制障碍，有效促进幼儿园需求与高校人才培养目标的有机衔接，有利于人才培养、促进就业，有利于校地园资源共享、相互协作，有利于校地企优势互补、共同发展，形成高校、政府、幼儿园协同育人的良性互动。

共建培训中心破除教师专业成长障碍，促进幼儿教师职前培养职后培训一体化。共同培育集职前职后一体、培养培训一体、研训一体的产教融合基地，同时，不断完善优化协同培养保障体系，落实机制、制度、经费保障和完善协同培养评价体系建设。

（2）助力成果转换，打造共商共建共享平台。

共同参与。高校、政府、幼儿园基于幼儿教师培养的共同目的，共同参与人才培养目标的制定、组织实施、评价，形成相互依存的关系。校地企的共同参与改变了原有人才培养模式的孤立性、个体性，高校的开放办学、政府的统筹管理、幼教行业企业的积极参与，实现了资源的优化组合。

共同建设。三方共同投入人力、物力、财力等资源，以此保障协同人才培养的顺利开展。根据协同的分工与人才培养的需要，协同各方的投入主体和投入的数量可以是各自投入、各自所有、共同使用。

共享资源。提升资源的使用效率，校地企有各自的资源优势，校地园组成的是一个合作共同体，主要特征是共建共享、共生共荣；主要目的是优质资源共享、三方共同发展，实现“校地企”协同开展幼儿教师培养。

（3）找准着力点，实现跨域式发展。

“校地企”三方将以“十四五”新发展阶段为契机，整合政府、学校、企业、资本多方资源，发挥各自优势，在共建幼教产业园区，共建幼儿园、早教中心，共同打造产教融合基地，共同研发幼教产品，共同开展师资培训等方面开展深入合作，持续培育优质示范幼儿园、孵化连锁幼儿园品牌及产业化经营发展，逐步形成以内江为中心，服务川南经济区，辐射成渝地区的幼教品牌，促进成渝地区双城经济圈中的新内江在新发展阶段，实现从“幼有所育”向“幼有优育”的新跨越。

五、密切“校地园”协同合作 构建幼教培养多维平台

教育非一人一地一时即可完成，作为西部地区幼儿教师培养的主要基地之一，川南幼专在幼儿教师培养的改革中，一直强调与地方，与幼儿园的协同构建，通过搭建合作平台和协同联盟，借助集团的力量，各地区各层次的力量协同育人，保证幼儿教师培养能够适应地方需求，能够满足幼儿园人才需求，扩大川南幼专幼儿教师培养的影响力和公信力，真正做到“校地园”协同。

（一）典型案例10：打造川南幼教品牌 激活区域幼教内生动力

川南幼教集团成立于2017年6月16日，系为学前教育事业发展服务的行业性合作组织。由四川省教育厅指导、内江市教育局主导，川南幼专牵头组建，共有举办学前教育专业的职业院校、教育行政部门、幼儿园（幼教机构）等成员单位312家，秉持“产教融合、共享共荣、成就品牌、服务百姓”的宗旨，以学前教育行业为纽带，坚持以促进幼教事业协同发展为目标，深化产教融合、校园（企）合作，带动人才培养目标、专业布局、课程体系、教育教学过程、行业指导、校园（企）合作的有机衔接，为推进“校地园”协同，“学训教”一体的幼儿教师培养提供实践平台。

1.“园—校”协同共育幼儿教师的提出背景

根据国务院《关于加快发展现代职业教育的决定》、教育部《关于深入推进职业教育集团化办学的意见》、四川省教育厅等七部门《关于深入推进职业教育集团化办学的指导意见》等精神，为加快推进职业教育改革创新，构建现代职业教育体系，深化产教融合、校园（企）合作，促进幼儿教育与社会需求紧密对接。作为川南地区唯一一所幼儿师范高等专科学校，学校力图以川南幼专为中心向周边辐射，建立起区域性协同育人的新模式。

2.“园—校”协同共育幼儿教师的具体措施及实施效果

（1）发挥集群效应 创幼儿教师培养品牌。

集团利用学校的学前教育资源优势，吸引企业、金融机构等社会资金，共同建设示范幼儿园（学校附属幼儿园），树立旗帜，引领方向。通过整合幼教资源，吸收一批优质幼儿园加入集团，构建幼儿园规模化、集团化发展。

重视以示范幼儿园建设为基础，形成川南幼教集团文化特色，树立办园旗帜，引领办园方向，形成社会满意度高的幼教品牌；以联盟地方优质幼儿园为纽带，扩大社会影响力，形成幼教规模；利用“川南幼教集团附属（连锁）幼儿园”品牌，在内江市高新区合作建立附属幼儿园一所，构建了幼教集团附属（或连锁）幼儿园发展模式，带动地方幼教事业的发展。

（2）推动校园（校企）互访 孵化幼儿教师共育平台。

构建“学校进园”“园（所）进校”交流互访，目前我校教师会定期进入一线幼儿园跟岗学习，也聘请幼儿园一线优秀教师进校为在校学生授课，双向的资源互动贡献，提高了学校教师的实践能力与在校学生对幼儿园一线教育教学活动的了解。另外，共研人才培养方案，将幼儿园对幼教学生培养的需求与标准，融入学校人才培养方案中，紧跟时代变化需求，做有生命力、有活力的人才培养基地。同时，共同开发科研课题，促进以研促教，及时实现科研与教学的相互转化，促进人才培养市场化，目前我校与成员单位泸州市江阳区天立学校附属幼儿园开展横向课题研究一项，与内江市直属机关幼儿园开展横向课题研究一项，研教结合，已实现部分科研成果转化。

共建校园（企）实习实训基地、就业基地，以“互惠互利、各方受益”的基本原则，搭建企业（幼儿园）与毕业生之间的绿色桥梁，促使成员用人单位与毕业生双方共赢。与幼儿园、托育机构、企业建立教学科研基地 24 个，实践教学、就业基地 46 个。

另外，为深化园校合作，集团还借助学校的人才培养平台，实现了根据成员单位的订单需求量身打造岗位适配度极高的订单式人才培养，实现了校园（企）联合开发课程，共同制定人才培养方案，合作开展教育教学，实现人才培养特色化。目前与成都金苹果教育集团已合作完成了三期订单人才培养计划，所输出的幼教人才得到了用人单位的高度认可。

（3）跨通道校校携手 搭幼儿教师培养之“桥”。

为实现集团的跨层次信息互通，整合优质幼教资源，集团吸纳了多所中职、高职、本科院校开展人才培养合作。与四川师范大学、西华师范大学、内江师范学院、宜宾学院、四川轻化工大学等学校通过应用型专升本自学考试联合办学、全日制专升本等合作形式，搭建专本人才培养之“桥”。

同符合条件的中职学校联合举办初中起点五年制学前教育专业前三年中职阶段教育，开展应用型自学考试（专科段）、成人教育（专科段），多渠道多形式贯通中高职衔接，促进学前教育专业的发展，形成以内江市为中心，辐射川南片区的幼教职城。目前，合作办学的中职学校有来自阆中师范学校、隆昌市城关职业中学、遂宁市职业技术学校等 12 所。

（4）搭建优质培训平台 助幼儿教师职后发展。

截至目前，集团承担国家级、省级、县市级培训项目共 20 余项，其中国家级项目 7 项，省级项目 5 项，集团依托川南幼专主动承担社会人员职后培训任务，服务广大西部地区幼儿教育从业者，根据成员单位的需求，有针对性地开发幼儿教师职后学历提高和专业提升培训项目，促进幼儿教师的可持续性发展。积极拓展对外关系，针对成员单位的不同特点和要求，开展国际教育合作。

3.“园—校”协同共育幼儿教师的未来展望

川南幼教集团以幼儿教育行业为纽带，以内江市教育局为主导，由我校牵头，构建由部分教育行政部门、本专科院校、中职学校、幼儿园、金融机构、企事业单位等多方参与的川南幼教集团，以促进教育链、产业链深度融合，助力幼教行业及区域经济发展。截至目前，川南幼教集团共有 312 家成员单位。未来还将继续扩大规模，在现有资源和类型的基础上扩大早期教育、托育服务相关行业的合作单位，在门类齐全、行业贯通方面打造 0—6 岁贯穿的幼儿教育产业综合体。强化幼儿教师协同培养，深化资源共建共享，活化区域教育能量。

（二）典型案例 11：搭建幼儿教师培养成渝双城平台

成渝地区双城经济圈建设是成渝地区经济文化协同发展的重要契机，2020年川南幼专与重庆幼专建立深度校校合作，借用地理位置的优势，在成渝地区双城经济圈中发挥学前教育的联通和互动作用，从幼儿教师育人机制建设、科研合作、产教融合、教育资源共建共享、幼儿教师培训等方面入手，致力于建立成渝地区幼儿教师培养培训基地。

1. 搭建幼儿教师培养成渝双城平台的提出背景

习近平总书记在中央财经委员会第六次会议上的重要讲话指出，要落实好重庆市教委、四川省教育厅《推动成渝地区双城经济圈建设教育协同发展框架协议》的重点任务，通过成都和重庆的中心城市作用，带动两地教育的不断发展。作为紧邻重庆的唯一一所四川省的幼儿师范高等专科学校，不论是幼儿教师市场需求，还是幼儿教师培养都离不开两地的协同并进。因此，实现成渝地区幼儿教师协同育人势在必行。

2. 搭建幼儿教师培养成渝双城平台的具体措施及实施效果

（1）协同幼儿教师人才培养机制 激活幼儿教师培养生命力。

在校校合作中，川南幼专与重庆幼专从协同制定幼儿教师教育专业人才培养方案入手，深化落实优化课程体系、改革教学方法、强化实践教学、搭建创新平台及改革评价方法等。同时，协作努力共建共享在线开放课程、专业教学资源库、虚拟仿真实训项目、校外实训基地，建立学分互认制度，进行师资互换、学生交换。

充分利用互联网优势，我校与重庆幼专多次组织幼师学生共同聆听鄢超云教授、张家琼教授等众多名师的主题讲座通过这样的方式，突破了时空限制，实现了教育资源的云共享，也为疫情常态化背景下的幼儿教师培养探索了新的教育教学思路。

（2）加强教学科研合作 促进幼儿教师教学改革。

为实现幼儿教师培养的教学与科研互助，两校不断深化教育科研方面的合作，通过联合申报课题、搭建科研平台，共建学报特色专栏，互聘评审专家（含学报审稿专家）等方式，加深科研共享融合。

2020 年两校合作成功申报重庆市教委科学技术研究重点项目一项，还努力在教材编写方面寻求突破，我校学前教育一系与重庆幼专合编《幼儿园游戏活动指导》规划教材 1 本；与实践教学基地幼儿园合编《幼儿园教育活动案例集》《幼儿园游戏集》《幼儿园文学作品选集》教材 3 本；继续推进与重庆幼专、广西幼专合编《学前教育专业认识实习》《学前教育专业跟岗实习》《学前教育专业顶岗实习》系列教材，计划于 2021 年 9 月出版。此一系列教材的编写和出版都突出“校地园”协同，“学训教”一体理念，结合幼儿教师岗位的职业需求，帮助学生在学习实践全过程都能做到心中有目标、眼中有幼儿、脑中有思考。

（3）深耕成渝地区产教融合 挖掘幼儿教师共培共训资源。

2020 年 11 月由我校与重庆幼专牵头的“成渝地区双城经济圈职业院校学前教育发展联盟”成立。目前，参与的会员单位共计 260 余个，其中重庆市职业院校 16 所、区县教育主管部门 12 个、中职学校 29 所、幼儿园 108 所、行业机构 14 个；四川省职业院校 16 所、区县教育主管部门 12 个、中职学校 20 所、幼儿园 20 所、行业机构 3 个。

该联盟涵盖成渝地区教育行政部门、本专科院校、中职学校、幼儿园、企事业单位，为促进成渝地区“校地园协同、学训教一体”人才培养模式改革发挥着重要作用。

（4）借力“互联网+” 推动智慧幼教资源建设。

顺应大数据发展的潮流，同时充分利用大数据研究的成果造福幼教，两校正积极投入共同建设成渝地区学前教育大数据中心的工作。以学前教育大数据中心为合作载体，促进两校在数据平台建设方面的合作与交流，分享学前教育数据标准的研制经验，共享成渝两地的学前教育大数据信息，增进数据的应用研究与科研创新，助力成渝地区智慧幼教的建设任务。

（5）夯实职后培训 助力幼儿教师持续发展。

在校校合作中，两校多方探索，共同实施，通过与各地方管理部门、幼儿园的深度合作，在幼儿教师职后培训方面也做到“校地园”协同，“学训教”一体。多次组织来自成渝地区的多名幼儿园园长、幼儿教师就为“理念与师德”“专业知识”“专业技能”等方面开展培训，组织主题研修、观摩考察、跟岗实践、问题探究等方式，积极采用“互联网+混合式培训模式”融合校内外培训专家资源库和培训实践基地资源共享，提升幼儿教师职后培训质量。

（6）双管招生就业 实现幼儿教师学习就业共奋进。

在人才培养协同与过程数据共享的助力下，两校致力于建立成渝两地生源基地，共享生源数据分析，响应建立“一带一路”实习就业基地的号召，多渠道信息互通。2021 年初两校协同，共同参与并完成了“一职为你，同助成长”

成渝地区双城经济圈 2021 届普通高校毕业生就业网络双选的活动，为幼教学生在疫情期间提供及时高效的就业服务，提高了学生的就业率与满意度。

两校还积极推进各种形式的就业能力提升活动，强化对学生的职业指导，帮助树立正确就业观，提升就业能力，实现学生教育与就业的“学训教”一体化。

3. 搭建幼儿教师培养成渝双城平台的未来展望

作为成渝地区双城经济圈建设的重要枢纽地带，川南幼专在幼儿教育领域的链接作用不容忽视，在未来的工作中将始终秉持“校地园”协同，“学训教”一体的幼儿教师培养理念。从人才培养方案制定、课程建设、教材编写、师资共享等多方面入手，全方位、全过程加强与合作单位协同，将幼儿教师培养与区域经济发展协同起来，不断调整和优化人才培养措施，力求培养具有职业信仰、理论修养、专业素养的新时代幼儿教师。

第四章 幼儿教师培养模式改革成效与展望

以成渝地区双城经济圈建设为契机，依托职业院校学前教育发展为联盟，川南幼儿师范高等专科学校紧紧围绕“协同创新、优势互补、融合发展、协同发展”的原则，大胆进行“校地园协同、学训教一体”幼儿教师人才培养模式改革的探索实践。学校充分发挥了传统优势和办学特色，协同各联盟成员单位，加强沟通交流，优势互补，聚焦促进学前教育内涵发展、提升人才培养质量核心目标，已经取得了显著成效。以期共同发挥好推动学前教育发展的行业桥梁纽带作用、区域引领示范作用和地域辐射带动作用，共同推进成渝两地学前教育协同创新、提质培优，共同谱写成渝两地学前教育职业院校发展新篇章。

一、幼儿教师培养模式改革的成效

川南幼儿师范高等专科学校在协同成渝经济圈建设联盟单位的共同努力下，不断创新合作机制，拓宽合作领域，提升合作层次与水平，大胆进行幼儿教师教育模式的改革，充分利用这个共创共融共享的平台，勇挑重担、开辟创新，提升了人才培养质量，加强了教师专业发展和社会服务能力，成效显著。

（一）学生发展成绩喜人

“人才培养质量”是反映高等教育质量与水平的重要指标，学生是人才培养质量的重要评价主体。我校通过优化专业结构提升学生专业基础，通过创新激励机制促进学生多元发展。

1. 优化专业结构，融合特色，专业基础全面提升

发挥学前教育龙头作用，形成特色学前专业集群。以“建成学校及市级学

前、早教标杆专业”为目标，围绕国家“幼有所育”民生工程，充分发挥学前教育龙头作用，带动早期教育、食品营养与卫生（儿童方向）、幼儿发展与健康管理等支撑专业发展，形成学前专业集群。以特色学科为引导，实施专业集群建设，逐步形成了以艺术教育与学前教育为特色，以师范专业与非师范专业共同发展的专业格局。目前我校“学前教育、小学教育、艺术与体育教育、公共管理与服务”四大专业群构架基本形成，各专业各项条件建设初具规模，与川内同类院校相比有较大优势。

加强理论与实践联系，构建“3+1”课程模块。按照“课程设置基于工作岗位、课程内容基于工作任务、课程教学基于教学做一体化”的课程建设思路，构建了公共基础课程、专业课程、实践教学课程加素质拓展课程的“3+1”课程模块：即通识课程模块、专业基础课程模块、专业技能课程模块和实践教学课程模块，其中通识课程分通识必修课和公共选修课，专业教育课程分专业必修课和专业选修课。根据专业特点，各专业构建了基于培养学生职业道德素养、专业核心能力和岗位综合实践能力为一体的专业课程体系。实施《精品课程建设实施办法》，打造优质在线开放课程建设，开展了《毛泽东思想和中国特色社会主义理论体系概论》《幼儿园园本玩具设计与开发》等10门校级在线课程试点，打造《语言活动指导》等3门校级精品在线开放课程。开展了全校公共基础课程、专业主干课程中1～2门“课程思政”试点，修订各专业人才培养方案、课程大纲。

不断创新教学方法，有效地提高教学效率。坚持“应用为本、理实一体”的教学方法改革，各专业按教学实际需要采用情景模拟教学、启发式教学、项目教学、案例教学等教学方法。采用“虚实结合”的方法，专业课程均在多媒体教室、微格教室、实训室等进行教学，全面实施幼儿园、小学仿真实训教学，推行教、学、做一体化。实行“过程+结果、校内+校外、模块+整体、理论+实践”的多方位“双元评价”，调动学生学习兴趣，促进学生积极思考与实践，教学效果明显提升。以“问题意识、方法意识、学理意识、创新意识”的“四种意识”培养为抓手，加大探索创新性、实践应用性的教学内容比重，打造以“自主、合作、探究”为特征的教学课堂，有效地提高教学效率，提升学生的研究意识和反思能力。

依照“校地园”协同育人战略，形成实践教学体系。依托优势特色，逐步健全对接产业、动态调整、自我完善的专业发展机制。开设四川省首届高中起点男幼师班，做到“因性施教”。完善课程标准，改革课程评价。强化实践教学，形成了“课堂教学+课外竞赛”“校内实训+校外实践”的实践教学体系，做到课证赛训一体化。学校科研团队结合隆昌石牌坊传统文化与学前教育专业学生的学习特点进行了综合研究，提出了切实可行的课程改革方案，取得了很好地认识性和操作性研究成果。川南幼专的学生开展了各项有关本土资源活动，制作石牌坊扇面画、石牌坊书签、石牌坊画、唱响石牌坊、讲石牌坊故事，内容丰富，形式多种多样，受到了社会各界的好评。同时将石牌坊文化融入课程教学中，校本教材即将面世。由资中县木偶剧团团长、国家级非物质文化传承人胡海教授在学校组建了“中型杖头木偶传习所”，其针对学前教育专业的学生开设了适合幼师生的特色专业任选课程《木偶》和《布袋木偶》，共26学时，1.5学分，教学内容从观看木偶戏表演，到制作布袋木偶，再到木偶戏演出，一气呵成。学生学习热情高、积极性强、效果佳。学生原创作品《水果王国保卫战》童话剧、木偶剧展演多次，受到隆昌市多所小学和幼儿园的热情邀请进行展演，受到一致好评。资中县中型杖头木偶课程改革案例获得四川省第九届大学生艺术展演活动高校美育改革创新案例一等奖。

2. 创新激励机制，多元评价，培养质量不断提高

在多元评价机制的激励下，学生学习热情不断增加，综合素质全面提升，硕果累累。为了促进学生的多元发展，学校设立了多种评优方式进行激励，设立了三好学生、“好学敏思”十佳标兵、“奋斗奉献”十佳标兵、校级奖学金、新芽奖学金、校级优秀毕业生，以及国家励志奖学金、国家奖学金、四川省级优秀毕业生等。

2019—2020年度以学前教育一系为例，学生优秀个人累计204人、三好标兵累计45人、校级奖学金累计1153人、国家奖学金累计109人，优秀毕业生累计101人；2020—2021年度学前教育一系学生优秀个人累计241人、三好标兵累计47人、校级奖学金累计433人、国家奖学金累计113人，优秀毕业生累计72人。

2019、2020、2021年以学前教育一系为例，学生参加四川省及内江市比赛屡次获得佳绩。在2019年度中国（四川）体育舞蹈公开赛暨四川省体育舞蹈（国标舞）公开总决赛中斩获金奖；在2019年度外研社·“国才杯”四川省大学生英语挑战赛、2019年度“学会杯”第五届四川省青少年钢琴大赛（内江赛区）、2019年度四川省高等职业院校大学生啦啦操及健身健美大赛中荣获一等奖；在四川省高职院校大学生口语竞赛、四川省高等职业院校第七届大学生田径运动会女子乙组4×400米、4×100米中荣获二等奖；在四川省高校思想政治理论课公开课展示活动、亚洲国际钢琴家协会“和谐之音”钢琴艺

术交流比赛内江赛区、“学会杯”四川省青少年钢琴大赛中荣获三等奖；在参加内江市创新创业故事汇演讲比赛荣获二等奖一项，参加“川南幼专杯”内江市第四届大中专院校乒乓球联赛混合团体·学生组荣获季军；2020 年四川省职业院校技能大赛高职组学前教育专业教育技能大赛团体二等奖、2021 年四川省职业院校技能大赛高职组学前教育专业教育技能大赛团体一等奖、2021 年四川省高职院校师范生教学能力大赛学前教育组团体二等奖。

据统计，历年学生获得职业证书比例高达 96.78%。2019 年 6 月至 2020 年 6 月年学生获取的符合专业的 1+X 职业资格证书累计人数 2420 人，其中获取教师资格证书（幼儿园、小学）1853 人、计算机一级 43 人、英语四级 9 人、育婴师 164 人、蒙台梭利教师资格证 33 人、亲子教育指导师 1 人、幼儿园职业园长 1 人、音体美书法证书 144 人等。2020 届毕业生学历提升人数高达 368 人，其中提升研究生学历 6 人，提升本科学历 362 人。

3. 开展文化建设，协调发展，实践活力持续增强

开展丰富的文化活动，提高学生的人文素养。凝练了“厚德、崇学、尚美、爱幼”系训，加强“师道尊严，仁爱卓越”教风，“学问思辨、知行合一”学风建设。通过开展专业文化建设，学生的课余生活也变得非常丰富，积极参加各种实践活动兴致提高，既锻炼了学生的领导能力、管理能力、组织能力，又发展了兴趣爱好、拓宽了视野。

其中文化活动通过社团活动展开，社团活动包含动漫社（动漫社纸绘课、动漫社化妆课、校社团文化艺术节、动漫社社团招新、动漫社新生大会等）、钢琴社（爱乐钢琴社团钢琴课、社团招新活动、“初心向党·建功新时代”社团文化艺术节活动）、古月文学社（社团见面课、“忆往昔，寻今朝”主题征文、“我的大学，青春飞扬”征文活动、第五届全国青年自由写作大赛征文、第三届全国高校联合征文大赛、图书分享活动、新人如何赚取第一笔稿费、颁奖典礼、冬日诗画、校园艺术节、容若的词和爱情、文学与影视）、童语社（童语社开课、“父亲”活动、“后会无期”活动、名片创意秀活动、“奥尔夫音乐”活动、“禁毒”活动、“爱因为在心中”手语活动、阳光福利院献爱心活动、养老院心得分享活动、第三届社团文化艺术节、招新活动）、舞动青春社（新生见面会、街舞训练、拉丁训练、街舞基本动作与 donot recall 教学、拉丁恰恰基本舞步的教学、拉丁套路基本组合舞步的教学、进行“Woah”教学、社团期末总结、社团招新大会、爱国禁毒活动）。

4. 夯实发展基础，制定规划，创新就业更进一层

协同建立川渝生源基地，生源数据分析共享。协同建立“一带一路”实习就业基地，信息互通。共同努力做好援藏以及服务川渝民族地区发展工作，扩大输出比例。共同制定就业质量分析报告，促进毕业生更高质量就业。

同时，构建包括岗前基础技能实验实训、专业技能实验实训、集中加分散实习、总结反思提升、毕业设计、顶岗实习六个环节的综合渐进式一体化实践教学体系。倾力打造实践教学体系，截至目前，我校目前有实践教学基地 85 个，科研基地 31 个，就业基地 59 个，爱国主义教育基地 4 个，传统文化教育基地 2 个，法治教育基地 2 个，廉洁教育基地 1 个，共 7 类 184 个。从行业看，我校除建立师范专业校外实习基地，还建立了非师范专业校外实习基地，为非师范专业学生提供校外实习条件，总体来看我校实习基地丰富，今年各基地共接待实习学生 6919 人次，累计使用时间为 12633 天，接受半年顶岗实习学生 1588 人。学校累计派出指导教师和学生管理人员到基地指导 243 人次。另外还借助多媒体，内江市属机关幼儿园在疫情背景下开创的学前教育专业实训课程的直播课更是锦上添花。直播课采用现代多媒体技术手段，将幼儿园的幼儿在园情况进行实况直播，学前教育专业的学生通过大屏幕观看直播，足不出校就能真实地体验幼儿教师的工作情况，学习幼儿园在疫情期间的一日生活安排、教育活动的组织等情况，这些都为学生的就业规划奠定了坚实的基础。

2019—2020 年以学前教育一系为例，系领导及校领导也开展了多次就业创业指导活动促进学生就业、创新创业。其中举办 SYB 开班仪式、2020 届就业宣讲活动，成都市成华区公办幼儿园联盟双选会专场讲座等，段永清校长及校内各位领导都亲临现场进行指导。同时举办了竞赛活动，第一届大学生职业生涯规划大赛、第一届大学生求职大赛、第四届“梦航杯”创新创业大赛、第四届“中国创翼”大学生创新创业大赛、第五届“梦航杯”大学生创业大赛决赛等，学生们都以最佳状态展现自己的完美技艺，表现优异。

通过对 2018 届、2019 届学前教育专业毕业生就业情况的调查研究，统计结果反馈：2018 届毕业生就业率为 95.33%，未就业群体 50%的毕业生是“准备参加公务员、事业单位等公开招录考试”；以“在国内工作”（79.05%）为主，“国内求学”（6.00%）次之。省内就业毕业生达 87.16%，12.84%的毕业生在外省就业。其中外省就业的毕业生主要流向了重庆市（7%）、广东省（2.72%）等相对发展较好、产业改革较快的地区。国内升学的主要原因为“增加择业指标，站在更高的求职点”方面，升学率为 6%，对升学录取结果

的满意度为83.33%，相关专业继续深造的比例达94.44%；就业行业以“卫生和社会工作”为主，专业相关度为89.14%。“不想找相关工作，因为个人兴趣”（51.72%）为毕业生从事低专业相关工作的首要原因。总体上毕业生职业期待吻合度为86.14%，基本上专业行业分布与其培养定位相符合；就业单位性质以“民营企业”为主，占比为35.41%。就业单位规模分布在50人及以下，占比为33.98%。就业职业以“法律法学、教育、咨询、知识产权、社会、宗教工作人员”（77.82%）为主。毕业生平均薪酬为2659.30元/月，其中在卫生和社会工作行业平均薪酬最高，为4500.00元/月；毕业生对工作的满意度为86.52%。

2019届学前教育专业毕业生就业率为97.86%，未就业群体中44.44%的毕业生“准备参加公务员、事业单位等公开招录考试”；以“在国内工作”（85.67%）为主，“自由职业”（10.95%）次之。在国内工作的毕业生中，省内就业毕业生达84.13%，15.87%的毕业生在外省就业，其中外省就业的毕业生主要流向了重庆市（9.84%）、云南省（1.59%）等相对发展较好、产业改革较快的地区。毕业生在国内升学的主要原因为“对专业感兴趣、想深入学习（51.72%）”，升学率为6.90%，对升学录取结果的满意度为100%，在一致或相关专业继续深造的比例达100%；就业行业“以卫生和社会工作”为主，占比为92.17%。“不想找相关工作，因为收入待遇”（41.18%）为毕业生从事低专业相关工作的首要原因。毕业生职业期待吻合度为89.46%，基本上专业行业分布与其培养定位相符合，专业相关度为94.88%。；就业单位性质以“民营企业”为主，占比为43.07%。就业单位规模分布在50人及以下，占比为38.86%。就业职业以“法律法学、教育、咨询、知识产权、社会、宗教工作人员”（81.63%）为主。毕业生平均薪酬为2781.68元/月，其中在金融业平均薪酬最高，为4833.33元/月；毕业生对工作的满意度为92.77%。

其中也不乏优秀的学生迈入社会发挥自己的优势，成为企事业的砥柱中流。例如学生曾建华，现任重庆市百慧幼儿园园长；陈南冰，四川手语电视手语大赛（业余组）冠军、内江首届甜妹大赛冠军，现就职于内江广播电视台任节目主持人；张龙威，现任马荣·凯瑞华贸中心全美式幼儿园行政园长，多次获深圳市南山区优秀教师，等等，助力“幼有所育”向“幼有优育”迈进。

（二）教师成长效果显著

加强学前教育专业教师成长，加强协作，全面提高资源配置效率，共同推动学前教育高质量发展，为经济社会发展提供人才支撑和智力支撑。

1. 加强教师队伍建设，引培并举，教师整体水平提升

坚持“引培并举”的原则，不断提升教师队伍质量。着力打造一支师德高尚、业务精湛、结构合理，善于综合育人、具有终身学习发展能力和创新精神，能与我校人才培养模式和办学特色相适应的卓越师资队伍。始终坚持“引培并举”的原则。学校教师高级职称比例达 24.7%，硕士及以上学历比例达 40.5%，具有“双师型”教师比例达 42.6%。为加强师资队伍建设，分别实施了双师计划、青蓝计划、硕博工程、教授工程、名师工程，设立 4 个园长工作站，打造 7 个名师团队和 7 个专业教学团；依托川南幼教集团，聘请 42 名幼儿园一线园长和教师担任兼职教师，选派 17 名优秀教师入园，打造“双导双兼”混编团队，加强园校双元互动，坚持协同育人。

完善了党委统一领导、党政齐抓共管、系部具体落实、教师自我约束的领导体制和工作格局。创新人才引进方式，修订完善《人才引进暂行办法》，深入实施“甜城英才引进工程”。深入实施“硕博”“青蓝”工程计划。开展新教师“一帮一”活动，加大教师“走出去”力度。学校有计划地选派教师外出培训，了解学前教育专业的新动向，提升教学名师教学科研能力。引培并举，打造高素质双师型教师队伍。分期分批选派教师到幼儿园、中小学一线顶岗锻炼兼任专家。在小学幼儿园中选聘骨干教师、园长充实双师队伍，优化师资结构。围绕重点专业、精品课程和重点教学团队建设，以教授工作室、名师工作室、园长工作站、教研室为载体，组建科研创新团队，成立“双师型”教师创新工作室，构建教师能力提升学习共同体。着力建设了一支技艺精湛、专兼结合、理论与实践相统一的幼教专业师资队伍。

依托川南幼教集团“名师工程”“硕博工程”“教授工程”、成渝地区双城经济圈职业院校学前教育发展联盟，加强高层次人才引进，健全和完善专业群内专业带头人、博士、教授高层次人才的选拔、培养和管理制度。引进了 2 名行业领军人物担任专业群带头人，培养了博士 2 名，增加了教授 2 名；省级名师 1 名、市级名师 2 名、校级名师 3 名；培养了师德标兵校级 3 名、市级 2 名、省级 1 名。同时选派优秀教师参加各类师资培训，其中涵盖海外培训 2 名。坚持以德为先、以赛促教、以培赋能，打造卓越教师平台，形成一批师德好、业务精、潜心教学的名师方阵，不断提高教学水平和人才培养质量。培育了国家级职业教育教师教学创新团队 1 个、省级优秀创新团队 1 个、校级优秀创新团队 2 个、校级优秀教学团队 2 个；建立了 2 个教授工作室、3 个示范教师企业工作站。打造各层次的专兼结合创新团队和优秀教学团队。聘请儿童教

育行业全国知名专家鄢超云、曾传兴、国家非遗传承人胡海建立校内特聘教授工作室，组建专家团队。

2. 拓宽专业交流，引领发展，教师教学技能提升

积极推动多元化、多渠道合作，帮助教师突破原有发展困境。开展多种形式的专业交流渠道，以两校与相关院校合作资源为平台，教师开展交流互访、短期讲学、进修研学等合作项目；2020 年 11 月 22 日至 2021 年 1 月 20 日，我校与重庆幼专已完成首批 4 名教师互派交流任教工作。举办托幼一体化教育论坛、学术会议，引领改革、支撑发展，川南特色的高水平专业人才发展得到促进。引进优质教育资源，革新教学理念，与我校教育实际融会贯通，培育了具有创新教学科研团队，为推进成渝地区双城经济圈幼教事业的发展贡献川南幼专智慧和力量。

2019 年度以学前教育一系为例，教师技能大赛获奖情况，四川省高等职业学校教师技能大赛学前儿童语言领域四种类型活动的设计与组织获二等奖、四川省 2019 年中华经典诵写讲演系列活动教师组一等奖、四川省师德演讲比赛省级决赛三等奖、四川省体育舞蹈（国标舞）表演青年团体舞 12 人省级金奖、四川省体育舞蹈（国标舞）表演青年团体舞 6 人省级金奖。指导幼儿园教育活动设计与实施，《倒立的小纸人》获中国学前教育研究会教师发展高职高专分委会二等奖、《秋的画报》及《超级飞侠帮帮忙》分别获中国学前教育研究会教师发展高职高专分委会三等奖，指导原创木偶舞台剧《红心向党》参加四川省大学生校园戏剧季展演获得“展演短剧”荣誉。川南幼儿师范高等专科学校开展校市级青年教师优质课竞赛活动及技艺展示活动，青年教师共获一等奖 12 人次、二等奖 10 人次、三等奖 12 人次。

2020 年度以学前教育一系为例，教师技能大赛获奖情况，获得四川省中华经典诵写讲演系列活动诵经典一等奖、四川省职业院校教师教学能力大赛三等奖。指导《我喜欢我自己》获得第十届全国幼儿园“优秀论文和优秀活动案例”三等奖、指导学生参加四川省第五届“学宪法讲宪法”活动荣获演讲比赛省级二等奖、指导学生参加第九届大学生艺术节展演活动获得甲组班级朗诵省级二等奖、指导《以文化人，以美育人——川南幼专中型杖头木偶传习所非遗传承美育案例》获四川省第九届大学生艺术展演活动省级一等奖、指导《因为幼教情怀，我们携手并肩——川南幼专园校协同育人美育案例》获四川省第九届大学生艺术展演活动二等奖。川南幼儿师范高等专科学校开展校市级青年教师优质课竞赛活动及技艺展示活动，青年教师共获一等奖 12 人次、二等奖 7

人次、三等奖 17 人次。

3. 资源配置共享，搭建发展平台，教科研硕果累累

构建成渝学前教育学术共同体，实现良好学术交流。共同建设涵盖成渝地区教育行政部门、本专科院校、中职学校、幼儿园、企事业单位共同参与的幼教集团。联合申报课题、科研平台，共建学报特色专栏，互聘评审专家（含学报审稿专家）。以重大科研项目为牵引，以管理体制、组织模式、资源配置共享等为着力点，共同打造跨学科、跨平台、跨单位、跨团队的科研组织，形成人才、信息资源、项目经费等方面的协同共用以及成果共享与风险分担的机制，实现创新发展，成果显著。

川南幼儿师范高等专科学校连续获得国家级教学成果二等奖 1 项并多次获得省级市级荣誉多项。其中，以学前一系为例，2019 年度学前教育一系教师《2018 年学前教育行业师资现状调研报告——以内江市为例》荣获四川省第四届教育发展改革研究优秀成果二等奖。2020 年度学前教育一系教师的《四川省学前融合教育师资培养现状调查与对策研究》荣获四川省第十九次优秀教育科研成果二等奖、荣获内江市第十六届教育科研成果一等奖，《优秀传统文化视阈下的学前教育专业学生职业素养的培育》荣获内江市第十六届教育科研成果二等奖，《身心灵全人健康模式在幼专一年级女生心理辅导中的研究及应用》荣获内江市第十六届教育科研成果一等奖。川南幼儿师范高等专科学校学前教育一系 2019 年度主持省职业教育课题重大项目 1 项、一般课题 2 项、自筹项目课题 4 项，主持内江市教育课题一般课题 1 项，主持川南幼儿师范高等专科学校校级课题 5 项，发表论文 37 篇；2020 年度主持省级职业教育重大项目 1 项、一般课题 1 项、自筹项目课题 4 项，主持川南幼儿师范高等专科学校校级青年课题 2 项、一般课题 8 项，发表论文 22 篇。

切实推进成渝地区双城经济圈建设教育协同发展，围绕职业能力的培养，落实“岗位导向”的目标，开展校企合作开发教程，科学规划校园共同开发课程、提高课程教学质量，团队编写和修订共同开发各类课程教材 20 余门。其中学前教育一系与重庆幼专合编《幼儿园游戏活动指导》规划教材 1 本，与实践教学基地幼儿园合编《幼儿园教育活动案例集》《幼儿园游戏集》《幼儿园文学作品选集》教材 3 本，与重庆幼专、广西幼专合编《学前教育专业认识实习》《学前教育专业跟岗实习》《学前教育专业顶岗实习》教材 3 本。同时邀请幼儿园、小学、行业企业人员深度参与“专业技能”“应用技能”类课程教材、讲义等教学资源开发。目前，各系部与幼儿园、小学、行业企业共同合作的课

程有25门，共同开发教材、讲义12种。重点建设基于移动学习平台的软件技术专业优质教学资源库、云（服务）平台系统等。

（三）学校影响能力增强

1. 社会服务效果突出

发挥专业优势，开展职后培训。学校是“成渝地区双城经济圈职业院校学前教育教师培训基地”“四川省职业院校教师培养培训基地”“川南幼师教育培训基地”“内江市幼儿教师培训中心”。开展幼儿园园长、幼师国培、幼儿园骨干教师、保育员、三州地区一村一幼培训等幼教师资职后培训，近五年累计达9100余人次。

聚焦教育扶贫，助力“幼有所育”。组织“同心服务团”、幼教专家、骨干教师分赴盐源、雷波、兴文，通过专题讲座、现场指导、学员互动、案例研究等形式，针对幼儿园园长、骨干教师、“一村一幼”辅导员等开展教学理念、保教知识、专业技能、普通话等培训8批次40余场次，参训人数达2500余人次。选派学前教育专业志愿者赴雷波中小学、幼儿园开展送教下乡，累计支教38000余课时。深入兴文县对办园特色、校园文化、科研能力、幼儿园课程等开展教学科研指导，合作共研立项校级课题4个。深化校地、校园、校校合作交流，与兴文县职业技术学校探索建立学前教育联合培养机制，与盐源县幼儿园签署“教学科研基地”协议，与北师大签订共同帮扶雷波县“委托学前教育帮扶协议书”等，与帮扶点建立实践教学、就业基地等30余个、“3+2”中高职衔接五年贯通培养联合办学2所。投入教育帮扶资金近80万元，援建兴文县马石沟村幼儿园、隆昌市前进村“留守儿童之家”。

2. 品牌影响范围扩大

依托川南幼教集团，服务地方教育。2017年6月16日，学校牵头成立川南幼教集团。该集团是在内江市委、市政府和省教育厅的坚强领导下，由省教育厅指导、市教育局主导，川南幼儿师范高等专科学校牵头组建，川南片区部分教育行政部门和部分本专科院校、中职学校、幼儿园、幼教机构、企事业单位等多方参与，形成服务区域经济发展的行业型合作组织，是校地园协同发展的重要体现。

川南幼教集团是以“合作、创新、共赢”为理念，以“产教融合、共享共荣、成就品牌、服务百姓”为宗旨，进一步扩大优质学前教育资源开放共享，促进学前教育与社会需求紧密对接，促进教育链和产业链深度融合，助推内江及川南片区学校教育优质均衡发展。

川南幼教集团自成立以来始终聚焦办好学前教育的初心和使命，深化务实合作，搭建了政、用、产、学、研协同创新资源共享平台，努力实现教育链、人才链、产业链和创新链深度融合，助推幼有所育向幼有优育迈进，为内江乃至川南地区幼教事业发展拓展了新视野，为主动服务区域经济社会发展，服务民生做出了新贡献。不断整合资源，延续和提升幼教集团的内生动力和影响力。持续创新机制，高效运作，推进幼教集团产生的连锁效应，服务成员服务大局。积极利用职业教育发展政策叠加的良好机遇，推动人才培养、师资培训、信息沟通、服务社会等方面进行深度合作，努力服务区域和地方经济社会发展，在推进全省“一干多支、五区协同”，推进川南一体化、内自同城化的发展中做出重要贡献。

3. 专业辐射作用增强

主动融入成渝地区双城经济圈建设，专业辐射作用明显增强。2020 年 5 月，重庆幼儿师专与川南幼专签署了服务成渝地区双城经济圈战略合作协议，并在 6 月 17 日的重庆市教委和四川省教育厅《成渝地区双城经济圈教师协同创新合作》签约仪式上再次签订了《推动成渝地区双城经济圈学前教师教育协同创新合作协议》。随后，两校就筹建成渝地区双城经济圈职业院校学前教育发展联盟分别向重庆市教委、四川省教育厅和当地党委政府递交请示备案，得到了两地教育主管部门和当地党委政府的肯定和支持。11 月 3 日上午，由两校共同承办的“国培计划（2020）”——重庆市幼儿园骨干教师培养项目在川南幼专开班。11 月 22 日，两校启动首批教师交流任教工作，互派教师到对方学校任教。种种举措，推进联盟实质性进展。2020 年 11 月 28 日，由两校共同牵头发起的“成渝地区双城经济圈职业院校学前教育发展联盟”成立。

该联盟是在全力推进成渝地区双城经济圈建设教育协同发展背景下，搭建的由政府主导，以学前教育职业院校和幼儿园、幼教企业为主体，集“政产学研用资”为一体的学前教育创新协同发展平台。该联盟也是两地共建共享优质学前教育资源，共同开展学前教育教师教育研究，联合实施重大项目，推进学前教师教育一体化发展的协同创新组织。目前，会员单位共计 260 余个，其中重庆市职业院校 16 所、区县教育主管部门 12 个、中职学校 29 所、幼儿园 108 所、行业机构 14 个；四川省职业院校 16 所、区县教育主管部门 12 个、中职学校 20 所、幼儿园 20 所、行业机构 3 个。

联盟工作任务主要包括共同开展人才需求预测，协同制定培养方案，优化课程体系，打造跨学科、跨平台、跨单位、跨团队的科研组织，推进“1+X”证书制度试点工作，培养一批国家教学名师、国家级教师教学创新团队，共享国外合作院校信息和交流项目，打造实体化运行的示范性学前教育职业教育集团。同时，将建设成渝地区学前教育大数据中心，共建幼儿园园长和骨干教师发展平台，建立川渝生源基地，分享就业质量分析报告。

二、幼儿教师教育模式改革的展望

（一）培养成渝托幼一体师资

把握双城经济优势，打造师资培养高地。整合成渝地区双城经济圈职业院校学前教育教师培训基地、四川省职业院校教师培养培训基地、川南幼儿师高等专科学校教育培训基地、内江市幼儿教师培训中心四个培训基地资源，打造托幼一体学前教育师资培养特色体系，推出菜单式、订单式培训，专业化、特色化、项目化、产业化做强做优职后教育培训，打造托幼一体学前教育师资培养高地。

消除成渝区域意识，实现双城协同发展。加强与成渝地区双城经济圈职业院校学前教育发展联盟成员单位的交流合作，发挥行业桥梁纽带、区域引领示范和地域辐射带动作用，举办联盟年会、高峰论坛、联盟师生大赛、申报重大课题等活动，推动成渝地区学前教育创新、协同、一体发展。

（二）搭建产教融合发展平台

依托成渝地区双城经济圈职业院校学前教育发展联盟、川南幼教集团和内江科创产业园幼教园区发挥内江市学前教育研究中心的优势，全面深化产教融合。一是进一步修订校地园命运共同体联盟的章程，完善协同发展机制，每年开展合作共研横向课题，举办专题系列活动，实施“园校”教师换岗制，每年安排新教师到幼儿园和早教机构实践锻炼，承担特色课程的教学或班级管理工作，为专业群建设、区域幼儿园和早教机构发展提供平台，同时促进学生、专业教师、幼儿园教师、早教及托育人才的专业成长。二是利用蒙台梭利实训室、奥尔夫音乐实训室、学前儿童游戏室、婴幼儿卫生保健室、婴幼儿护理实训室等校内实训功能室，和校外的婴幼儿培训机构、幼教集团合作，共建托幼一体人才培训基地，提供育婴师、保育员、国家幼儿教师资格考试、蒙台梭利教师、奥尔夫音乐教师和0—3岁婴幼儿照护方面的培训和认证服务，成为产教融合支撑的载体。

（三）打造省级教学创新团队

引培并举，建设高层次的师资团队。依托学校“名师工程”“硕博工程”“教授工程”，采用外引内培的方式，加强高层次人才引进。健全和完善专业带头人、博士、教授高层次人才的选拔、培养和管理制度，引进2名行业领军人物担任专业带头人，力争培养博士2名，校级名师3名、市级名师2名、省级名师1名，增加教授2名。

专兼结合，建设优秀教育教学团队。依托成渝地区双城经济圈职业院校学前教育发展联盟、川南幼教集团，打造各层次的专兼结合创新团队和优秀教学团队。培育校级优秀创新团队2个、校级优秀教学团队2个、省级优秀创新团队1个、国家级职业教育教师教学创新团队1个；建立2个教授工作室、3个示范教师企业工作站。

（四）构建校地园命运共同体

促进“学训教”一体专业发展，打造校地园命运共同体。依托成渝地区双城经济圈、川南幼教集团联合地方政府、幼儿园、早教机构以及成渝地区双城经济圈同类高校，开展区域产业人才需求调研，形成调研报告，明确人才培养定位，编制专业群人才培养方案，协同学校、地方、幼儿园三方，建立“理论的学、技能的训、教育实践的教”三元整合的“校地园协同、学训教一体”托幼一体人才培养理论和实践模式，以“学”为中心，以“训”为关键，以“教”为提升，建起突出产教融合、能力为重、五育并举、全面发展的人才培养模式，打造集人才培养、科学研究、社会服务一体的校地园命运共同体。

关注“托幼”一体人才培养，引领学前教育专业内涵建设。成立托幼学院，承担托幼一体人才培养方案制定、课程开发、婴幼儿保教研究等职责，开发托幼一体特色课程，定期发布婴幼儿成长报告，指导托幼一体化教师进行科学保育和教育。依托实践基地，输出托幼一体课程标准。积极推进实习基地、科研基地、就业基地等实践基地平台的建设，制定“校地园”融合教师联合工作制度、课程建设制度和科研工作制度，为“校地园”融合发展、专业群与托幼教育事业一体化发展提供制度保障。围绕高水平专业群建设、专兼职教师胜任资格、专业群产教融合评价、幼儿园教师和早教机构教师培训等方面，对接职业标准，联合成渝地区双城经济圈师范院校研制形成托幼一体教师教育技能等级标准、婴幼儿教养护标准、“校地园协同，学训教一体”托幼一体教师培养方案、托幼一体教师培训课程标准，开发托幼学院、家长学院、亲子学院建设标准及教学标准、专业课程思政教育操作手册、建立健全师德师风建设长效机制的实施意见等系列科学、规范和可借鉴的专业群建设相关标准。为全省高职学前教育专业群提供实践检验的科学依据，引领全省高职高专学前教育专业群内涵建设。

参考文献

[1] 本书编写组. 习近平总书记教育重要论述讲义 [M]. 北京：高等教育出版社，2020.

[2] 王辉. 校地合作：教师培训与教学研究的新探索 [M]. 北京：光明日报出版社，2007.

[3] 汤丰林. 教师培训：理性与实践的核心关注 [M]. 北京：北京师范大学出版社，2020.

[4] 蔡迎旗. 幼儿教育政策法规 [M]. 北京：高等教育出版社，2014.

[5] 余文森，洪明，等. 课程与教学论 [M]. 福州：福建教育出版社，2011.

[6] 娄小韵. 产教融合背景下学前教育专业人才培养模式研究 [M]. 长春：吉林人民出版社，2020.

[7] 张雷声. 马克思主义理论学科体系建构与建设研究 [M]. 北京：经济科学出版社，2011.

[8] 教育部教师工作司. 幼儿园教师专业标准解读 [M]. 北京：北京师范大学出版社，2013.

[9] 方明. 陶行知教育名篇 [M]. 北京：教育科学出版社，2013.

[10] 约翰·杜威. 民主与教育 [M]. 薛绚，译. 南京：译林出版社，2012.

[11] 张铭，陆道平. 西方行政管理思想史 [M]. 天津：南开大学出版社，2008.

[12] 叶澜. 教育概论 [M]. 北京：人民教育出版社，2006.

[13] 刘立新，周凤华. 新职业教育：培养面向未来的人才 [M]. 北京：中国人民大学出版社，2019.

[14] 丁志华. 校地合作理论与实践 [M]. 秦皇岛：燕山大学出版社，2020.

[15] 汤超群. "精讲精练，五步教学"教学模式在高中物理教学中的应用研究 [D]. 南昌：江西师范大学，2020.

[16] 程松涛. 马克思的理论教育思想及其价值研究 [D]. 天津：天津师范大学，2014.

[17] 凌云志. 行动导向的教师培训者培训研究 [D]. 长春：东北师范大学，2019.

[18] 赵志敏. 本科院校学前教育专业人才培养现状、问题及对策研究——以山西省某本科院校为例 [D]. 天津：天津职业技术师范大学，2018.

[19] 汪珍. 本科学前教育专业学生专业能力培养的现状研究 [D]. 金华：浙江师范大学，2012.

[20] 曹鹤. 高校学前教育专业本科人才培养模式研究 [D]. 沈阳：沈阳师范大学，2015.

[21] 胡秋云. 高职学前教育专业人才培养模式的改革与实践研究 [D]. 厦门：厦门大学，2013.

[22] 马金国. 少先队辅导员专业化问题及对策研究 [D]. 重庆：西南大学，2014.

[23] 张文军，钟启泉. 教师教育课程改革的国际趋势 [J]. 教育发展研究，2012，32 (10)：1—6.

[24] 张铭凯，靳玉乐. 新时代中国特色社会主义教育思想的实践意蕴 [J]. 现代教育管理，2019 (11)：1—6.

[25] 宋乃庆，杨黎，范涌峰. 新时代教育现代化：内涵、意义及表现形式 [J]. 教育科学，2021，37 (01)：1—8.

[26] 田学军. 深入学习贯彻党的十九大精神　努力答好新时代中国教育的“时代之问” [J]. 教育研究，2018，39 (01)：4—10.

[27] 高书国. 新时代中国教育改革内在逻辑与政策建议 [J]. 国家教育行政学院学报，2018 (01)：8—13.

[28] 李华飞，卢黎歌. 教育强国：新时代教育工作者的爱国担当 [J]. 北京工业大学学报 (社会科学版)，2021，21 (02)：20—25.

[29] 秦玉友. 从高速增长迈向高质量发展——新时代教育内涵发展战略转型 [J]. 南京师大学报 (社会科学版)，2019 (06)：15—24.

[30] 薛二勇，李健. 新时代教育规划的形势、挑战与任务 [J]. 中国教育学刊，2021 (03)：19—24.

[31] 卢迈，方晋，杜智鑫，等. 中国西部学前教育发展情况报告 [J]. 华东师范大学学报 (教育科学版)，2020，38 (01)：97—126.

[32] 胡斌武，高欢，姚佳. 新型人口政策下幼儿教育发展策略探究 [J]. 教育理论与实践，2018，38 (05)：13—15.

[33] 杨晓慧. 深刻把握建设高质量教育体系、实现教育强国目标的战略安排

[J]. 思想理论教育导刊，2021（01）：4－9.
[34] 洪秀敏，朱文婷，张明珠. 我国学前教育政策研究的回眸与展望：价值取向、研究范式与核心主题 [J]. 学前教育研究，2020（04）：11－20.
[35] 范晓东，郭彤彤. 建国70年学前教育政策变迁研究——基于间断均衡模型的视角 [J]. 教育发展研究，2019，39（24）：61－67.
[36] 候玉娜. 以"三大改革创新"破解学前教育普惠健康发展难题 [J]. 教育与经济，2018（01）：11－12+26.
[37] 王钦，肖进雄. 聚焦西部学前教育：问题与对策 [J]. 人民教育，2011（23）：16－17.
[38] 洪秀敏，赵尚艺. 西部地区学前教育发展的成效、瓶颈及对策——基于成都市第二期学前教育三年行动计划实施效果的调查 [J]. 现代教育管理，2020（01）：70－77.
[39] 王彦峰，王瑶筠. 幼儿园教师的师幼观：新时代的三个转向 [J]. 湖南师范大学教育科学学报，2019，18（04）：59－64.
[40] 刘洋. "互联网+教育"新常态下学前教育教师信息技术素养调查与提升策略研究 [J]. 中国电化教育，2018（07）：90－96.
[41] 金锐，苑玉洁. 信息技术促进区域幼儿教师综合素质发展模式探究 [J]. 中国电化教育，2019（08）：116－122.
[42] 田涛. 改革开放40年幼儿教师队伍发展的回顾与展望 [J]. 四川师范大学学报（社会科学版），2019（01）：69－77.
[43] 何永贤，金香花. 中华传统文化融入学前教育之策略探讨 [J]. 延边大学学报（社会科学版），2021（02）：135－140+144.
[44] 陈秋珠. 卓越幼儿教师核心素养的内涵、构成及实现路径 [J]. 西北师大学报（社会科学版），2020（02）：85－92.
[45] 陈时见，李培彤. 教师教育一体化的时代内涵与实现路径 [J]. 教师教育研究，2020（02）：1－6.
[46] 胡碧霞. "高校—幼儿园"专业实践共同体的内涵与特征 [J]. 教育与职业，2014（29）：160－162.
[47] 孙晨，方勇. "三全育人"视域下幼儿师范院校学生师德教育探索 [J]. 学校党建与思想教育，2021（06）：62－63.
[48] 国务院关于当前发展学前教育的若干意见 [J]. 司法业务文选，2011（03）：7－11.
[49] 范晓东，郭彤彤. 建国70年学前教育政策变迁研究——基于间断均衡模

型的视角［J］. 教育发展研究，2019（24）：61－67.
［50］教育部等五部门关于印发《教师教育振兴行动计划（2018—2022年）》的通知［J］. 中华人民共和国教育部公报，2018（04）：141－145.
［51］陈司元. 学前教育专业人才培养的困境与思考——评《学前教育研究方法》［J］. 中国教育学刊，2018（08）：138.
［52］但菲，贺敬雯，张梦涛. 职前幼儿教师实践性知识的发展：现状、影响因素及教育建议［J］. 教育研究与实验，2017（02）：73－79.
［53］曲铁华，汪益. 建国70年幼儿教师政策演进：历程、逻辑与未来展望［J］. 教育科学，2019（03）：83－88.
［54］付卫东，周威. “十四五”时期我国学前教育教师队伍建设：主要形势与重点任务［J］. 现代教育管理，2021（04）：83－91.
［55］缴润凯. “国培”十年园长培训的举措、成就与反思［J］. 中国教育学刊，2020（09）：15－19.
［56］胡艳，胡倩. 改革开放40年我国幼儿教师教育的发展、成绩与问题［J］. 教师教育研究，2018（06）：1－9.
［57］钟昆明，李伟. 成渝地区双城经济圈教育协同发展模型研究［J］. 长江师范学院学报，2020（06）：100－107.
［58］曹浩文，李政. 京津冀基础教育协同发展：定位、现状与对策［J］. 上海教育科研，2017（05）：13－17+8.
［59］洪成文，梁显平，韩少秀. 成渝地区双城经济圈高等教育的超常规发展战略［J］. 重庆高教研究，2020（04）：71－79.
［60］颜鹏飞，邵秋芬. 经济增长极理论研究［J］. 财经理论与实践，2001（02）：2－6.
［61］贾秀险，戚务念. 成渝地区双城经济圈高等教育系统构建：基础与路径［J］. 重庆高教研究，2020（05）：32－43.
［62］张志强，熊永兰. 成渝地区双城经济圈一体化发展的思考与建议［J］. 中国西部，2020（02）：1－12+2.
［63］王迪. 京津冀一体化背景下本地学前教育发展契机分析［J］. 科技风，2019（06）：40.
［64］骆婧. 西部地区农村学前教育的发展困境与对策［J］. 人民论坛，2012（20）：40－41.
［65］刘占兰，高丙成. 中国学前教育综合发展水平研究［J］. 教育研究，2013（04）：30－37.

［66］杨欢，况泉，徐东．区域性学前教育发展中心建设研究——南充市学前教育优质资源一体化［J］．成都师范学院学报，2017（11）：24—30．
［67］张晗，范从月．高职高专学前教育专业“校企合作、产教融合”人才培养模式的内涵与特点［J］．齐齐哈尔师范高等专科学校学报，2018（05）：23—25．
［68］吉兆麟．后现代主义视野下的幼儿教师教育变革：路径与策略［J］．教师教育研究，2017，29（06）：8—15．
［69］彭辉．成渝教育联盟背景下的县级教师培训［J］．今日教育，2021（05）：38—40．
［70］邓泽军，符淼，陈磊．成渝试验区农村教师专业发展问题分析及政策建议——以城乡教育统筹为视角［J］．教师教育研究，2014，26（02）：20—27．
［71］钟媚．卓越幼儿教师“校—政—园”协同培养模式的创新实践［J］．高教探索，2016（01）：69—73．
［72］舒易红，刘诗伟．高师教师教育“UGS三位一体”人才培养模式的建构［J］．衡阳师范学院学报，2015（01）：151—153．
［73］孟戡．高职学前教育专业理论课堂教学存在问题及改进策略［J］．教育学术月刊，2010（09）：107—108．
［74］吴丽芳．“教学研训一体化”实践教学体系的特点与建构［J］．学前教育研究，2010（07）：63—66．
［75］李香玲．“多方协同合作，全过程实践”卓越幼儿教师培养模式探索［J］．高教论坛，2021（04）：19—22．
［76］胡亚学．校地协同培养创新创业人才的机制研究［J］．武汉职业技术学院学报，2020（03）：86—89．
［77］于丰园．基于校地协同卓越教师实践教学改革创新研究［J］．集美大学学报（教育科学版），2015（04）：1—6．
［78］王银花，古广灵．校地协同育人模式的理论探源与实践路径研究——以佛山科学技术学院为例［J］．佛山科学技术学院学报（社会科学版），2016（06）：62—66．
［79］邱仁根，彭香萍．本土化农村幼儿园教师校地协同培养探索［J］．学前教育研究，2019（10）：67—70．
［80］董玉琦，刘益春，高夯．“U－G－S”：教师教育新模式的设计与实施［J］．东北师大学报（哲学社会科学版），2012（06）：170—175．